The Essence of Criminal Procedure

刑事诉讼法精义

易延友 /著

图书在版编目(CIP)数据

刑事诉讼法精义/易延友著.—北京:北京大学出版社,2013.3
(法学名师讲堂)
ISBN 978-7-301-22123-5

Ⅰ.①刑… Ⅱ.①易… Ⅲ.①刑事诉讼法-中国-高等学校-教材 Ⅳ.①D925.2

中国版本图书馆 CIP 数据核字(2013)第 026385 号

书　　　　名:刑事诉讼法精义
著作责任者:易延友　著
责　任　编　辑:孙战营
标　准　书　号:ISBN 978-7-301-22123-5/D·3269
出　版　发　行:北京大学出版社
地　　　　址:北京市海淀区成府路 205 号　100871
网　　　　址:http://www.pup.cn
新　浪　微　博:@北京大学出版社
电　子　信　箱:law@pup.pku.edu.cn
电　　　　话:邮购部 62752015　发行部 62750672　编辑部 62752027
　　　　　　　出版部 62754962
印　刷　者:北京虎彩文化传播有限公司
经　销　者:新华书店
　　　　　　　730 毫米×980 毫米　16 开本　16.5 印张　317 千字
　　　　　　　2013 年 3 月第 1 版　2023 年 2 月第 2 次印刷
定　　　价:29.00 元

未经许可,不得以任何方式复制或抄袭本书之部分或全部内容。
版权所有,侵权必究
举报电话:010-62752024　电子信箱:fd@pup.pku.edu.cn

序　言

　　刑事诉讼法是人权保障之法。任何公民，如无刑事诉讼法之保障，其生命、自由、财产、荣誉、隐私等实体性权利也就陷于被任意剥夺之境地。因此，刑事诉讼法的所有制度、规则，均在于防止政府恣意地干涉、剥夺公民的基本权利，防止政府恣意侵入公民的个人隐私。

　　刑事诉讼法学是解释之学。"徒法不足以自行"，一方面强调法律需要执法官员的推进，另一方面强调法律文本需要解释。只有解释，才能使模糊的概念明确其边界，才能使僵硬的规则适用于生活，才能使无生命的法条生气勃勃。

　　过去十年，学者们在立法方面过于勤奋，但是却难言成功；在解释方面如若再荒废懈怠，则无异于自废武功。本书就是以法解释学为基本方法，以现代人权保障理念为基本立场，对2012年修订的《刑事诉讼法》所作的全面、系统的阐释。有些解释未必合于主流，但对主流也许形成对照；有些解释或不见容于官方，但对官方未必不是一种促进。

　　本书虽用力于基本原理、基本规则在法理上的阐释，却绝不轻视其在实践中的具体运用。恰相反，基本原理、基本规则的阐释与说明，正是以其在实践中的运用为依归。因此，"法理研析"经常成为本书阐释基本制度、重点法条的形式，案例分析则充分体现本书对实务的关照。

　　这是一个最好的时代，这是一个最坏的时代。这是一个法治的时代，这是一个人治的时代；这是一个由人治向法治迈进的时代。这是一个解释的时代，这是一个立法的时代；这是一个由立法向解释迈进的时代。

　　这是一个有名师却无大师的时代，这是一个不需要大师的时代。

易延友

2013年1月17日

于清华大学明理楼

目　　录

第一编　导　　论

第 1 章　概论 ·· 3
　　第一节　刑事诉讼 ·· 3
　　第二节　刑事诉讼法 ·· 6
　　第三节　刑事诉讼法学 ·· 12

第 2 章　刑事诉讼主体 ·· 14
　　第一节　人民法院 ·· 14
　　第二节　人民检察院 ·· 17
　　第三节　公安机关和国家安全机关 ·· 18
　　第四节　当事人 ·· 19
　　第五节　其他诉讼参与人 ·· 21

第 3 章　刑事诉讼原则 ·· 23
　　第一节　国际通行原则 ·· 23
　　第二节　我国特有的刑事诉讼原则 ·· 34
　　第三节　基本制度与规则 ·· 38

第二编　总　　论

第 4 章　管辖与回避 ·· 49
　　第一节　立案管辖 ·· 49
　　第二节　审判管辖 ·· 54
　　第三节　回避与整体回避 ·· 61

第 5 章　辩护与代理 ·· 70
　　第一节　辩护制度概论 ·· 70
　　第二节　委托辩护与指定辩护 ·· 73

第三节　辩护人 ··· 77
　　　第四节　辩护人的权利 ·· 83
　　　第五节　刑事诉讼代理 ·· 90

第6章　证据与证明 ·· 93
　　　第一节　证据的可采性 ·· 93
　　　第二节　证人作证义务与对证人的保护 ································· 99
　　　第三节　非法证据排除规则 ··· 101
　　　第四节　证明责任的分配 ··· 107
　　　第五节　证明标准 ·· 112

第7章　强制措施 ·· 119
　　　第一节　抓捕、带到措施 ··· 119
　　　第二节　作为羁押措施的逮捕 ·· 122
　　　第三节　羁押替代性措施——取保候审与监视居住 ················ 128

第8章　附带民事诉讼 ·· 134
　　　第一节　概念与范围 ·· 134
　　　第二节　当事人 ·· 135
　　　第三节　提起与审判 ·· 136

第9章　期间与送达 ··· 140
　　　第一节　期间 ·· 140
　　　第二节　送达 ·· 145

第三编　分　　论

第10章　立案 ·· 151
　　　第一节　立案的材料来源与立案的条件 ······························· 151
　　　第二节　对立案材料的接受与审查 ····································· 154

第11章　侦查 ·· 158
　　　第一节　概述 ·· 158
　　　第二节　侦查行为及其规制 ··· 160
　　　第三节　侦查终结与补充侦查 ·· 176

第12章　起诉 ·· 180
　　　第一节　审查起诉 ·· 180

	第二节	提起公诉 …………………………………………… 182
	第三节	不起诉 ……………………………………………… 184

第13章 一审 ………………………………………………………… 190
  第一节 公诉案件庭前审查 ………………………………… 190
  第二节 庭前准备与庭前会议 ……………………………… 192
  第三节 公诉案件法庭审判 ………………………………… 194
  第四节 自诉案件的审判 …………………………………… 206
  第五节 简易程序 …………………………………………… 210
  第六节 判决、裁定和决定 ………………………………… 211

第14章 二审 ………………………………………………………… 214
  第一节 上诉与抗诉 ………………………………………… 214
  第二节 上诉、抗诉案件的审判 …………………………… 217
  第三节 上诉不加刑原则 …………………………………… 222

第15章 死刑复核 …………………………………………………… 226
  第一节 死刑与死刑复核程序 ……………………………… 226
  第二节 死刑案件的报核 …………………………………… 229
  第三节 死刑案件的复核 …………………………………… 231

第16章 执行 ………………………………………………………… 234
  第一节 死刑立即执行裁判的执行 ………………………… 234
  第二节 其他生效裁判的执行 ……………………………… 237
  第三节 执行的变更与变通 ………………………………… 238
  第四节 对新罪、漏罪及申诉的处理 …………………… 241

第17章 再审 ………………………………………………………… 243
  第一节 再审的申诉及其审查 ……………………………… 243
  第二节 再审程序的提起与审判 …………………………… 245

第18章 特别程序 …………………………………………………… 249
  第一节 未成年人刑事司法程序 …………………………… 249
  第二节 公诉案件刑事和解程序 …………………………… 253
  第三节 刑事被追诉人逃亡案件违法所得没收程序 …… 255
  第四节 精神病人强制医疗程序 …………………………… 256

第一编 导论

한글본

第1章 概 论

【本章要义】 刑事诉讼起源于人类自私的本性,且往往表现为个人与社会整体之间的冲突。在这个冲突过程中,政府以社会公共利益代表自居,拥有较为强大的权力和资源;个人与强大的政府相抗衡,往往显得势单力孤。刑事诉讼法就是对政府权力进行约束和控制的法律规范的总称,其目的主要在于保障人权。刑事诉讼法学同大部分法学学科一样,属于解释之学,其意义就在于为现行法提供正当化基础和可操作性指南。除此以外,皆属虚妄。

第一节 刑事诉讼

一、诉讼的概念与起源

(一) 诉讼的概念

《说文解字》云:"诉,告也;讼,争也。"[①]所谓"诉",就是告知、倾诉,是一种陈述行为;"讼",则是以言辞为表现形式的纷争,它表现的是一种社会现象,这种社会现象在形式上表现为两相争执,在内容上表现为争执的原因、主张和理由。一般而言,无论何种诉讼,都必须具备三个要件:一是必须有控诉方,或者说原告;在弹劾式诉讼中,"没有原告就没有法官",说的就是原告是一切诉讼的基础。二是必须有承控方,即被告;没有被告,争执即无从产生。三是必须有听讼方,没有听讼方,纷争无从可诉,亦没有办法解决。因此,所谓诉讼,就是讼争的一方或双方将致讼的原因、内容、主张和理由告知、倾诉于听讼之人,以求讼的息解的活动。

---

① (东汉)许慎:《说文解字》。

(二) 诉讼的起源

荀子尝言:"人生而有欲,欲而不得,则不能无求,求而无度量分界,则不能不争。"①一旦要争,就出现了诉讼。因为人总是有欲望的,而欲望产生了以后又并不总是能够得到立刻的满足,多数时候是不能得到满足,但是资源却是稀缺的,在争夺有限的资源而进行的活动中,不可避免地就要发生争斗和纠纷。诉讼就是欲望和争斗的产物。它是人性中具有自私的性质的反映,只要人性不变,产生纠纷的可能性就随时存在。可见,诉讼乃是与人类同生共长、同气相求的社会现象。它是随着人类的产生而产生,随着人类的消亡而消亡的。所以,孔子曾说:"听讼,吾犹人也;必也,使无讼乎?"②这一理想,却是难以实现。现代学者徐朝阳断言:"诉讼实为人世间所不能避免之事。"③因此,正确的态度就是:"人情滴靡,机事横生,已难使之无讼,惟尽吾情以听之而已。"④

二、刑事诉讼的概念与特征

(一) 刑事诉讼的概念

在我国,诉讼被分为刑事诉讼、民事诉讼和行政诉讼三种,划分的依据则是诉讼所要解决的实体问题和所依据的实体法。民事诉讼依据的实体法是民事实体法,它规范的是平等主体之间的权利义务关系;行政诉讼依据的主要是行政法,它规范的是行政管理人和行政相对人之间的权利义务关系;刑事诉讼依据的实体法是刑事实体法,它规范的是犯罪和刑罚问题。因此,所谓刑事诉讼,就是解决犯罪嫌疑人、被告人刑事责任问题的程序、步骤和方法。

(二) 刑事诉讼的特征

刑事诉讼与民事诉讼的主要区别在于,民事诉讼以私人为原告,刑事诉讼一般以政府为原告。刑事诉讼与行政诉讼的主要区别在于,行政诉讼乃民告官之诉讼,刑事诉讼通常为官告民之诉讼。当然,以上区别以忽略刑事诉讼中的私人起诉为基础。在实行国家追诉主义原则时,刑事诉讼仅得由国家提起;但在以国家追诉为主、以私人追诉为辅的体制下,私人亦可提起刑事诉讼。但因绝大部分刑事诉讼仍为国家提起,因此上述区别大体上可以成立。

---

① 《荀子·礼论》。
② 《论语·颜渊》(第十二)。
③ 徐朝阳:《中国古代诉讼法·中国诉讼法溯源》,吴宏耀、童友美点校,中国政法大学出版社2012年版,第13页。
④ (宋)胡太初:《昼帘绪论》(听讼篇第六)。

案例 1-1

刑事诉讼不应介入经济纠纷

2005年，内蒙古达拉特旗亚金公司经营困难，决定股改。其股东郝辛卯向王新民等人借款900余万元，连同自己的筹款参与公司股改并购买其他职工股份。公司股改后出现生机，王新民等人向郝辛卯改口称要股权不要还钱。双方为此发生纠纷，王新民将郝辛卯诉至法院（民事诉讼）。案经达拉特旗人民法院、鄂尔多斯市中级人民法院和内蒙古高级人民法院审理，均判决王新民给郝辛卯的款项为借款而非投资，王新民不能享有公司股权。在经历了民事诉讼败诉之后，王新民又以郝辛卯侵占其股权为由，向公安机关报案（刑事案件），要求追究郝辛卯的刑事责任。2009年12月21日，内蒙古鄂托克旗法院一审以职务侵占罪判处郝辛卯有期徒刑7年；郝辛卯不服，向鄂尔多斯市中级人民法院提出上诉，认为自己和王新民等人之间是民事纠纷，郝从未向王新民等人隐瞒所借款项的事实，从未有过侵占不还的心态，不构成职务侵占罪。2010年6月17日，鄂尔多斯市中级人民法院以鄂托克旗人民法院一审判决证据不足为由，将案件发回重审。2010年10月15日，鄂托克旗人民法院再次以相同的事实、相同的理由，第二次对郝辛卯判处有期徒刑7年。①

解说与点评：不同的诉讼程序以解决不同的实体法问题为依归。因此，究竟以何种程序来解决当事人之间的纠纷，通常以该纠纷所属的实体法为依据。但有些时候，当事人之间的纠纷究竟属于何种实体法问题，在理论上和实践方面均可存在争议。在此情况下，其所属诉讼究竟为何种诉讼也就容易混淆。但是，本案所涉及的问题应当属于比较明显的民事纠纷，鄂托克旗公安机关将其作为刑事案件立案侦查似有不妥。尤其是在其直接上级法院以及内蒙古高院均曾将该案作为民事案件受理并作出判决的情况下，鄂托克旗人民法院仍然将该案作为刑事案件受理并作出有罪判决，于法理、情理上均相龃龉。

三、刑事诉讼的阶段

在美国，刑事诉讼通常分为"审前程序"与"审判"两大阶段。在中国，理论

---

① 本案相关报道可参阅：《鄂旗法院以下犯上折射司法乱象》，载《新京报》2010年2月8日。

上通常将刑事诉讼分为立案、侦查、起诉、审判、执行五个阶段。其具体经过,可如图1.1所示。

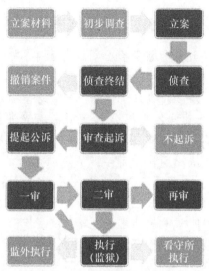

图1.1 刑事诉讼阶段

需要了解的是,并非所有刑事案件都要经历刑事诉讼的所有阶段。事实上,大部分案件可能并不进入司法程序。有的是因为被害人没有报案,有的则是在立案之后因不符合继续追诉条件而在侦查阶段被撤销案件。有些案件在审查起诉阶段因不符合起诉条件而不起诉。有些案件在审判阶段被终止审理。大部分案件在一审宣判后因被告人不上诉且检察机关不抗诉,一审裁判生效后即交付执行。只有大约20%的案件进入第二审程序。二审之后可能会有一部分案件发回重审,但大部分案件直接维持原判或者改判。因实行两审终审制,二审裁判之后即交付执行。但当事人可以对生效裁判提出申诉,从而启动审判监督程序,又称生效裁判再审程序,简称再审。只有大约0.5%的案件进入审判监督程序。再审不影响执行。图1.2显示的是美国刑事司法系统于1990年对案件的处理情况,大致反映了该年度美国刑事案件的处理流程和比例。

第二节 刑事诉讼法

一、刑事诉讼法的概念

刑事诉讼法是国家制定的规范人民法院、人民检察院、公安机关、当事人和诉讼参与人进行刑事诉讼的法律规范的总称。刑事诉讼法具有如下基本特征:

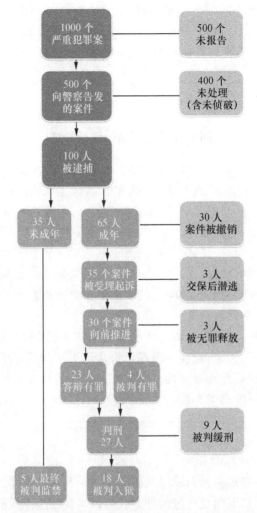

图 1.2　美国 1990 年刑事司法系统对案件的处理
数据来源:J. Senna and L. Siegel, *Criminal Justice*: *An Introduction*, West Publishing, 1993.

✦ (一) 刑事诉讼法是国家法

国家法亦称官方法,与民间法相对应。它是由国家的立法机关通过一定的立法程序制定的法律。拉德布鲁赫指出:国家不仅是法律的渊源,同时又是法律的产物:它确实是从宪法和国家法中引导出它的形态以及由此决定的法律上的存在。① 因此,国家实际上是一切法律的渊源,也是一切现代法律存在的前提。民间法则是通过历史、风俗、传统、习惯等因素形成、依赖民间力量得以生存的法

---

① 〔德〕拉德布鲁赫:《法学导论》,米健、朱林译,中国大百科全书出版社 1997 年版,第 32 页。

律。有时候,官方法和民间法又被称为"正式的法"和"非正式的法"。现代法律基本上均属于国家制定法,并且差不多已经把习惯法逐出了法律之战场。本书所探讨的刑事诉讼仅限于国家法,即"正式的法"。

> **案例 1-2**
>
> **刑事诉讼规范属于强行规范**
>
> 甲男(17岁)与乙女(16岁)均系中学生。二人情窦初开,相互爱慕,频繁约会。一日,乙约甲至乙家,甲见乙家中无人,遂提出发生性关系。乙表示拒绝。但甲用力将乙按倒在床上,不顾乙的反抗,强行脱掉乙的衣服,对乙实施了强奸。不久,因乙怀孕,事情被家人发现。乙的父母遂找到村长,要讨个说法。村长听说后,对甲父进行了批评,并劝说双方大事化小、小事化了。在村长的劝说下,甲父与乙父达成协议:(1)甲父赔偿乙父精神损失费5000元;(2)待甲乙双方成年之后,甲男必须娶乙女为妻;(3)从此以后既往不咎。
>
> **解说与点评**:本案甲男的行为构成强奸罪。按《刑事诉讼法》规定,本案应由公安机关立案处理。刑事诉讼法绝大多数规定属于强行规范,当事人之间无权选择是否适用。甲乙之间达成的协议无效,不能阻止公安机关追究甲男的刑事责任。

✦ (二) 刑事诉讼法是程序法

刑事实体法是规定何为犯罪以及犯罪应当受到何种处罚的法律规范。刑事程序法则是规定国家刑罚权通过何种方式得以实现的法律规范。

从表面上看,似乎是先有犯罪,后有处罚,因而也就是先有实体法,后有程序法。实际不然。从诉讼的起源来看,总是先有纠纷,然后才有纠纷的解决办法。在第一个纠纷获得解决之前,诉讼的双方都认为自己会得到支持。但是,纠纷的结果则是,原告和被告必然有一方败诉。法官以同样的方式不断地重复着同种类型纠纷的裁决,从而形成了关于人们相互之间权利义务关系的实体规则。因此,诉讼活动先于实体规则而存在。在这个意义上,我们认为"程序乃实体之母"(谷口安平语)。

✦ (三) 刑事诉讼法是限权法

刑事诉讼法是规范国家刑罚权实现活动的法。国家刑罚权主要通过国家机关在刑事诉讼中的活动获得实现。在专制或独裁国家,原告及法官为同一人或同一机构,此即通常所谓"纠问式诉讼"。在这一体制下,被告为刑事诉讼之客体,因而成为刑讯之对象。因此我国古代称诉讼不为诉讼,而曰"打官司"。

《笑林广记》

  官吏听讼断狱"无是非,无曲直,曰打而已矣;无天理,无人情,曰痛打而已矣。故民不曰审官司而曰打官司,官司而名之曰打,真不成为官司也。"①

  为防止诉讼成为"打官司"而使当事人挨打,现代国家在诉讼中确立了一系列原则约束国家机关在刑事诉讼中之权力,其中如司法独立原则、审判公开原则、无罪推定原则等等皆是。从这一角度言,刑事诉讼法与宪法之功能殊途同归,并且宪法上所定之人民权利在刑事诉讼中最易为国家机关越权侵犯,因此在刑事诉讼中设立一系列机制约束其权力之行使殊为必要,很多国家甚至直接以宪法来规范刑事诉讼。因此之故,刑事诉讼法通常亦被称为"小宪法"。

二、《刑事诉讼法》的内容与体例

  凡是以解决刑事责任为目的、以实现国家刑罚权为归宿的法律规范,都属于刑事诉讼法规范,也都是刑事诉讼法源。但是,刑事诉讼法最重要的渊源,则是刑事诉讼法典。

(一) 刑事诉讼法典的编纂与修订

  我国第一部刑事诉讼法典《中华人民共和国刑事诉讼法》(以下简称《刑事诉讼法》)于1979年7月1日经第五届全国人民代表大会第二次会议通过,1980年1月1日起施行;并于1996年3月17日第八届全国人民代表大会第四次会议作了第一次修正,1997年1月1日起施行。2012年3月14日,第十届全国人民代表大会第四次会议对《刑事诉讼法》作了第二次修订,修订后的《刑事诉讼法》自2013年1月1日起施行。

(二) 刑事诉讼法的体例与内容

  从世界各国刑事诉讼法的内容来看,刑事诉讼法规范的无非是以下一些方面:刑事诉讼法本身的目的、任务与宗旨;刑事诉讼中的国家机关及其各自的职权、刑事诉讼中的犯罪嫌疑人、被告人及其诉讼权利;进行刑事诉讼的基本原则;刑事诉讼各阶段的基本规则;等。

  我国《刑事诉讼法》采取编、章、节的形式,每一编规范一大类问题,下面设章节规范各类小问题,章节之下设具体条文规范每一个具体问题。具体而言,

---

① (清)游戏主人、程世爵:《笑林广记》,卷三之:"听讼异同"。

1979年《刑事诉讼法》共分四编156条,其中第一编为总则,规定刑事诉讼原则以及刑事诉讼的基本制度,包括管辖、回避、辩护与代理、证据制度、强制措施、期间与送达、附带民事诉等。第二编立案、侦查与提起公诉,分别规范刑事诉讼中的立案、侦查与起诉三个阶段。第三编审判,规范第一审程序、第二审程序、死刑复核程序以及审判监督程序。第四编执行,对执行中的程序问题进行规范。1996年修正后的《刑事诉讼法》在体例上没有任何变动。2012年修正的《刑事诉讼法》对原体例也未作更动,只是增加了"特殊程序"一编,也就是从原来的四编变成五编,第五编规范未成年人案件审理程序、公诉案件和解程序、逃亡被告人财产没收程序,以及有暴力行为精神病人的强制医疗程序(见图1.3)。

第一编　总则(第1—106条)
　　第一章　任务和基本原则(第1—17条)
　　第二章　管辖(第18—27条)
　　第三章　回避(第28—31条)
　　第四章　辩护与代理(第32—45条)
　　第五章　证据(第46—63条)
　　第六章　强制措施(第64—98条)
　　第七章　附带民事诉讼(第99—102条)
　　第八章　期间、送达(第103—105条)
　　第九章　其他规定(第106条)(有关用语的解释)
第二编　立案、侦查和提起公诉(第107—177条)
　　第一章　立案(第107—112条)
　　第二章　侦查(第113—166条)
　　第三章　提起公诉(第167—177条)
第三编　审判(第178—247条)
　　第一章　审判组织(第178—180条)
　　第二章　第一审程序(第1810215条)
　　第三章　第二审程序(第216—234条)
　　第四章　死刑复核程序(第235—240条)
　　第五章　审判监督程序(第241—247条)
第四编　执行(第248—265条)
第五编　特别程序(第266—289条)
　　第一章　未成年人刑事案件诉讼程序(第266—276条)
　　第二章　当事人和解的公诉案件诉讼程序(第277—279条)
　　第三章　犯罪嫌疑人、被告人逃匿、死亡案件违法所得没收程序(第280—283条)
　　第四章　依法不负刑事责任的精神病人的强制医疗程序(第284—289条)
附则(军队内部与监狱内发生案件的侦查)(第290条)

图1.3　中国刑事诉讼法的法典结构(2012)

方法提示

学习法律并非死记硬背法律条文,但却离不开对法律条文的注视、观察与揣摩。在初次接触一个部门法时,比较有效地了解和掌握该部门法主要内容的方法,就是对该法典的结构进行审视与分析。如同对人一样,对于任何部门法,第一次见面还是要对外貌长相仔细打量一番,从而生发出对它的第一印象,并揣摩其品性心理;久之,则了解其内部构造与生理细节。借此由外而内、由浅及深的方法,逐步获得对一部法律的通透了解与深刻领悟。

三、刑事诉讼法的其他渊源

因我国为成文法国家,我国刑事诉讼法亦以成文法的形式而存在。但是刑事诉讼法典仅为刑事诉讼法存在的方式之一。概括起来,除刑事诉讼法典之外,包括刑事诉讼规范的法律渊源还有以下几种:

(一) 宪法

宪法是我国根本法,从理论上说具有最高的法律效力。在当今世界,人权保障已经成为宪法中最重要的组成部分,而人权保障的根本在于限制政府权力的使用。因此,宪法从根本上说属于限权法,在此一点上,刑事诉讼法与宪法完全一致。我国现行《宪法》于1982年12月4日第五届全国人民代表大会通过并公布施行,其间经过1988年、1993年、1999年、2004年四次修正。

(二) 其他法律

主要包括:第一类,包含程序规范的实体法,如《刑法》、《未成年人保护法》等;第二类,组织法,如《人民法院组织法》、《人民检察院组织法》、《监狱法》、《检察官法》、《法官法》、《律师法》;第三类,补充性法律,如第六届全国人民代表大会常务委员会1983年9月2日通过的《关于国家安全机关行使公安机关的侦查、拘留、预审和执行逮捕的职权的决定》等。

(三) 法律解释

法律解释既包括最高人民法院、最高人民检察院发布的司法解释,也包括公安部等机关发布的对刑事诉讼法的解释。有些时候,最高人民法院、最高人民检察院、公安部等司法机关与行政机关,甚至包括全国人大常委会法律工作委员会等机关,会联合发布有关刑事诉讼法实施具体的规则。例如,最高人民法院、最高人民检察院、公安部、国家安全部、司法部、全国人大常委会法制工作委员会于2012年12月26日制定的《关于实施刑事诉讼法若干问题的规定》(以下简称"《六机关规定》"),这是2012年《刑事诉讼法》修改以来最重要的法律解释。另外,最高人民法院于2012年12月20日发布的《关于适用〈中华人民共和国刑事诉讼法〉的解释》（以下简称"《最高法解释》"）；最高人民检察院于 2012 年 11 月 22 日发布的《人民检察院刑事诉讼规则（试行）》（以下简称"《最高检规则》"）；公安部于 2012 年 12 月 13 日发布的《公安机关办理刑事案件程序规定》（以下简称《公安部规定》）等，都是刑事诉讼的重要法律渊源。

第三节 刑事诉讼法学

一、研究对象

（一）刑事诉讼规范

刑事诉讼法律规范是一个国家关于刑事诉讼程序的正式的权威规范。要了解一国的刑事诉讼，最直接、最便捷的方式之一，就是学习、研究该国颁布的正式的刑事诉讼法律规范。

（二）刑事司法实践

在实行判例法的英美法系国家，法律通常是判例的汇集，而判例实际上是活的法律，是实践中的法律，因此，法律不过是实践经验的总结，而非理性逻辑的推演。正是在这个意义上，霍姆斯法官一语道破判例法之天机："法律的生命在于其经验而不是逻辑"[①]。因此可以认为，在这类国家，法律实践与法律本身罕见脱节之现象。但在实行成文法的国家，因现实生活之多样性与法律文本之有限性以及法律的相对保守性，立法与司法总是不可避免地存在一定的距离。对司法实践进行研究就是要在实践中发现问题，找出原因，并提出解决之方略。

（三）刑事诉讼历史

刑事诉讼程序经历了发生、发展、演变的过程，这一过程所构造的历史是人类在追究犯罪、保障人权的程序方面进行实践的经验和教训的结晶。学习、研究这一过程的主要目的是明确中国乃至世界历史上各种类型的刑事诉讼制度的基本内容、主要特点和历史作用，从中探求其规律性；坏的东西，要痛恨之、远离之、抛弃之；好的东西，要继承之、发扬之、光大之。总而言之，了解古代法制，是为现代的法制做贡献。

二、研究方法

研究刑事诉讼的方法是多种多样的，因而本书对刑事诉讼方法的介绍不可能面面俱到，以下仅对刑事诉讼法学界比较熟悉、运用也比较多的方法作一简单介绍。

[①] Oliver Wendell Holmes, *The Path of the Law*, Applewood Books.

(一) 法解释学研究

法学本为解释之学。刑事诉讼法学的本义也应当是指刑事诉讼法解释学，也就是探求刑事诉讼法规范之规范意义、界限范围与裁判准则的学问。这种研究以国家制定法为研究对象，以具体的法律条文为分析内容。表面上看，传统刑事诉讼法学所做的工作主要就是对国家制定法进行分析和解释，但是这种工作并不是做过了头，而是远远不够。对于刑事诉讼规范的各个法源之间的关系问题、各具体规范之间的关系问题，仍然没有进行系统的梳理。本书的重点，就在于以法解释学的基本方法，探讨刑事诉讼法具体条文的规范意义，以求得其在实践中的具体实现。

(二) 法社会学研究

法社会学研究主要是将刑事诉讼法及其社会实践当做一种社会现象，从外部所进行的观察、分析、比较与提炼。埃利希指出："因为法是一种社会现象，所以任何一种法学都属于社会科学但真正的法律科学是理论的社会科学即社会学的一部分。法社会学是法的科学理论。"[1]埃利希的看法表明了社会学家在面对法学家时的自信与自负。但同时，埃利希也准确无误地暗示：法社会学乃是社会学的分支而不是法学分支。因此，当人们对刑事诉讼法进行法社会学研究时，其应用的方法就主要是社会学方法而非法学方法，其所受的学术训练也应当主要是社会学训练而非法学训练。

但在时下中国，由于缺乏方法论方面的专业训练，刑事诉讼法社会学方面的研究既不能增加社会学的知识，亦不能增加法学的知识；既不能作出社会学的贡献，也不能作出法学的贡献。这至少在一定程度上让我等受过法学训练而专门从事刑事诉讼法学研究的学者有了用武之地。本书以法解释学为基本研究方法，以解释现行《刑事诉讼法》为基本目标，至少能够增加读者对于刑事诉讼法学的知识，能够作出法学的贡献。

(三) 法哲学研究

法哲学研究主要是根据伦理上善与恶、正义与非正义的观念对刑事诉讼法以及刑事司法实践进行判断，以求获得立法与司法上的改进的一种方法。伦理批评方法既以一定的伦理观念为基础，则其前提必然深入到伦理学领域。在当今刑事诉讼法学界，这种所谓的批判也仅是以能明显感觉到的正义观念为基础而往往欠缺方法论的支撑，所以也就显得这门学问看上去比较肤浅。

综上所述，要使刑事诉讼法学真正成为一门名副其实的学问，还需要从法解释学上下工夫。这正是本书的最高使命。

---

[1] 〔奥〕欧根·埃利希：《法社会学原理》，舒国滢译，中国大百科全书出版社2009年版，第27页。

第 2 章　刑事诉讼主体

【本章要义】　刑事诉讼法学界对于刑事诉讼主体问题存在不同的理论见解，具体有地位作用论、权利义务论、诉讼职能论、综合条件论、诉讼客体论等诸多理论，由此产生出不同的结论。出于方便论述之需要，本书不拘泥于一种诉讼主体理论，而是将刑事诉讼中的国家机关、当事人和诉讼参与人等均视为刑事诉讼主体。

第一节　人民法院

一、人民法院之性质与职权

我国《宪法》第 123 条规定："中华人民共和国人民法院是国家的审判机关。"《刑事诉讼法》第 3 条规定："……审判由人民法院负责……"据此，人民法院是代表国家行使审判权的司法机关。其职权在刑事诉讼中主要是进行刑事审判。具体而言，人民法院可以下列方式行使刑事审判权：(1) 直接受理自诉案件和裁定驳回自诉；(2) 对被告人决定逮捕、拘传、取保候审和监视居住；(3) 向有关国家机关、团体、企事业单位和公民个人进行调查；(4) 进行勘验、检查、扣押、鉴定、查询和冻结；(5) 决定开庭审理的时间、地点；(6) 决定延期审理；(7) 决定调取新的证据或通知新的证人到庭；(8) 行使有关审理和判决的职权。

二、人民法院之组织体系

根据《人民法院组织法》的规定，我国人民法院分为普通法院和专门法院两个系统。专门人民法院包括军事法院、海事法院和铁路法院，其中海事法院不具有刑事案件管辖权。普通法院则包括最高人民法院和地方各级人民法院。地方各级人民法院包括基层人民法院、中级人民法院和高级人民法院（见图 2.1）。

人民法院分别由各级人民代表大会产生,对人民代表大会负责,受人民代表大会监督。在人民法院内部上下级之间是监督与被监督的关系,非行政机关上下级之间领导与被领导的关系。这种监督主要是通过第二审程序、死刑复核程序和审判监督程序进行。

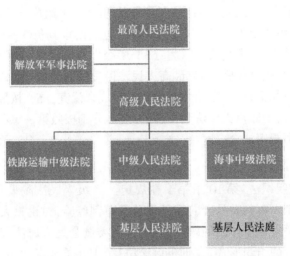

图2.1 人民法院之组织体系

三、人民法院内部之审判组织

审判组织是人民法院内部为审判具体案件而设置的具体组织。根据《刑事诉讼法》和《人民法院组织法》的规定,审判组织包括独任庭、合议庭和审判委员会三种。

(一)独任庭

独任庭是由审判员一人单独组成法庭进行审判的组织形式。根据《刑事诉讼法》第178条之规定,独任审判仅适用于基层人民法院适用简易程序审理的刑事案件。

我国法院之组成人员通常包括法官、书记员及执行员等。其中,法官又包括审判员与助理审判员,审判员由与该法院同级别之人民代表大会任命;助理审判员由本院院长任命。《刑事诉讼法》所称之"审判员",仅包括审判员,不包括助理审判员。但根据《人民法院组织法》第36条第2款之规定,助理审判员协助审判员进行工作;助理审判员由本院院长提出,经审判委员会通过,可以临时代行审判员职务。

(二) 合议庭

合议庭是指由审判员数名或由审判员和人民陪审员共同组成法庭审判案件的组织形式。根据《刑事诉讼法》第 178 条、第 238 条、第 245 条之规定,合议庭的组成有以下几种情况:(1) 基层人民法院和中级人民法院审判第一审刑事案件,应当由审判员 3 人或由审判员与人民陪审员共 3 人组成合议庭;(2) 高级人民法院、最高人民法院审判第一审刑事案件,应当由审判员 3—7 人或由审判员与人民陪审员共 3—7 人组成合议庭;(3) 中级以上人民法院审判上诉案件,由审判员 3—5 人组成合议庭;(4) 最高人民法院复核死刑案件,高级人民法院复核死刑缓期执行的案件,应当由审判员 3 人组成合议庭;(5) 按照审判监督程序重新审判案件时,由原审人民法院审理的,应当分别按照第一审程序或第二审程序的有关规定另行组成合议庭。

(三) 审判委员会

《人民法院组织法》第 10 条第 1 款规定:"各级人民法院设立审判委员会,实行民主集中制。审判委员会的任务是总结审判经验,讨论重大的或者疑难的案件和其他有关审判工作的问题。"据此,审判委员会是人民法院内部对审判工作实行集体领导的组织形式。《刑事诉讼法》第 180 条规定:"……对于疑难、复杂、重大的案件,合议庭认为难以作出决定的,由合议庭提请院长决定提交审判委员会讨论决定。审判委员会的决定,合议庭应当执行。"因此,合议庭在讨论并决定具体案件时,实际上发挥着审判组织的功能。

《人民法院组织法》第 10 条第 2、3 款规定:"地方各级人民法院审判委员会委员,由院长提请本级人民代表大会常务委员会任免;最高人民法院审判委员会委员,由最高人民法院院长提请全国人民代表大会常务委员会任免。""各级人民法院审判委员会会议由院长主持,本级人民检察院检察长可以列席。"审判委员会讨论案件实行少数服从多数原则,其决定是判决制作的基础,但是审判委员会在判决书上并不署名,判决书仍然由合议庭成员署名。

独任庭、合议庭、审判委员会三种审判组织在功能上是有差异的。一般来说,从经济上考量,独任庭的成本最小,合议庭次之,审判委员会成本最高。因此,只有简易程序适用独任庭这种审判组织,而适用简易程序的案件一般都是比较轻微的刑事案件。绝大多数案件是由合议庭审理并作出判决的。审判委员会审理、讨论的案件,从理论上说应当是最为重大、复杂的案件。对此,《最高法解释》第 178 条第 2 款规定,对于拟判处死刑的案件、人民检察院抗诉的案件,合议庭应当提交审判委员会讨论决定;第 3 款规定,对合议庭成员有重大分歧的案件、新类型案件、社会影响重大的案件及其他疑难、复杂、重大的案件,合议庭认为难以作出决定的,可以提请院长提交审判委员会决定;第 4 款规定,人民陪审员可以要求合议庭将案件提请院长决定是否交审判委员会讨论决定。该条第5款还规定：对于合议庭提请院长决定提交审判委员会讨论决定的案件，院长认为不必要的，可以建议合议庭复议一次。该条第6款规定，独任审判的案件，审判员认为有必要的，也可以提请院长决定提交审判委员会讨论决定。此款规定不仅改变了《刑事诉讼法》关于只有合议庭可以将案件提请院长提交审判委员会讨论决定的规定，而且使得一切刑事案件无论大小繁简均可提交审判委员会决定。法官之个体独立由此成为纸上谈兵。

第二节 人民检察院

一、人民检察院的地位与职权

（一）人民检察院的地位

根据《宪法》第129条、《人民检察院组织法》第1条之规定，人民检察院是国家的法律监督机关。其地位既不同于负责审判的人民法院，也不同于行政机关，具有独特的法律地位。目前关于人民检察院的性质存在争论，但就实定法的规定而言，其性质属于法律监督机关当无疑问。

（二）人民检察院的职权

人民检察院代表国家行使法律监督权，即通常所说的"检察权"。根据《人民检察院组织法》与《刑事诉讼法》的规定，在刑事诉讼中，检察权的实际内容包括以下三个方面：(1) 诉讼监督权。《刑事诉讼法》第8条规定："人民检察院依法对刑事诉讼实行法律监督。"这一监督贯穿于刑事诉讼整个过程，包括立案监督、侦查监督、审判监督和执行监督。(2) 公诉权。人民检察院是我国唯一的公诉机关，一切公诉案件均由检察机关负责审查决定。凡是决定提起公诉的案件，人民检察院要派员出席法庭支持公诉，代表国家行使指控犯罪的职责；人民检察院审查后认为不符合起诉条件的，作出不起诉决定，并可将案件移送有关主管机关处理。(3) 侦查权、批捕权。人民检察院对属于其直接受理的案件行使侦查权。人民检察院在侦查案件过程中认为需要逮捕犯罪嫌疑人的，可以直接决定逮捕。经公安机关侦查认为需要逮捕犯罪嫌疑人的，一律由人民检察院审查决定，公安机关不能自行决定逮捕。

二、人民检察院的组织体系

人民检察院亦分为专门人民检察院和普通人民检察院两个体系，其中专门人民检察院包括军事检察院和铁路检察院；海事法院因不具备刑事案件管辖权而没有相对应的检察院。

普通人民检察院由最高人民检察院和地方各级人民检察院组成。地方各级人民检察院的组成与地方各级人民法院相对应,但其名称与人民法院并不对应。与高级人民法院对应的检察院为省(直辖市、自治区)级人民检察院;与中级人民法院对应的人民检察院称"××检察院分院";与基层人民法院对应的检察院通常称为"××(县/市)人民检察院"。

人民检察院上下级之间是领导与被领导的关系。根据《人民检察院组织法》第3条第2款之规定,各级人民检察院设立检察委员会。检察委员会实行民主集中制,在检察长的主持下,讨论决定重大案件和其他重大问题。如果检察长在重大问题上不同意多数人的决定,可以报请本级人民代表大会常务委员会决定。

第三节 公安机关和国家安全机关

一、公安机关(国家安全机关)之性质与职权

公安机关是国家的行政机关,是各级人民政府的组成部分,是各级人民政府中专门负责治安、保卫工作的部门。在刑事诉讼中,公安机关又是负责侦查的最主要的侦查机关。

1983年第六届全国人民代表大会第一次会议通过了《关于国家安全机关行使公安机关的侦查、拘留、预审和执行逮捕的职权的决定》。据此,国家安全机关具有公安机关的性质,享有间谍、特务案件的侦查、拘留、预审和执行逮捕等职权。

二、公安机关(国家安全机关)之组织体系

公安机关是各级政府机关的一个职能部门。在中央,国务院之下设有公安部;在各省、直辖市和自治区人民政府之下设公安厅、局;各地级市和地区、自治州设公安处、公安局;各县、县级市设公安局。地方各级公安厅、处、局既接受上级公安机关的统一指挥,又接受本级人民政府的直接领导。

国家安全机关也是政府的一个职能部门,在中央设有国家安全部,各省、自治区、直辖市设有国家安全厅(局),各地级市设有国家安全处。

在西方国家,警察机关通常在检察官的指挥或领导下进行侦查工作,自身不具有独立的地位;在我国,公安机关也不是与人民法院并列的司法机关。

第四节　当事人

一般认为,刑事诉讼中的当事人是指在诉讼中处于原告或被告地位、执行控诉或辩护职能,并与案件事实和案件处理结果具有切身利害关系的诉讼参与人。根据《刑事诉讼法》第 106 条第 2 项之规定,我国刑事诉讼中的当事人包括:被害人、自诉人、犯罪嫌疑人、被告人、附带民事诉讼原告人和被告人。

一、犯罪嫌疑人

犯罪嫌疑人是指被怀疑犯有罪行,从而在侦查阶段和审查起诉阶段受到公安机关、人民检察院追究的当事人。

根据《刑事诉讼法》之规定,我国犯罪嫌疑人在侦查与起诉阶段享有下列权利:(1) 了解被指控的罪名。(2) 拒绝回答与本案无关的提问。(3) 申请特定人员回避。(4) 申请取保候审。(5) 了解询问笔录记载的内容;核对讯问笔录;对笔录中的遗漏或差错要求补充或修改。(6) 自行辩护或聘请律师帮助辩护。(7) 申请补充鉴定或者重新鉴定。(8) 对人民检察院作出的不起诉决定提出申诉。

二、被告人

被告人是指被认为犯有某种罪行而受人民检察院正式起诉或者被自诉人起诉到人民法院,由人民法院决定其罪行之有无的人。被告人是对被追究刑事责任的人在审判阶段的不同称谓。

被告人在审判阶段享有下列权利:(1) 自行辩护或委托辩护人为其辩护;特定情形下获得法律援助接受指定辩护;拒绝辩护人继续为其辩护;另行委托辩护人辩护。(2) 申请特定人员回避。(3) 参加法庭调查和法庭辩论。(4) 对未生效裁判提出上诉;对生效裁判提出申诉;对公安人员侵犯其诉讼权利或人身侮辱的行为提出控告。(5) 自诉案件被告人还可以对自诉人提出反诉。

三、被害人

被害人是指人身、财产或其他合法权益遭受犯罪行为直接侵害的人。实体法上的被害人在刑事诉讼程序中可能以多种身份出现:对于法律规定可以提起自诉的案件,被害人可以提起自诉,从而成为自诉人;在被害人遭受财产损失的案件,他还可以提起附带民事诉讼,成为附带民事诉讼原告人;在公诉案件中,被害人与公诉人一道,共同对犯罪行为进行指控。自诉案件中的被害人和附带民事诉讼中的原告人本节另行论述,此处所说的被害人专指公诉案件中的被害人。

在刑事诉讼中,被害人的权利主要包括:(1)向公安机关、人民检察院提出控告,要求立案;(2)对公安机关、人民检察院作出的不立案决定,提出申诉,或者向人民法院提起自诉;(3)申请有关人员回避;(4)委托诉讼代理人;(5)在审查起诉过程中,就是否起诉问题向人民检察院陈述意见;(6)对人民检察院作出的不起诉决定提出申诉;或者直接起诉;(7)在法庭审判过程中,参与法庭调查与法庭辩论;(8)对第一审的判决不服,可以在5日内申请人民检察院抗诉。

四、自诉人

自诉人是指以自己的名义向人民法院提起诉讼,请求追究被告人刑事责任的人。

自诉人通常是遭受犯罪行为直接侵害的被害人。但根据《刑事诉讼法》第112条之规定,被害人丧失行为能力的,其法定代理人、近亲属有权向人民法院起诉;根据《刑法》第98条之规定,在告诉才处理的案件中,被害人因受强制、威吓无法告诉的,人民检察院可以告诉。此时人民检察院是否取代被害人成为自诉人,有待商榷。

五、附带民事诉讼原告人

附带民事诉讼原告人是指由于被告人的犯罪行为而遭受直接经济损失,并在刑事诉讼中提出赔偿请求的人。

附带民事诉讼原告人通常是被害人本人,但也可能是被害人的法定代理人、监护人,或者是死亡被害人的近亲属、继承人。单位也可以成为附带民事诉讼原告人。《刑事诉讼法》第99条第2款规定:"如果是国家财产、集体财产遭受损失的,人民检察院在提起公诉的时候,可以提起附带民事诉讼。"因此,人民检察院也可以是附带民事诉讼原告人。

六、附带民事诉讼被告人

附带民事诉讼被告人是指对刑事案件被告人的犯罪行为导致的物质损失负有赔偿责任的人。

附带民事诉讼被告人通常就是刑事被告人,但也可以是刑事被告人的法定代理人、监护人或者对被告人的犯罪行为导致的物质损失负有赔偿责任的其他公民和单位;此外还包括没有被追究刑事责任的共同致害人以及审结前死亡的被告人的遗产继承人等。

第五节 其他诉讼参与人

根据《刑事诉讼法》第 106 条第 4 项之规定,诉讼参与人包括当事人、法定代理人、诉讼代理人、辩护人、证人、鉴定人和翻译人员。因此,"其他诉讼参与人"是指除当事人以外的、参加刑事诉讼的人,包括法定代理人、诉讼代理人、辩护人、证人、鉴定人和翻译人员。其他诉讼参与人既不属于国家机关,也不独立承担诉讼职能,理论上一般不认为具有诉讼主体的地位,但是他们享有一定的权利,并履行相应的义务。

一、法定代理人

《刑事诉讼法》第 106 条第 3 项规定:"法定代理人"是指被代理人的父母、养父母、监护人和负有保护责任的机关、团体的代表。

二、诉讼代理人

《刑事诉讼法》第 106 条第 5 项规定:"诉讼代理人"是指公诉案件的被害人及其法定代理人或者近亲属、自诉案件的自诉人及其法定代理人委托代为参加诉讼的人和附带民事诉讼的当事人及其法定代理人委托代为参加诉讼的人。

三、辩护人

辩护人是指接受犯罪嫌疑人、被告人及其法定代理人的委托,或者接受人民法院指定,为犯罪嫌疑人、被告人提供辩护、维护其合法权益的诉讼参与人。关于辩护人的权利和义务,参见本书"辩护与代理"章。

四、证人

证人是了解案件情况的人。《刑事诉讼法》第 60 条规定:"凡是知道案件情况的人,都有作证的义务。生理上、精神上有缺陷或者年幼,不能辨别是非、不能正确表达的人,不能作证人。"因此,成为证人必须具备两个条件:一是知道案件情况,二是生理上、精神上没有缺陷并且能够辨别是非、能够正确表达。

五、鉴定人

鉴定人是接受公安机关、人民检察院、人民法院的指派或聘请,凭借自己的专门知识和技能,对案件中的专门性问题进行鉴别、判断并提出书面意见的人。成为鉴定人必须具备四个条件:一是鉴定人必须是自然人,只有自然人才可能具备专门知识,对有关问题作出判断;二是鉴定人必须具备专门知识,能够对案件中的专门问题进行鉴别和判断;三是鉴定人必须与案件没有利害关系,有利害关系的人必须回避;四是必须接受专门机关的指派或者聘请。

六、翻译人员

翻译人员是指接受公安机关、人民检察院和人民法院的指派或者聘请,为诉讼中有着特定语言需要的人提供翻译的人员。成为翻译人员的条件是:第一,必须通晓特定语言需要的人员的语言和文字;第二,必须与案件没有利害关系;第三,接受专门机关的指派或聘请。

第3章　刑事诉讼原则

【本章要义】　刑事诉讼原则是指刑事诉讼中各方参与人在进行刑事诉讼时必须遵循的基本准则。我国《刑事诉讼法》第一编第一章冠以"任务和基本原则"之名，一共规定了17个条文。其中，第1条和第2条规定的是刑事诉讼法的任务和制定刑事诉讼法的根据。据此，理论上一般认为，剩下的15个条文，均为刑事诉讼原则之规定。若要分门别类，则其中有些原则为当今世界发达或较为发达之各国刑事诉讼中必然遵循之原则，有些原则是我国刑事诉讼中的特有原则，有些则属于具体的制度或规则。本章第一节阐述国际通行的刑事诉讼原则，并对我国刑事诉讼原则中与之呼应的部分进行介绍。第二节介绍我国刑事诉讼中特有的原则。第三节介绍刑事诉讼法规定的实际上带有制度、规则性质的原则。

第一节　国际通行原则

不同的刑事诉讼理念，产生不同的刑事诉讼原则，并决定刑事诉讼的不同模式。从实然的角度考察，大陆法系职权主义比较浓厚，英美法系当事人主义比较盛行。因此其诉讼中各自奉行的基本原则并不一致；但在权利保障方面，却有异曲同工之妙。因此，本节所介绍之基本原则，以各国普遍赋予犯罪嫌疑人、被告人的基本权利为依据，称之为"国际通行原则"。

一、无罪推定

✦（一）无罪推定的涵义

1. 作为举证责任分配原则的无罪推定

无罪推定的第一层涵义，是其作为证据法原则的涵义，也就是在证明责任分配方面的涵义。无论是在法学家的著作中,还是在法院的判例中,无罪推定原则最基本、最常用同时也是最为普遍承认的含义,就是其在分配举证责任方面的含义。格兰维尔·威廉姆斯指出:"当人们说面对刑事控告的被告人应当被推定无罪时,它的真实含义其实就是控方应当承担证明被告人有罪的责任。"①在英美法律传统中,证明标准问题通常是依附于证明责任问题之上的。负有证明责任的一方,如果没有将相应事实证明到法律要求的程度,即视为没有履行证明责任。或者说,证明标准是证明责任制度的组成部分。在刑事诉讼中,证明有罪的标准通常是排除合理怀疑。因此,证明责任既然由控诉方承担,控诉方就应当将被告人有罪的事实证明到排除合理怀疑的程度。例如,在史蒂芬的《证据法概要》一书中,其关于关于无罪推定的定义就包含了证明程度的要求:"如果是否实施犯罪属于争议事实,则对该事实应当证明到排除合理怀疑的程度。承担证明被告人有罪或者实施了过错行为的责任存在于主张该事实的一方"②。威格摩亦指出,就无罪推定的举证责任分配功能而言,其含义包括两个方面:一是提供证据的责任由控诉方承担;二是控诉方应当将被告人有罪的事实证明到排除合理怀疑的程度。③

2. 作为正当程序要素的无罪推定

作为正当程序要素的无罪推定的核心内容,是强调"未经证明有罪即应当视为无罪",它解决的不是由谁来承担证明责任的问题,而是在未经证明有罪之前,对犯罪嫌疑人、被告人应当如何对待的问题。它承担着一种规范性功能,包含着任何人未经正当程序不得被剥夺自由的思想。它提出并坚持"法定有罪"的概念,即任何人,在其罪行未经法定程序获得证明之前,均不能仅仅因为其事实上可能有罪而被认定有罪;相反,只有在经过一系列法定程序,其罪行得到证明之后,才能被认定有罪。

无罪推定与有罪推定之关系

关于无罪推定与有罪推定的关系,帕卡曾经有过一段精彩的论述:"将有罪推定当做无罪推定原则的对称是错误的。无罪推定是刑事诉讼程序的中流砥柱,在正当程序模式的刑事诉讼中占有举足轻重的地位。无罪推定并非有罪推定的对称,它与有罪推定毫无关联。这两个概念代表的是完全不同的而不是相

---

① Glanville Williams, *The Proof of Guilt: A Study of the English Criminal Trial*, 2d ed., London: Stevens & Sons, 1958, p.152.
② James Fitzjames Stephen, *A Digest of the Law of Evidence*, second edition reprint, ST. Louis F. H. Thoma and Company, 1879, p.115.
③ John Henry Wigmore, *Evidence in Tirals at Common Law*, Peter Tillers Rev., Little, Brown and Company, Boston, Toronto, 1983, Vol IX, p.530.

对的观念。……无罪推定的功能是指导政府官员如何推进刑事诉讼程序,而不是对诉讼结果的一种预测。有罪推定则代表着对结果的预测。无罪推定实际上是指示政府权力机关在对待犯罪嫌疑人时忽略对被告人有罪的假定。因此,有罪推定必定是描述性的和事实性的,而无罪推定则是规范性的和法律性的。"[1] 根据帕卡的论述,一个人是否有罪,实际上可以区分为事实和法律两个不同的层面。一个是法律的层面,一个是事实的层面。区分了这样的层面之后,就产生出事实上的有罪、法律上的有罪、事实上的无罪、法律上的无罪这几个概念。事实上有罪的被告人,不一定在法律上就有罪;法律上无罪的被告人,也不一定事实上就无辜。

无罪推定中的"无罪",是指法律意义上的无罪,并非事实层面上的无罪。因此之故,法律亦允许公安机关、人民检察院、人民法院对犯罪嫌疑人、被告人采取必要之强制措施,其中既包括剥夺、限制人身自由之措施(例如拘留、逮捕后的羁押),亦包括剥夺、限制财产权利之措施(例如取保候审、保证金的没收、有关财产的查封、扣押、冻结等)。理论上认为,这些措施乃为保证诉讼顺利进行而采取,乃是诉讼中不得已而采取之暂时措施,并非对犯罪嫌疑人、被告人作出的最终处置,因此并不违反无罪推定之原则。

(二) 我国刑事诉讼中的无罪推定

1996 年《刑事诉讼法》第 12 条规定:"未经人民法院依法判决,对任何人都不得确定有罪。"2012 年《刑事诉讼法》延续了这一规定。对此规定,理论界和实务界也是莫衷一是。有论者认为,该规定只是解决了对被告人应当由谁定罪的问题,不涉及无罪推定原则。[2] 也有学者指出,该规定已经吸收了无罪推定的合理因素。[3]

本书认为,我国《刑事诉讼法》已经确立无罪推定原则,但是体现该原则的规定却不限于第 12 条的规定。理由如下:第一,无罪推定在证据法上的功能,是将证明责任分配于控诉方。这一点,在 1996 年《刑事诉讼法》第 162 条第 3 项规定的"指控的犯罪不能成立"的判决,就是无罪推定中"控诉方负举证责任"和"疑罪作无罪处理"规则的贯彻;2012 年《刑事诉讼法》关于举证责任的规定,使无罪推定原则关于控方承担举证责任的要求更加明晰。第二,无罪推定的核心,乃是保障无辜的被告人免受错误追究,同时给予所有被告人一体的保护,实现程序法治,加强裁判的正当性。对此,我国 1979 年《刑事诉讼法》和 1996 年《刑事诉讼法》均有体现。不过,由于 1979 年《刑事诉讼法》规定的免予起诉制度明显

---

[1] Herbert L. Packer, *Two Models of the Criminal Process*, 113 U. Pa. L. Rev. 1, p.12 (1964).
[2] 胡康生、李福成:《中华人民共和国刑事诉讼法释义》,法律出版社 1996 年版,第 15 页。
[3] 陈光中:《中华人民共和国刑事诉讼法释义与应用》,吉林人民出版社 1996 年版,第 20 页。

违反无罪推定原则,因此,说1979年刑事诉讼法就已经确立无罪推定难免让人难以置信。但是,1996年《刑事诉讼法》在保障人权、加强程序法治方面的确取得了重大进步,其加强程序法治和保障人权的决心是显而易见的。这些变化,正是无罪推定精神的体现。第三,尽管规定第12条的动机也许是取消人民检察院的定罪权,这也丝毫不影响其确立无罪推定原则的效果。因为,免予起诉制度本身是明显违反无罪推定的,废除免予起诉,就是确立无罪推定。

二、不受任意逮捕与拘禁

所谓不受任意逮捕与拘禁①原则,是对侦查官员逮捕权的双重约束:其一,为实体上之约束,即证据上之约束;其二,为程序上之约束,即法官对逮捕和拘禁之实质理由进行审查的约束。这两方面的约束都是必不可少的。尤其是程序上的约束,对于保障公民人身自由不受任意侵犯发挥着至关重要的作用。它可以有效地防止侦查官员肆意地决定逮捕和拘禁公民,也只有它才可以有效地防止侦查官员权力的滥用。因为,对于任何一项事实的判断,如果没有一个中立的第三方进行裁判,其后果都只能是掌握权力的一方获得胜利。同样地,对于是否有证据证明被逮捕人有实施犯罪行为之嫌疑,也只有第三方才能够进行中立的裁判;倘若由当事人之任何一方来判断,都可能有失偏颇。因此,对犯罪嫌疑人、被告人的羁押决定,必须引入第三方裁判,才可能真正起到保障人权之作用。

三、私生活秘密不受任意侵犯

 异域法制

西方国家对私生活秘密权的保护

私生活秘密不受任意侵犯,也就是公民个人隐私不受任意侵犯的权利。这一权利在国际公约以及世界很多国家的法律中都得到确认。《公民权利与政治权利国际公约》第17条规定:"任何人的私生活、家庭、住宅或通信不得加以任意或非法干涉,他的荣誉和名誉不得加以非法攻击。""人人有权享受法律保护,以免受这种干涉和攻击。"1955年,美国联邦最高法院将私生活秘密权确认为美国宪法权利之一;1974年,美国进一步将隐私权的保护纳入制定法的范畴。② 美

---

① 此处所说的"逮捕",是指对现行犯、准现行犯的抓捕、截停、带到措施,与本书第八章阐述的强制措施中的"逮捕"(即监禁)并非同一涵义。此处说的"拘禁",则类似于我国刑事诉讼强制措施中的"逮捕"。

② 在其内容中规定隐私权的法律包括1974年的隐私权法、家庭教育及隐私权法、财务隐私权法和1976年的税收修正法案、公平签章账单法以及1978年的质询自由法等。

国之后，西方资本主义国家普遍承认和加强了对私生活权的保护，并在其宪法中写入了相应的内容。在一个美国学者考察的142个国家的宪法中，涉及私生活保护的国家有117个，占被考察国家总数的80.4%。①

我国《宪法》第38条规定："中华人民共和国公民的人格尊严不受侵犯。禁止用任何方法对公民进行侮辱、诽谤和诬告陷害。"在有些大陆法系国家，对隐私权的保护就是通过立法机关对"人格尊严"的立法确认或者由最高法院对人格尊严作出司法解释的途径而得到承认的，所以，该条规定的"人格尊严"应当理解为包括隐私权的内容。《宪法》第39条规定："中华人民共和国公民的住宅不受侵犯。禁止非法搜查或者非法侵入公民的住宅。"这一规定是对私生活秘密权的重要内容之一——居住安宁权的直接确认与保护。《宪法》第40条规定："中华人民共和国公民的通信自由和通信秘密受法律保护。除因国家安全或者追究刑事犯罪的需要，由公安机关或者检察机关依照法律规定的程序对通信进行检查外，任何组织或者个人不得以任何理由侵犯公民的通信自由和通信秘密。"这一规定既是对通信自由的保护，同时也是对通信秘密的保护。

四、不被强迫自证其罪

法制溯源

特免权制度与证人作证义务

在证据法上，证人特免权与强制传唤证人作证的制度存在着天然的联系。如果法律上没有强制证人作证的手段，如果证人愿意作证就作证，不愿意作证就不作证，自然无需也就不可能产生特免权规则。因此，特免权制度以强制证人作证制度为前提的。之所以被称为"特免权"，就是指一般人通常情况下都有义务向法庭作证，但是个别特殊身份者有权拒绝向法庭作证。反对自我归罪的特免权，就是指当一个人的证言有可能被用来证明自己有罪时，该人可以拒绝提供证言的制度。它是英美证据法上众多特免权中的一种，也是唯一被美国联邦宪法承认的特免权。联邦宪法第五修正案明文规定："任何人不得被迫在任何刑事案件中成为反对他自己的证人。"该项特权不仅在美国联邦宪法中获得肯定，并且在各州的宪法中也有相应的规定，只是语言的表述上有所不同。

---

① 亨利·马尔赛文、格尔·范德唐著、(台)陈云生译：《成文宪法的比较研究》，久大文化股份有限公司、桂冠图书股份有限公司1990年8月联合出版，第146页。

 **法理研析**

反对强迫自证其罪的特免权的理论基础

英美学者从各方面论证了反对强迫自证其罪特免权存在的理由。归纳起来,大体包括以下诸条:第一,特免权保护无辜的被告人不会因为在证人席上的不良表现而被错误定罪;第二,特免权可以防止法庭被伪证所困扰;第三,特免权规则可以鼓励第三方证人出庭作证,因为其不必担心因作证而使自己被定罪;第四,特免权是对政府权力需要受到约束的承认,既然真正的自我归罪的回答不可能是被强迫的,那么,强迫也就没有意义;第五,特免权可以防止法庭审判程序沦为臭名昭著的星座法院、高等委员会所适用的纠问式诉讼;第六,特免权规则经过了历史的检验;第七,特免权规则可以防止法庭审判成为无尊严、不文明的场合;第八,特免权可以鼓励控诉方作完全彻底的独立侦查;第九,特免权可以在尤其是涉及宗教、政治等案件中击败"恶法"和"不好的程序";第十,特免权可以防止一个人仅仅因名声不好而被起诉;十一,特免权有助于防止刑讯逼供和其他不人道的方法;十二,特免权规则可促使政府在没有很好理由怀疑一个人犯罪的情况下不去干扰公民个人的生活。①

2012年之前,我国《刑事诉讼法》并未明文规定反对强迫自我归罪的特免权,相反,1979年《刑事诉讼法》和1996年《刑事诉讼法》均规定犯罪嫌疑人"对与本案无关的问题有拒绝回答的权利"。但是,这并不表明中国1979年或1996年《刑事诉讼法》允许"强迫自证其罪"。因为,"强迫自证其罪"中的强迫,既包括肉体上的强迫,如刑讯逼供;也包括精神上的强迫,如威胁、引诱、欺骗等;还包括法律上的强迫,即强制证人向法庭作证。1979年、1996年《刑事诉讼法》虽未明文规定反对强迫自我归罪的特免权,但是却明文禁止刑讯逼供、威胁、引诱、欺骗等野蛮的讯问。因此,可以说2012年之前的《刑事诉讼法》已经在一定程度上确立了反对强迫自我归罪的特免权,只是还没有赋予被告人拒绝向法庭作证的权利。2012年《刑事诉讼法》虽然明文规定了"不得强迫任何人自证其罪",但是在具体内容上与之前的规定并没有太多变化。其具体含义,还需要结合其他法条进行解释。具体可参看本书第八章的论述。

---

① John Henry Wigmore, *Evidence in Trials at Common Law*, Vol. 8, pp. 310—317.

五、迅速审判

法理研究

迅速审判的目的与功能

《公民权利与政治权利国际公约》第9条第3款规定:"任何因刑事指控被逮捕或拘禁的人……应有权在合理的时间内受审或在审判前释放。"第14条第3款规定:"受审时间不被无故拖延。"上述两项规定可以并称为刑事被告人享有的"迅速审判权"。其功能和目的包括三个方面:一是缩短刑事被告人(犯罪嫌疑人)在审判前遭受羁押的时间,减少被告人羁押候审的痛苦;因此,该原则要求,如果对被告人不能在合理时间内审判,通常应当将其取保释放;二是缩短刑事被告人等待审判以及审判结果的时间,降低被告人因受刑事指控而使其法律身份处于不确定状态以及个人名声、荣誉等方面的损失;三是促使司法机关提高效率,加快办案节奏,节约司法资源。

我国《宪法》和《刑事诉讼法》虽未明文规定被告人的迅速审判权,但是有关拘留期限、逮捕以后的侦查羁押期限、审查起诉期限以及法院审理期限的规定,都在一定程度上体现了迅速审判原则的要求。首先,有关拘留期限的规定,在一定程度上体现了抓捕之后的"迅速带到"要求;其次,有关侦查羁押期限以及审查起诉期限的规定,体现了尽快结束侦查、尽快提起公诉以缩短犯罪嫌疑人、被告人被羁押时间的要求;最后,一审期限、二审期限都体现了缩短被告人等候自己不确定命运和前途的时间的要求。

六、审判公开

(一)涵义与渊源

审判公开原则是指法院在审理刑事案件与宣告刑事判决时,除特殊情况外,应当允许与该案件无关之不特定多数人,在法院空间允许的范围内,旁听刑事诉讼程序之进行。

法理研究

审判公开原则的意义

这一原则直接针对的是中世纪欧洲大陆刑事诉讼中奉行的"秘密原则",是在法国大革命之后确立的一项重要原则,我国《刑事诉讼法》也规定了这一原则。其意义在于:第一,通过审理和宣判程序的公开,使普通民众能够有效地监督国家司法权力的行使,以防止权力被滥用,并保证被告人获得公平、公正的审判;第二,使公民通过旁听案件之审理,增加民众对司法的信心,从而可以确立司法的权威性,使法院裁判更加具有可接受性;第三,通过法庭审判和宣判活动,使公民通过亲身感受法庭之崇高与庄严,并将其感受通过家庭、学校等场所传播于社会,实现刑事诉讼为社会树立行为范式之目标。

✦ (二) 基本规则

我国《宪法》第125条规定:"人民法院审理案件,除法律另有规定的特别情况外,一律公开进行。……"《刑事诉讼法》第11条对此作了相同规定。《最高人民法院关于严格执行公开审判制度的若干规定》(1999年3月8日发布)对此进行了更为细致的规范。

审判公开的对象既包括当事人,也包括一般社会公众。依据最高人民法院规定,依法公开审理的案件,公民可以旁听,但精神病人、酗酒的人和未经人民法院批准的未成年人除外。根据法庭场所和参加旁听人数等情况,旁听人员需要持旁听证进入法庭的,旁听证由人民法院制发。外国人和无国籍人持有效证件要求旁听的,参照中国公民旁听的规定办理。旁听人员必须遵守《中华人民共和国人民法院法庭规则》的规定,并应当接受安全检查。新闻记者对庭审实况进行记录、录音、录像、摄影、转播的,必须经人民法院许可。外国记者的旁听则按照我国外事管理的规定办理。

根据《宪法》和《刑事诉讼法》第11条的规定,凡是实行审判公开的案件,不仅第一审程序要公开,第二审程序、生效裁判再审程序、死刑复核程序都要公开。但是,最高人民法院对于第二审程序实行公开审判进行了限制:(1) 当事人对不服公开审理的第一审案件的判决、裁定提起上诉的,应当公开审理,但因违反法定程序发回重审的和事实清楚依法迳行判决、裁定的除外;(2) 人民检察院对公开审理的案件的判决、裁定提起抗诉的,应当公开审理,但需发回重审的除外。

根据《刑事诉讼法》第182条第3款的规定,对于公开审判的案件,人民法院应当在开庭3日以前先期公布案由、被告人姓名、开庭时间和地点。根据《最高人民法院关于严格执行公开审判制度的若干规定》第7条,凡应当依法公开审理的案件没有公开审理的,应当按下列规定处理:(1) 当事人提起上诉或者人民检察院对刑事案件的判决、裁定提起抗诉的,第二审人民法院应当裁定撤销原判决,发回重审。(2) 当事人申请再审的,人民法院可以决定再审;人民检察院按照审判监督程序提起抗诉的,人民法院应当决定再审。上述发回重审或者决定再审的案件应当依法公开审理。

✦ （三）例外情形

根据《宪法》和《刑事诉讼法》的规定，一般案件都必须公开审判。但是也有例外，就是说存在着不公开审判的案件。不公开审判是指法庭审判程序不公开，但是宣告判决则一律公开进行。也就是说，法庭审理公开有例外，宣告判决公开则没有例外。不公开审理的案件范围，根据《刑事诉讼法》的规定，有以下三种情形：(1) 有关国家秘密或者个人隐私的案件，对此类案件一律不公开审理；(2) 审判时不满 18 岁未成年人犯罪的案件，一般也不公开审理；(3) 涉及商业秘密的案件，经当事人申请，人民法院也可以决定不公开审理。

七、有权获得辩护 ✦

有权获得辩护原则不仅在西方获得普遍认可，在我国法律体系中亦得到确认。我国《宪法》第 125 条规定："……被告人有权获得辩护。"《刑事诉讼法》第 11 条规定："……被告人有权获得辩护，人民法院有义务保证被告人获得辩护。"

我国 1979 年制定的《刑事诉讼法》对被怀疑犯罪的人在各个诉讼阶段一律称为"被告人"，因此，当时的《宪法》只规定了"被告人有权获得辩护"的内容，这一内容可以理解为被告人在任何阶段都享有辩护权。1996 年修订后的《刑事诉讼法》将侦查、审查起诉阶段被怀疑犯罪的人称为"犯罪嫌疑人"，而将被提起公诉的人称为"被告人"。2012 年《刑事诉讼法》延续了这一规定。法律的这一区分是为了更好地保护公民人身权利和其他权益，并不意味着犯罪嫌疑人不享有辩护权。因此，修正后的《刑事诉讼法》如将这一原则规定为"犯罪嫌疑人、被告人有权获得辩护"则更为确切。

该原则的具体要求体现为两个方面：(1) 犯罪嫌疑人、被告人在任何阶段均享有辩护权。犯罪嫌疑人、被告人既可以自行辩护，也可以委托辩护。但是，犯罪嫌疑人在侦查阶段委托辩护人的权利要受到一定的限制。目前我国《刑事诉讼法》仅仅规定犯罪嫌疑人在侦查阶段有权聘请律师，并未明确规定其有权聘请辩护人。但从理论上，犯罪嫌疑人聘请律师可以视为行使辩护权的体现。(2) 人民法院、人民检察院、公安机关应当保证犯罪嫌疑人、被告人获得辩护。《刑事诉讼法》仅仅规定人民法院有义务保证被告人获得辩护，这似乎排除了人民检察院、公安机关在这方面的义务，实际上是不确切的。公安机关在侦查阶段有义务告知犯罪嫌疑人有权聘请律师为其提供法律帮助，这也是保证其获得辩护的体现；人民检察院在审查起诉阶段有义务告知犯罪嫌疑人有权聘请辩护人，这也是保障犯罪嫌疑人获得辩护的体现；人民法院则既有义务告知被告人有权自行辩护和聘请辩护人辩护，在特定条件下还必须指定辩护人为被告人进行辩护。

八、对质和申请法庭强制证人出庭作证

对质权是指受刑事指控之人与提供不利于己证言的证人当庭对质的权利。该项权利包括三项权能:一是被告人有自始至终出席法庭审判的权利;二是有与证人当庭、面对面、眼球对眼球质证的权利;三是对证人进行交叉盘问的权利。① 强制权是指被告人享有的申请法庭强制传唤有利于己的证人出庭作证的权利。上述两项权利都是被告人针对证人享有的权利。因被告人自身并无强制证人到庭的权力,为保证审判程序公正,并精确地发现真实,西方法律普遍赋予被告人上述两项权利。其效果则都是使证人能够出席法庭并接受控辩双方的交叉询问。

异域法制

直接、言词原则与对质权之比较

直接原则,有时候称为"直接、言辞原则",有时候称为"直接原则"。其中,"言辞原则"又被称为"言辞辩论主义",但从有关学者的论述来看,其含义应当包括在"直接原则"的概念之内。直接原则的确立是在法国大革命时期出于对纠问式诉讼之下侦查机关对被告人进行秘密审讯、刑囚,法官依据侦查机关的审讯笔录进行审判的制度的否定而确立的制度;其中包括言辞辩论原则、直接审理原则、自由心证原则等均是基于对英美法的继受。② 直接原则又称"直接审理原则",其又包括两层含义:第一层含义是指做成判决的法院不得将证据调查的工作委托他人完成,而必须自己为证据调查,这一意义上的要求,通常被称为"形式的实质性";第二层含义是指法官必须对原始证据进行调查,而不得以证据的替代品为事实调查的依据,这一意义上的要求,通常被称为"实质的直接性"。③

就其形式的直接性而言,对法院所提出的要求包括三个方面:一是法官必须获得对于本案待证事实的直接印象,为达此目的,法院必须亲自践行审理程序,不能委托他人代为证据调查;二是在整个审理过程中必须始终在场,不得间断;三是在审理过程中法官如因疾病、死亡或其他原因无法审理时,不能由其他法官迳行代替,而是必须重新进行审理程序。④ 就其实质的直接性而言,审判法院应当以最为接近事实的证据方法进行审理,不得以朗读文书等间接证据方法替代

---

① 易延友:《眼球对眼球的权利》,载《比较法研究》2010年第6期。
② 〔德〕克劳斯·罗科信:《刑事诉讼法(第24版)》,吴丽琪译,法律出版社2003年版,第623—624页。
③ 同上注,第429—430页。
④ 林钰雄:《严格证明与刑事证据》,台北学林文化事业有限公司2002年版,第48页。

亲讯证人的直接证据方法,因此有时候该原则的实质直接性又被称为"禁止朗读原则"。①

直接原则的意义主要在于追求法治程序和发现实体真实。具体而言,其功能体现在三个方面:其一,直接原则可以切断侦查与审判之间的联系,防止法庭审理成为侦查程序的继续,防止诉讼程序演变为侦查、起诉和审判的接力赛跑,从而避免法官成为消化侦查卷宗的机器,避免审判成为朗读笔录卷宗的仪式。② 其二,直接原则是言辞原则和审判公开原则的基础,没有直接原则,辩护方既无法向证人发问,法官亦无从对证人进行"察言观色",审判必然沦为书面审,审判公开也无非就是卷宗的公开,至于侦查人员在侦查过程中如何讯问被告人,如何询问证人,法庭均无从获知,其实与秘密审理并无本质区别。③ 其三,直接原则还是实行自由心证的前提,因为只有通过直接原则获得有关证据的直接印象,法院才可能获得有关证据之证明力的基本条件;相反,如果法院仅凭侦讯笔录而不能对被告人、证人进行察言观色并质疑,则在法官心证和侦查询问之间始终存在一道栅栏和隔阂,自由心证就会沦为法官个人的恣意擅断。④

从以上直接、言词原则的内容与功能来看,对质权、强制权与直接言辞原则有异曲同工之妙,但又存在一定的区别。二者共同的方面在于,它们均可实现促使证人出庭作证的效果。二者的区别则主要在于:直接言辞原则是从法官应当如何接受证据的角度所作的规范,对质权、强制权则是从保障被告人公正审判权的角度所作的规范;前者的出发点在于发现真实,后者的出发点在于保障人权;前者主要体现职权主义理念,后者主要体现当事人主义理念。

九、反对双重归罪

(一)内涵与法理基础

反对双重归罪原则强调任何人不能因为同一行为遭受两次危险。首席大法官普拉特(PRATT)在1724年就指出:"迄今为止,在任何以刑事起诉为基础的案件中,还没有听说过哪个将被告人无罪释放的裁决被搁置一旁。"⑤但是,如果是被告人遭受冤枉,1907年的制定法允许法庭在他们认为裁决与证据不一致的时候搁置判决。从此,在新法之下,由于只有被告人有权上诉,因而有罪的裁决

---

① 实质的直接性体现在德国《刑事诉讼法》第250条的规定中,该条规定:"对事实的证明如果是建立在一个人的感觉之上的时候,要在审判中对他询问。询问不允许以宣读以前的询问笔录或书面证言而代替。"参阅:《德国刑事诉讼法典》,李昌珂译,中国政法大学出版社1995年版,第103页。
② 林钰雄:《严格证明与刑事证据》,台北学林文化事业有限公司2002年版,第52页。
③ 同上书,第53页。
④ 同上书,第54页。
⑤ Sir Patrick Devlin, *Trial by Jury*, 6th Impression 1978, p.77.

可能会被推翻,而无罪的裁决仍然不可挑战。

该制度在英国法律史上的地位是显而易见的。人们通常认为陪审团审判制度有效地保障了英国的自由,也与这一制度密切相关。如果没有这一制度,政府就可以无数次地对同一公民就同一事实提出指控,直至其达到目的为止。即使所有陪审团都拒绝对被告人定罪,只要政府拥有不断起诉之权力,公民的自由就不可能得到有效的保障。因为政府可以将公民无限期地关押下去,直至其身心俱毁。

✦（二）中国的制度

我国目前尚未确立反对双重归罪原则。《最高检规则》第459条第3款规定:"对于撤回起诉的案件,没有新的事实或者新的证据,人民检察院不得再行起诉。"第4款规定:"新的事实是指原起诉书中未指控的犯罪事实。该犯罪事实触犯的罪名既可以是原指控罪名的同一罪名,也可以是其他罪名。"第5款规定:"新的证据是指撤回起诉后收集、调取的足以证明原指控犯罪事实的证据。"根据上述规定,对同一个被告人,人民检察院撤回起诉之后,经过重新侦查,如有新的事实,可以再行起诉;如没有新事实但有新的证据,也可以再行起诉。对于经过重新侦查发现有新事实的案件,人民检察院重新起诉并不违反反对双重归罪原则,因为该原则要求的是对"同一事实"或"同一行为"不得两次置人于危险境地。对于经过重新侦查发现有新的证据的,也可以再行起诉,则似有违反反对双重归罪原则之嫌。

第二节　我国特有的刑事诉讼原则

我国特有的刑事诉讼原则,是指刑事诉讼法规定的、在很大程度上体现着当前社会之主流意识形态或者说国家理念的、对决定我国刑事诉讼模式发挥着举足轻重之作用的原则。

一、侦查权、检察权、审判权由专门机关行使

《刑事诉讼法》第3条第1款规定:"对刑事案件的侦查、拘留、执行逮捕、预审,由公安机关负责。检察、批准逮捕、检察机关直接受理的案件的侦查、提起公诉,由人民检察院负责。审判由人民法院负责。除法律特别规定的以外,其他任何机关、团体和个人都无权行使这些权力。"该原则规定了两项内容:一是公安机关、人民检察院、人民法院在刑事诉讼中分别行使不同的职权,以及各自行使职权的内容;二是除法律另有规定以外,其他任何机关都无权行使侦查、拘留、执行逮捕、预审、检察、批准逮捕、提起公诉和审判等权力。其中,"除法律特别规定的以外",包括《刑事诉讼法》第4条规定的国家安全机关在办理国家安全案

件时行使与公安机关相同的职权。

二、严格遵守法律程序

《刑事诉讼法》第 3 条第 2 款规定:"人民法院、人民检察院和公安机关进行刑事诉讼,必须严格遵守本法和其他法律的有关规定。"严格遵守法定程序是对公检法三机关的要求,其内容是严格按照刑事诉讼和其他法律中有关刑事诉讼主体的权利、义务以及进行刑事诉讼的方式、方法、顺序、步骤等方面的规定进行刑事诉讼,否则将导致其程序不具有法律效力的后果。

三、依靠群众

《刑事诉讼法》第 6 条规定:"人民法院、人民检察院和公安机关进行刑事诉讼,必须依靠群众……"这是依靠群众原则的直接规定。另外,我国《刑事诉讼法》有些规定,也体现着依靠群众原则的精神。例如,第 50 条规定:"……必须保证一切与案件有关或者了解案情的公民,有客观地充分地提供证据的条件,除特殊情况外,可以吸收他们协助调查。"第 82 条规定:"对于有下列情形的人,任何公民都可以立即扭送公安机关、人民检察院或者人民法院处理:(1) 正在实行犯罪或者在犯罪后即时被发觉的;(2) 通缉在案的;(3) 越狱逃跑的;(4) 正在被追捕的。"

四、以事实为根据,以法律为准绳

《刑事诉讼法》第 6 条规定:"人民法院、人民检察院和公安机关进行刑事诉讼……必须以事实为根据,以法律为准绳。……"所谓"以事实为根据",就是指必须以已经查证属实的证据为根据。它所禁止的是以主观想象和怀疑猜测等为根据对案件作出判断。它强调办案人员必须重证据、重调查研究,在没有充分、确实的证据时,不能轻率认定一个人有罪。"以法律为准绳",就是以《刑事诉讼法》和《刑法》等法律规定为标准,指导刑事诉讼的进行。因此,公安机关、人民检察院、人民法院在办理刑事案件时,除了法律以外,不能有别的标准。

五、对一切公民在适用法律上一律平等

《刑事诉讼法》第 6 条规定:人民法院、人民检察院和公安机关在刑事诉讼中,"对于一切公民,在适用法律上一律平等,在法律面前,不允许有任何特权"。一般而言,平等可以分为形式上的平等和实质上的平等。前者是指程序的平等,例如,所有的机会均平等地向所有人开放;后者是指结果上的平等,例如,每个人都平等地享有生命权、健康权等。在法律上,平等又可以分为立法上的平等与司

法上的平等。立法上的平等是指法律在制定时对所有人的利益均予以平等的对待；司法上的平等则是指法律一经制定就平等地适用于每一个人，任何人均不享有超越法律之外的特权，不享有不受法律管辖的豁免。我国《刑事诉讼法》规定的平等原则，指的就是司法适用上的平等。它要求在刑事诉讼中，司法机关对一切公民都必须平等对待。所谓平等对待，就是不分民族、种族、性别、年龄、职业、出身、宗教信仰、教育程度、财产状况等，任何公民均应当得到同等对待，司法机关不得有任何歧视或优待。因此，人民检察院之检察官在审判法庭也不得享有任何特权，其地位与作为被告人之公民、法人平等，人民法院亦应将其与被告人平等看待。

六、分工负责、互相配合、互相制约

《刑事诉讼法》第7条规定："人民法院、人民检察院和公安机关进行刑事诉讼，应当分工负责，互相配合，互相制约，以保证准确有效地执行法律。"此处的"分工负责"，主要是指公检法三机关应当依照法律规定各司其职、各尽其责，严格按照《刑事诉讼法》第3条规定的职权分工进行刑事诉讼，相互之间不得越俎代庖、超越职权，更不能一家包办。所谓"互相配合"，应当是指各机关在分工合作的基础上各司其责，尽力做好自己分内的工作，就是对其他机关的最好的配合。任何越权办案、越俎代庖、违反《刑事诉讼法》规定进行所谓"协调"的行为，都是对刑事诉讼原则的破坏。所谓"互相制约"，是指公检法三机关在刑事诉讼中按照各自的职权分工进行刑事诉讼，通过各自对案件的认定形成各自权力的约束。

七、人民检察院依法对刑事诉讼实行法律监督

《刑事诉讼法》第8条规定："人民检察院依法对刑事诉讼实行法律监督。"这就是法学界通常所说的"检察监督原则"，其宪法依据是《宪法》第129条之规定："中华人民共和国人民检察院是国家的法律监督机关。"

✦ （一）具体含义

人民检察院在刑事诉讼中具有三种职能：一是对直接受理的案件进行侦查；二是决定、批准逮捕、审查起诉、提起公诉和出庭支持公诉；三是对参加刑事诉讼的专门机关以及诉讼参与人的诉讼活动是否合法进行监督，发现违法行为则依法予以纠正。从理论上说，人民检察院依法对刑事诉讼进行监督，仅仅包括上述第三种职能，但是不排除其通过履行第二种职能的活动实现第三种职能。

✦ （二）运作机制

人民检察院对刑事诉讼的监督贯穿于整个诉讼过程中，具体包括立案监督、

侦查监督、审判监督与执行监督四个方面。

1. 立案监督

立案监督主要是指《刑事诉讼法》第 111 条规定的监督。根据该条规定,人民检察院认为公安机关应当立案侦查的案件而不立案侦查的,或者被害人认为公安机关对应当立案侦查的案件而不立案侦查,并向人民检察院提出的,人民检察院应当要求公安机关说明不立案的理由。人民检察院认为公安机关不立案的理由不能成立的,应当通知公安机关,公安机关接到通知后应当立案。根据《六机关规定》的规定,公安机关在收到人民检察院《要求说明不立案理由通知书》后 7 日内应当将说明情况书面答复人民检察院。人民检察院认为公安机关不立案理由不能成立,应当发出《通知立案书》,并将有关证明应该立案的材料同时移送公安机关。公安机关在收到《通知立案书》后,应当在 15 日内决定立案,并将立案决定书送达人民检察院。

2. 侦查监督

侦查监督是指人民检察院对侦查活动是否合法进行监督。这主要通过三种形式。第一种形式是通过审查批准逮捕和审查起诉进行监督。《最高检规则》第 566 条规定:人民检察院发现公安机关侦查活动中的违法行为,情节较轻的,可以口头向侦查人员或办案机关负责人提出纠正意见;情节较重的,应报检察长批准后,向公安机关发出纠正违法通知书;构成犯罪的,移送有关部门依法追究刑事责任。第二种形式是通过参与公安机关重大案件讨论的形式进行监督。《刑事诉讼法》第 85 条规定,公安机关要求逮捕犯罪嫌疑人的时候,应当写出提请批准逮捕书,连同案卷材料、证据,一并移送同级人民检察院审查批准;必要的时候,人民检察院可以派人参加公安机关对于重大案件的讨论。对此,《最高检规则》第 567 条规定:人民检察院根据需要可以派员参加公安机关对于重大案件的讨论和其他侦查活动,发现违法行为,应当及时通知纠正。第三种形式是通过受理控告进行监督。《最高检规则》第 574 条规定:诉讼参与人对于侦查机关或者侦查人员有《刑事诉讼法》第 115 条规定的行为,提出控告的,人民检察院应当受理并及时审查、依法处理。

3. 审判监督

审判监督是指对审判活动进行的监督。依照《刑事诉讼法》第 203 条之规定,人民检察院发现人民法院审理案件违反法律规定的诉讼程序,有权向人民法院提出纠正意见。对此,《最高检规则》第 580 条第 2 款、第 3 款规定:出席法庭的检察人员发现法庭审判违反法律规定的诉讼程序,应当在休庭后及时向本院检察长报告。人民检察院对违反程序的庭审活动提出纠正意见,应当由人民检察院在庭审后提出。另外,对于第一审未生效的判决、裁定,人民检察院认为确有错误的,可以提起抗诉,这也是人民检察院对审判活动进行监督的一种形式。

4. 执行监督

执行监督是指人民检察院对已经生效的判决、裁定在执行过程中进行的监督。具体包括对死刑执行的监督、对死缓执行的监督以及对判处其他刑罚案件的执行的监督，例如，对监外执行、减刑、假释等的监督。

第三节　基本制度与规则

《刑事诉讼法》第一编第一章"任务和基本原则"中有些条文的规定，虽然具有总领刑事诉讼各个阶段的作用，但是对于刑事诉讼模式的特征并无直接的决定作用，而是属于一些具体制度的规范和一些具体程序的规范。因此，本书将它们归入"基本制度与规则"的范畴，单列一节加以论述。

一、使用民族语言文字进行诉讼

《宪法》第134条规定："各民族公民都有用本民族语言文字进行诉讼的权利。人民法院、人民检察院对于不通晓当地通用的语言文字的诉讼参与人，应当为他们翻译。在少数民族聚居或者多民族共同居住的地区，应当用当地通用的语言进行审理；起诉书、判决书、布告和其他文书应根据实际需要使用当地通用的一种或者几种文字。"《宪法》的这一规定，在《刑事诉讼法》第9条中得到体现。

根据《宪法》和《刑事诉讼法》的规定，使用本民族语言文字进行诉讼原则具体包括以下内容：(1) 各民族公民无论是当事人还是其他诉讼参与人，均有权使用本民族语言文字进行诉讼，有权用本民族语言文字回答问题、对证人进行发问、书写证言、上诉书或其他诉讼文书；(2) 如果当事人或其他诉讼参与人不通晓当地通用的语言文字，人民法院、人民检察院和公安机关有义务指定或聘请翻译人员为他们提供翻译；(3) 在少数民族聚居或者多民族杂居的地区，应当用当地通用的语言进行审理，同时应当根据需要使用当地通用的一种或几种文字制作起诉书、判决书和其他诉讼文书。

二、两审终审

✦ (一) 基本内涵

《刑事诉讼法》第10条规定："人民法院审判案件，实行两审终审制。"根据这一规定，地方各级人民法院按照第一审程序对案件审理后作出的判决、裁定，不能立即发生法律效力，亦不能交付执行；只有在法定期限内，当事人不上诉、人民检察院不抗诉的，该第一审判决、裁定方才发生法律效力，才能交付执行；第二审的判决、裁定属于终审的判决、裁定,一经作出,立即发生法律效力。地方各级人民法院第一审的判决、裁定在经过法律规定的上诉、抗诉期限后,如果没有上诉,也没有抗诉,则发生法律效力,为生效判决、裁定,应当交付执行。因此,上诉或者抗诉是阻却第一审判决、裁定发生法律效力的唯一可能原因。

(二) 例外情形

两审终审原则包括两种例外情形:(1) 两审终审仅适用于地方各级人民法院审判的第一审案件,不适用于最高人民法院审判的案件。最高人民法院是我国的最高审判机关,也是我国的终审法院,其判决、裁定为终审的判决、裁定,无论是依照第一审程序还是第二审程序,一经作出,立即生效。(2) 死刑案件即使经过两级人民法院审判,其死刑判决、裁定也不立即发生法律效力,而是必须经过死刑复核程序之后,死刑判决、裁定才发生法律效力,也才能交付执行。

(三) 意义与问题

两审终审制度的意义体现在两个方面:一是就诉讼案件设定最终审级,使得一个案件经过两级人民法院审判后能够得到最终解决,而不至于无休止地纠缠下去;二是赋予当事方上诉(抗诉)的机会,从而通过程序内机制消解法院之裁判可能给当事人带来的不满;因此,第二审程序应当具备吸收不满的功能。但在实践中,下级法院法官在案件未作出判决前就向上级法院法官进行汇报、请示的做法十分普遍,并且这种做法也经常得到上级法院的默许甚至赞许。在重大的案件中,下级法院向上级法院汇报、请示的现象更加严重。

案例 3-1

2003年3月12日,张立因涉嫌故意伤害被关押在锦州市第二看守所。5月25日早上6点多,监房里的"犯人"起床后开始整理内务。"班长"指定两个新来的"犯人"李成民和于长春整理,两个人不愿干。班长又叫张立做,张立心想做就做呗,又累不死。刚做了一会,李成民就找茬骂张立,说你装什么牛逼,我们不干你来干。张立回骂他,李成民上来就打了张立一拳。张立因不愿再惹事,便把李成民抵在墙上。这时,于长春过来就朝张立左眼打了一拳。同号里的人都赶忙劝。过了好一会,才有值班的管教过来问怎么回事。后张立被送往医院,医生诊断为"左眼球破裂伤"。住院23天后,张立被送回看守所。看守所负责人打算和张立的亲属协商私了此事。因分歧太大,协商未果,被摘除了左眼球的张立以管理失职为由,将看守所的主管单位——锦州市公安局告上法庭,

> 索赔54万元。2004年5月17日上午,锦州市古塔区人民法院开庭审理这起行政诉讼案。审判法官在5月17日开庭前表示:"这样的案子我们从来没有遇到过,上面很重视,我们也很慎重。这就是为什么拖了3个月才开庭审理这个案子的原因。"《南方周末》报道说:"看得出,古塔区法院的确重视,行政庭的庭长、副庭长分别是本案的审判长和审判员。"不仅如此,该案审判法官之一在庭审前还告诉《南方周末》报记者:"这个案子不会很快判,开庭结束后,要写报告向市中院,甚至省高院请示有关问题。"①该案虽属行政案件,但由此亦可窥见我国整体司法制度之一斑。

 法理研析

一审判决前向上级法院请示汇报的弊端

下级法院在案件作出判决前就向上一级法院甚至上、上一级法院请示、汇报的现象,在实践中已然司空见惯。它所导致的后果就是使《刑事诉讼法》所设置的上诉制度形同虚设。如果下级法院在尚未作出裁判之前就向上级法院进行汇报、请示,则产生两方面的后果:一方面,如果上级法院对下级法院的请示进行批示,则该下级法院的判决很可能体现的就是上级法院法官的意志;如果当事人或检察院不服一审裁判而上诉或抗诉至上级法院,该上诉或抗诉也将无法有效地说服上级法院的法官接受上诉人或抗诉人的主张;即使上级法院不进行批示,而仅仅是对下级法院拟作出的判决表示赞同或默许,当事人及检察官也难以通过二审程序维护自己的权利,因为上级法院很可能早已经被下级法院的汇报所说服,在内心里已经接受了下级法院法官的裁判。

更为不幸的是,这种做法日益普遍的间接后果,就是法院尤其是低等级的法院在人们心目中日益没有权威。上诉程序应当能够起到吸收不满的功能,但是在这种做法普遍化以后,上诉程序就不再能够承担吸收部分不满的功能,从而大量的案件将进入审判监督程序,或者使大量的当事人被迫选择进行申诉。一方面法院和法官的权威性受到损害,另一方面当事人的诉讼成本大量增加,而同时由于再审程序启动的严格性,很可能导致当事人的冤屈无法得到昭雪,正义无法得到伸张。因此,这种预先向上级法院汇报、请示的做法,应当完全禁绝。对于这一点,只要人民法院下定决心,不需要进行任何体制改革,都是可以做到的。最高人民法院和中级以上人民法院只需要对下级法院法官的请示、汇报置之不

---

① 参阅:《看守所看不住我眼睛,得赔我》,载《南方周末》2004年5月20日。

理,这种汇报、请示自然就会逐渐绝迹。如果最高人民法院能够更进一步,发布一道命令,禁止地方各级人民法院向其上级人民法院汇报案件,违令者取消其法官资格,则这一制度几乎就可以在一夜之间得到有效的遏制。①

三、人民陪审

《刑事诉讼法》第 13 条规定:"人民法院审判案件,依照本法实行人民陪审员陪审的制度。"据此,我国刑事诉讼实行陪审制度。根据 1983 年《人民法院组织法》之规定,有选举权和被选举权的年满 23 岁的公民,可以被选举为人民陪审员,但是被剥夺过政治权利的人除外。人民陪审员在人民法院执行职务期间,是他所参加的审判庭的组成人员,同审判员有同等权利。人民陪审员在执行职务期间,由原工作单位照付工资;没有工资收入的,由人民法院给予适当的补助。

四、保障诉讼参与人的诉讼权利

《刑事诉讼法》第 14 条规定:"人民法院、人民检察院和公安机关应当保障犯罪嫌疑人、被告人和其他诉讼参与人依法享有的辩护权和其他诉讼权利。诉讼参与人对于审判人员、检察人员和侦查人员侵犯公民诉讼权利和人身侮辱的行为,有权提出控告。"根据这一规定,保障诉讼参与人诉讼权利的原则具体包含三项内容:(1) 人民法院、人民检察院和公安机关对一切诉讼参与人的诉讼权利都必须予以尊重和保障,不得随意剥夺、限制诉讼参与人合法的诉讼权利;(2) 对于公安机关、人民检察院和人民法院侵犯诉讼参与人合法诉讼权利的行为,诉讼参与人有权提出控告。

五、具有法定不追究刑事责任情形不能追究

《刑事诉讼法》第 15 条规定:"有下列情形之一的,不追究刑事责任,已经追究的,应当撤销案件,或者不起诉,或者终止审理,或者宣告无罪:(1) 情节显著轻微、危害不大,不认为是犯罪的;(2) 犯罪已过追诉时效期限的;(3) 经特赦令免除刑罚的;(4) 依照刑法告诉才处理的犯罪,没有告诉或者撤回告诉的;(5) 犯罪嫌疑人、被告人死亡的;(6) 其他法律规定免予追究刑事责任的。"

根据上述规定,具有法定不追究刑事责任情形不能追究这一原则包括两方面的内容:一是对不能追究刑事责任的情形作了规定;二是对不能追究而已经追究的情形如何处理作了规定。具体而言,在上述情形下,在诉讼的不同阶段应当作出不同的处理:

---

① 参阅易延友:《判案何须请示》,载《南方周末》2004 年 5 月 27 日第 5 版。

（1）对于情节显著轻微、危害不大，不认为是犯罪的，在立案阶段，应当作出不立案决定。如果属于违反治安管理处罚条例规定的行为，可以移送公安机关处理。如果是在侦查阶段，应当作出撤销案件的决定。如果是在审查起诉阶段，应当作出不起诉决定。在审判阶段，应当作出无罪判决。

（2）对于犯罪已过追诉时效期限的。对此情形，在立案阶段应当作出不立案决定。在侦查阶段应当作出撤销案件决定。在审查起诉阶段应当作出不起诉决定。在审判阶段应当终止审理。

（3）对于经特赦令免除刑罚的，其在各阶段的处理与对"犯罪已过追诉时效"这一情形的处理完全相同。

（4）对于依照《刑法》告诉才处理的犯罪，没有告诉或者撤回告诉的，在立案阶段应当不予立案；在侦查阶段应当撤销案件；在审查起诉阶段应当作出不起诉决定；在审判阶段应当终止审理。

（5）对于犯罪嫌疑人、被告人死亡的，应当分别具体情形进行分析。如果是在立案前，犯罪行为的实施者就已经死亡，只要符合立案条件，一般应当予以立案。立案后经过侦查，如怀疑作案人已经死亡，是否就应当停止侦查，或者应当撤销案件，从理论上值得探讨。本书认为不应当停止侦查，而应当继续侦查直至确定该案没有其他作案人后，才能写出侦查终结报告，并在此基础上撤销案件。如果是立案侦查并对犯罪嫌疑人采取强制措施以后犯罪嫌疑人死亡，仍然应当继续侦查，侦查的结果有两种可能：一种可能是排除该死亡犯罪嫌疑人作案；一种可能是确定系该死亡犯罪嫌疑人作案。对于后者，则应当在侦查终结后撤销案件；对于前者则应当继续侦查，直至案件水落石出，真正的作案人被查获归案。

如果是犯罪嫌疑人在审查起诉阶段和审判阶段死亡，则情形更为复杂。本书认为，在有被害人的情况下，应当征求被害人或其法定代理人的意见；如果被害人一方坚持要求对已死亡犯罪嫌疑人、被告人宣告罪行，则起诉、审判程序应当继续进行；如果被害人仅仅要求民事赔偿，人民检察院、人民法院可以主持民事赔偿的调解；调解不成的，可以告知被害人一方提起单独的民事诉讼。

六、追究外国人刑事责任适用我国刑事诉讼法

《刑事诉讼法》第16条规定："对于外国人犯罪应当追究刑事责任的，适用本法的规定。对于享有外交特权和豁免权的外国人犯罪应当追究刑事责任的，通过外交途径解决。"

✦（一）基本规则

对于外国人犯罪应当追究刑事责任的，适用我国《刑事诉讼法》的规定。这里的外国人是指不具有中华人民共和国国籍的人，既包括有外国国籍的人，也包

括无国籍人或国籍不明的人。所谓"应当追究刑事责任",包括两种情形:一种是指外国人在我国领域内犯罪,依照我国《刑法》规定应当受到刑事处罚的情形;所谓"我国领域"是指我国主权管辖范围所及的区域,具体包括我国领土、领空、领水以及我国驻外使领馆、在国外的航空器、船舶。所谓应当追究刑事责任是指依照我国《刑法》规定应当追究刑事责任。所谓适用我国《刑事诉讼法》的规定,就是由我国公安机关、人民检察院和人民法院按照我国《刑事诉讼法》的规定进行侦查、起诉和审判。另一种情形是指外国人在国外实施犯罪后进入中国,依据我国已经参加或者缔结的国际条约的规定,我国对其拥有刑事管辖权的情形。目前很多著作在论述这一原则时认为对于外国人犯罪适用我国《刑事诉讼法》的原则仅限于外国人在我国领域内犯罪的情形,这是很不全面的,也是不正确的。

✦ (二) 例外规定

对于享有外交特权和豁免权的外国人犯罪应当追究刑事责任的,通过外交途径解决。所谓享有外交特权和豁免权的外国人,是指《中华人民共和国外交特权和豁免条例》规定的下列人员:(1) 外国驻中国使馆的外交代表以及他们的家属;(2) 来中国访问的外国元首、政府首脑、外交部长以及其他具有同等身份的官员;(3) 途经中国的外国驻第三国的外交代表和其共同生活的配偶及未成年人子女;(4) 持有中国外交签证或者持有外交护照来中国的外交官员;(5) 经中国政府同意给予外交特权和豁免权的其他来中国访问的外国人士。

案例 3-2

云南法院对糯康犯罪团伙的审判

2011 年 10 月 5 日,两艘中国货轮在泰国湄公河水域被泰国军警劫持,13 名中国船员被虐杀。2011 年 10 月 31 日,中老缅泰 4 国在北京联合召开湄公河流域联合执法合作会议,建立湄公河流域安全执法合作机制。中国公安部成立了联合专案组,向老缅泰 3 国派出警务工作组。经调查,湄公河惨案是缅甸毒贩糯康勾结泰国军警所为。糯康出生于 1969 年,缅甸少数民族掸族人,曾经跟随缅甸最大毒枭坤沙。因长相酷似香港明星刘德华,被称为"缅甸刘德华"。2011 年 10 月 4—5 日,糯康经过密谋策划,在缅甸万东地区劫持了中国两艘货轮,将其押送至孟喜岛、孟喜滩一带,并将中国船员蒙上眼睛,把一批毒品放到中国货轮上,之后用快艇押送中国船只进入泰国水域,在距梅塞河与湄公河 3 公里处,将中国船员残酷杀害。13 具中国船员尸首被打捞起来时,人们发现有的被挖去眼球,有的被割掉舌头,死状之惨,令人发指。2012 年 4 月 25 日,糯康在 2 名手下的陪同下乘船前往老挝境内,被严阵以待的老挝警察发现并成功抓获。① 2012 年 11 月 6 日,云南省昆明市中级人民法院对糯康案公开宣判,以故意杀人罪、绑架罪、运输毒品罪、劫持船只罪数罪并罚,判处糯康等三名主犯死刑立即执行。

解说与点评:本案糯康所犯罪行,属于《刑法》第 8 条所规定"外国人在中华人民共和国领域外对中华人民共和国国家或公民犯罪",且按《刑法》规定最低刑为 3 年以上有期徒刑的情形,适用我国《刑法》的规定。糯康等人不属于享有外交特权和豁免权的人员,根据《刑事诉讼法》第 16 条的规定,应当按照我国刑事诉讼进行侦查、起诉与审判。

七、国际司法协助

《刑事诉讼法》第 17 条规定:"根据中华人民共和国缔结或者参加的国际条约,或者按照互惠原则,我国司法机关和外国司法机关可以相互请求刑事司法协助。"

(一) 实施条件

根据上述法律规定,进行国际刑事司法协助必须根据中华人民共和国缔结或者参加的国际条约,或者按照互惠原则,由司法机关进行。在我国,宪法规定的司法机关包括人民检察院和人民法院。虽然公安机关的侦查工作也存在国际协助的问题,但是这不属于国际司法协助,不过理论上可以称之为国际刑事侦查协助。

(二) 协助内容

国际刑事司法协助从内容上可以区分为广义刑事司法协助和狭义刑事司法协助。广义刑事司法协助通常包括引渡、相互承认与执行刑事司法判决和刑事诉讼移管,以及狭义刑事司法协助的内容;狭义刑事司法协助则通常包括刑事诉讼文书送达、调查取证、解送被羁押者出庭作证、移交物证和书证、冻结或扣押财产、提供法律情报等。②

从世界范围来看,大多数以刑事司法协助为主题的国际条约均采纳狭义刑事司法协助的概念。在我国,根据《最高检规则》第 679 条的规定,国际刑事司

---

① 资料来源:《南方人物周刊》2012 年 7 月 25 日。
② 黄风:《国际刑事司法和做的规则与实践》,北京大学出版社 2008 年版,第 103—104 页。

法协助的内容包括刑事方面的调查取证、送达刑事诉讼文书、通报刑事诉讼结果、移交物证、书证和视听资料、扣押、移交赃款、赃物以及法律和国际条约规定的其他司法协助事宜。根据上述规定，我国刑事司法协助实际上采用了狭义刑事司法协助的概念，也就是不包括引渡、相互承认与执行刑事司法判决、刑事诉讼移管等内容。根据《最高检规则》第 681 条的规定，人民检察院对外进行司法协助，应当根据我国有关法律规定决定是否向外国提供司法协助和办理司法协助事务。依照国际条约规定，在不违背我国法律规定的前提下，也可以按照请求方的要求适用请求书中所示的程序。另外，人民检察院办理引渡案件，则应按照国家关于引渡的法律和规定执行。

根据中华人民共和国缔结或者参加的国际条约，或者按照对等互惠原则，我国法院和外国法院可以互相请求，代为一定的诉讼行为。外国法院请求的事项同中华人民共和国的主权、安全或者社会公共利益不相容的以及违反中国法律的，应当予以驳回；不属于我国法院职权范围的，应当予以退回，并说明理由。请求与我国签订司法协助协定的国家的法院代为一定诉讼行为的，必须由所在省、自治区、直辖市高级人民法院报经最高人民法院审查同意。与我国签订司法协助协定的国家的法律请求我国法院代为一定诉讼行为的，也由最高人民法院审查后转达。

案例 3-3

赖昌星案

1999 年 4 月，执法机关对厦门远华集团董事长赖昌星涉嫌走私等犯罪立案侦查。1999 年 8 月，赖昌星得到消息后自香港逃亡加拿大并申请难民庇护。2005 年 8 月，加拿大最高法院拒绝了赖昌星及其家属的难民身份申请。2011 年 7 月 23 日，赖昌星被遣送回国。据查，自 1991 年起，赖昌星通过在香港、厦门等地设立公司、网罗人员，形成走私犯罪集团。1995 年 12 月至 1999 年间，赖昌星犯罪集团通过走私香烟、汽车、成品油等货物，案值共计人民币 273.95 亿元，偷逃应缴税额人民币 139.99 亿元。为实施走私活动和谋取其他不正当利益，赖昌星于 1991 年至 1999 年间，先后向 64 名国家工作人员贿送钱款、房产、汽车等财物，折合人民币共计 3912.89 万元。[①] 2012 年 5 月 18 日，赖昌星被厦门市中级人民法

[①] 资料来源：http://news.ifeng.com/mainland/detail_2012_05/18/14634513_0.shtml。最后访问时间：2013 年 1 月 16 日。

院一审以走私普通货物罪和行贿罪数罪并罚判处无期徒刑。

解说与点评：据有关部门统计，中国自 20 世纪 90 年代中期以来，外逃的党政干部、公安、司法官员、国家企事业单位高管以及驻外中资机构外逃、失踪人员达到 16000—18000 人；携带款项达 8000 亿人民币，人均携带 4000 万人民币。根据公安部公布的追逃情况，人均涉案金额为 2 亿元。[①] 贪官外逃之后，将这些人缉拿归案的途径，主要就是根据我国与外逃国家签订的引渡条约，将外逃贪官引渡回国。截至目前，我国与世界上一共 33 个国家签订了引渡条约，其中大部分是周边国家，如泰国、蒙古、俄罗斯、柬埔寨、菲律宾等；欧美国家与我国签订引渡条约的仅有法国、西班牙和澳大利亚。在没有签订引渡条约的国家，原则上不引渡。但是加拿大在 1999 年之后采取了比较灵活的政策，请求国可以通过与加拿大外交部签署引渡个案协议的方法，将特定涉案个人予以引渡。不过，中国政府对赖昌星案件并没有启动签署引渡个案协议的程序，而是通过非法移民遣返程序，向加拿大提出遣返请求。赖昌星则同时向加拿大移民局提出难民申请，被拒绝后起诉到加拿大联邦法院，并一路上诉到加拿大最高法院，直至被最高法院驳回，前后经历了 13 年。可见，中国追缉外逃贪官的道路还很漫长。当然，反腐败最重要的还是腐败的预防机制，例如，官员财产公示制度、民主选举制度、新闻舆论的自由监督以及包含司法独立在内的依法治国方略的推进等。

---

① 资料来源：http://news.163.com/11/0616/01/76KQSDH100014AED.html。最后访问时间：2013 年 1 月 16 日。

第二编

总论

第4章 管辖与回避

【本章要义】 刑事诉讼中的管辖,是指人民法院、人民检察院和公安机关在直接受理第一审刑事案件方面的权限分工,以及人民法院组织系统内部在审判第一审刑事案件方面的权限划分。前者称为立案管辖,后者称为审判管辖。刑事诉讼中的回避是指同案件有某种利害关系或者其他特殊关系从而不得参与案件之侦查、起诉和审判的制度。《刑事诉讼法》本身并未规定法院的整体回避。但在实践中,被告人及其辩护人申请法院整体回避的情形屡有发生,且从法理上看,法院整体回避的制度也确属必要。不过在制度安排上,倘若发生法院需整体回避情形,则通常不以回避制度来解决,而以管辖权异议制度来解决。也正是在此情形下,管辖与回避制度发生了交叉。这也是本书将管辖与回避作为一章来加以论述的基本考虑。

第一节 立案管辖

一、人民法院直接受理的案件

人民法院直接受理的案件就是应当由人民法院根据自诉人的自诉直接立案审理、不需要公安机关或人民检察院立案侦查,也不需要人民检察院提起公诉的案件。根据《刑事诉讼法》第18条第3款及第204条的规定,人民法院直接受理的案件只能是自诉案件。具体包括以下三类案件:

(一)告诉才处理的案件

根据《刑法》规定,所谓告诉才处理的案件,是指必须有被害人或其法定代理人提出控告和起诉才能予以追诉的案件。对于这类案件,公安机关、人民检察院和人民法院不能主动追究。我国《刑法》规定的属于告诉才处理的案件包括：(1)侮辱、诽谤案（第246条第1款）；(2)暴力干涉婚姻自由案（第257条第1款）；(3)虐待案（第260条第1款）；(4)侵占案（第270条）。

法理研析

告诉才处理的案件不一定属于自诉案件

告诉才处理的案件，并不一定就是自诉案件。这是因为，首先，《刑法》虽然规定上述案件属于告诉才处理的案件，却并没有说上诉案件只能向人民法院告诉。① 告诉才处理的核心是将追究刑事责任的主动权分配给被害人，也就是只有在被害人决定追究的情况下才启动刑事诉讼，但这并不意味着被害人只能向人民法院告诉。告诉才处理当然也包括向公安机关、检察机关告诉。如果被害人选择项公安机关告诉，公安机关就应当进行侦查。如果被害人选择向检察机关告诉，检察机关应当代为告诉。只有当被害人选择向人民法院告诉的时候，它才是自诉案件。当被害人选择向公安机关或检察机关告诉时，它就不属于自诉案件。

其次，《刑事诉讼法》第204条虽然规定"自诉案件包括下列案件"，其中规定的第一项就是"告诉才处理的案件"。这里的意思是，自诉案件包括告诉才处理的案件，但并不意味着告诉才处理的案件一定就是自诉案件。因为：第一，如果第204条的意思是下列所有案件都是自诉案件，其表述就应当是"下列案件属于自诉案件"，而不是"自诉案件包括下列案件"。第二，第204条第3项"被害人有证据证明……的案件"本来就属于公诉案件，不存在只能是自诉案件的情况；这一类项反证了本书观点：第204条的意思是自诉案件包括本节所述的三类案件，但是这三类案件却并不必然是自诉案件。

最后，如果将告诉才处理的案件归类为只能属于自诉案件，就会导致在有些案件中被告人的行为无法受到追究的情形。最典型的莫过于侵占案件。根据《刑法》的规定，侵占罪是指非法将代为保管的他人财物或将他人遗忘物或埋藏物据为己有、拒不退还/拒不交出的行为（《刑法》第270条）。在这类案件中，行为人通常拒不承认自己有《刑法》所禁止的这类行为，而被害人自己往往又无法为自己搜集到足够的证据。如若公安机关、检察机关以这类案件属于告诉才处理的案件为由拒不受理，则被害人的权利将无法伸张。

---

① 张明楷：《对"告诉才处理"的另类解释》，载《刑事诉讼法学前沿问题与司法改革研究》，中国人民公安大学出版社2010年版，第233—244页。

案例 4-1
"告诉才处理"的案件可由公安机关立案侦查

湖南省长沙市某区人民检察院起诉书指控:1998年10月19日晚11时许,被告人王某驾驶夏利牌出租车,从长沙河西嵇湾镇送乘客李某某至黄兴路娱乐城,李某某下车时,将随身携带的背包遗忘在车内,包内有现金人民币13,105元及其他物品。王某因心生贪念,将背包带回家中,藏于电视机柜内。公安人员借到报案后找到王某时,王某对此矢口否认。公安人员搜查王某住所并当场起获李某某背包后,王某才交代了隐匿该背包的全部过程。该案经人民法院审理,认定王某犯侵占罪,判处有期徒刑二年,并处罚金5000元;并针对辩护人提出的该案不应当由检察机关提起公诉的辩护理由,指出:"本案涉及的遗忘物数额巨大,由公安机关侦破此案,并移送检察机关提起公诉,有利于惩罚犯罪,保护被侵害人合法利益,故辩护人关于本案不能由检察机关提起公诉的辩护理由,不予采纳。"该案一审宣判后,被告人王某没有上诉,检察机关也没有抗诉,判决发生法律效力。① 本案之实践充分说明,将侵占罪等"告诉才处理"的案件理解为只能向法院告诉(提起自诉)对于保护被害人之利益而言是多么不利。

(二) 被害人有证据证明的轻微刑事案件

被害人有证据证明的轻微刑事案件由人民法院直接受理必须同时具备两个条件:一是轻微,二是有证据证明。具体而言,《刑事诉讼法》第204条第2项规定由人民法院直接受理的"被害人有证据证明的轻微刑事案件"是指下列被害人有证据证明的刑事案件:(1) 故意伤害案(轻伤);(2) 重婚案;(3) 遗弃案;(4) 妨害通信自由案;(5) 非法侵入他人住宅案;(6) 生产、销售伪劣商品案件(严重危害社会秩序和国家利益的除外);(7) 侵犯知识产权案件(严重危害社会秩序和国家利益的除外);(8) 属于《刑法》分则第四章、第五章规定的,对被告人可以判处3年有期徒刑以下刑罚的其他轻微刑事案件。

---

① 中华人民共和国最高人民法院刑事审判第一庭、第二庭编:《刑事审判案例》,法律出版社2002年版,第666—668页。

 **法理研析**

所有自诉案件都可以是公诉案件

根据《刑事诉讼法》的规定,第204条规定的三类案件,都可以是自诉案件,也可以是公诉案件。对此,1998年《六机关规定》第4条曾经规定:"上述所列8项案件中,被害人直接向人民法院起诉的,人民法院应当依法受理,对于其中证据不足、可由公安机关受理的,应当移送公安机关立案侦查;被害人向公安机关控告的,公安机关应当受理。伪证罪、拒不执行判决裁定罪由公安机关立案侦查。"上述规定在2012年颁布的《六机关规定》虽未保留,但其中的法理却依然适用。根据这一规定,对于轻微刑事案件,究竟选择公诉还是自诉,由被害人自由决定;赋予被害人在公诉和自诉之间进行选择的权利表明在证据不足的情况下,可以由公诉转化为自诉,这是对被害人权益的充分保护。因此,对于被害人有证据证明的轻微刑事案件,也只有在被害人选择直接向人民法院起诉的时候,它才成为自诉案件。被害人没有证据而向公安机关控告的,公安机关应当立案侦查;被害人有证据而明知自己有权直接起诉却也向公安机关控告的,公安机关也应当立案。公安机关的职责是向被害人解释这类案件可以提起自诉以便方便被害人更好地维护自己的权益,但是如果被害人坚持走公诉途径,公安机关应当无条件受理控告,立案侦查。

(三) 公安机关、检察机关拒绝追究的案件

公安机关、检察机关拒绝追究的案件,就是《刑事诉讼法》第204条第3项规定的"被害人有证据证明对被告人侵犯自己人身、财产权利的行为应当依法追究刑事责任,而公安机关或者人民检察院不予追究被告人刑事责任的案件"。此类案件本属公诉案件,被害当事人或其代理人提起自诉应当同时符合以下四个条件:第一,被害人遭受的是人身权利或财产权利方面的损害;政治权利遭受侵害的,不属于可以提起自诉的案件范围;第二,被告人的行为依法已经构成犯罪,且依法应当追究刑事责任,不属于《刑事诉讼法》第15条规定的情形;第三,案件已经经过人民检察院或公安机关处理,人民检察院或公安机关应当立案而不立案,或者不应当撤销案件而撤销案件,或者应当提起公诉而没有提起公诉;第四,被害人对被告人的犯罪及应当承担刑事责任能够提供证据加以证明。

二、人民检察院直接受理的案件

《刑事诉讼法》第18条第2款规定:"贪污贿赂犯罪,国家工作人员的渎职犯罪,国家机关工作人员利用职权实施的非法拘禁、刑讯逼供、报复陷害、非法搜

查的侵犯公民人身权利的犯罪以及侵犯公民民主权利的犯罪,由人民检察院立案侦查。对于国家机关工作人员利用职权实施的其他重大的犯罪案件,需要由人民检察院直接受理的时候,经省级以上人民检察院决定,可以由人民检察院立案侦查。"据此,人民检察院直接受理的案件包括以下几种:

✦ (一) 贪污、贿赂案件

我国现行《刑法》将贪污、贿赂罪专列一章,但在其他章节中亦规定了按照《刑法》第8章贪污贿赂罪的规定定罪处罚的犯罪。具体来说,贪污贿赂罪的案件包括:贪污案;挪用公款案;受贿案;行贿案;介绍贿赂案;单位受贿案;对单位行贿案;单位行贿案;巨额财产来源不明案;隐瞒境外存款案;私分国有资产案;私分罚没财物案。

✦ (二) 国家工作人员渎职犯罪案件

此类犯罪由《刑法》分则第9章所规定,具体包括:利用职权案;玩忽职守案;故意泄漏国家秘密案;过失泄漏国家秘密案;徇私枉法案;枉法裁判案;私放在押人员案;失职致使在押人员脱逃案;徇私舞弊减刑、假释、暂予监外执行案;徇私舞弊不移交刑事案件案;滥用公司管理、证券职权案;徇私舞弊不征、少征税款案;徇私舞弊发售发票、抵扣税款、出口退税案;违法提供出口退税凭证案;国家机关工作人员签订、履行合同失职案;违法发放林木采伐许可证案;环境监管失职案;传染病防治失职案;非法批准征用、占用土地案;非法低价出让国有土地使用权案;放纵走私案;商检徇私舞弊案;商检失职案;动植物检疫徇私舞弊案;动植物检疫失职案;放纵制售伪劣商品犯罪行为案;办理偷越国(边)境人员出入境证件案;放行偷越国(边)境人员案;不解救被拐卖、绑架妇女、儿童案;阻碍解救被拐卖、绑架妇女儿童案;帮助犯罪分子逃避处罚案;招收公务员、学生徇私舞弊案;失职造成珍贵文物损毁、流失案,等。

✦ (三) 国家工作人员实施的其他犯罪案件

具体又分为三类:(1)国家机关工作人员利用职权实施的侵犯公民人身权利的犯罪。此类案件具体包括国家机关工作人员实施的下列犯罪案件:非法拘禁案;报复陷害案;非法搜查案;暴力取证案;体罚、虐待被监管人案。(2)国家机关工作人员实施的侵犯公民民主权利的犯罪案件。此类案件亦要求必须是国家机关工作人员利用职权所实施,具体包括:破坏选举案;非法剥夺宗教信仰自由案;侵犯少数民族风俗习惯案,等等。(3)国家机关工作人员利用职权实施的其他犯罪案件经过省级以上人民检察院批准的。此类案件必须满足三个要件:第一,犯罪主体为国家机关工作人员;第二,犯罪在客观上必须表现为利用职权实施犯罪;第三,程序上必须经过省级以上人民检察院批准。

三、公安机关直接受理的案件

公安机关直接受理的案件，就是必须由公安机关立案侦查的案件。根据《刑事诉讼法》第18条第1款之规定，除法律另有规定外，刑事案件的侦查均由公安机关进行。所谓"法律另有规定"，是指《刑事诉讼法》规定的下列情况：(1)《刑事诉讼法》第18条第2款规定的由人民检察院直接受理的案件；(2)《刑事诉讼法》第18条第3款、第204条规定的由人民法院直接受理的案件；(3)《刑事诉讼法》第290条规定的对军队内部发生的由军队保卫部门侦查的案件；(4)《刑事诉讼法》第290条规定的对监狱内发生的由监狱进行侦查的案件；(5)《刑事诉讼法》第4条规定的对于危害国家安全的案件由国家安全机关侦查的案件。除上述5类案件以外的所有案件都由公安机关直接立案侦查。

第二节 审判管辖

审判管辖是指不同级别的人民法院之间、同一级别但不同地域的人民法院之间以及普通人民法院与专门人民法院之间就直接受理、审判第一审刑事案件方面的职权分工。从以上概念来看，审判管辖分为普通管辖和专门管辖；普通管辖又包括级别管辖、地域管辖，以及由级别管辖和地域管辖派生的移送管辖和指定管辖。

一、级别管辖

(一) 概念与划分依据

级别管辖是指各级人民法院在审判第一审刑事案件上的权限分工，其所解决的问题是不同级别之间的人民法院在受理第一审刑事案件方面的权限分工。划分级别管辖的依据主要有案件涉及面的大小及其影响；罪行的轻重以及可能判处的刑罚；各级人民法院在审判体系中的地位以及工作负担的平衡等。

(二) 各级法院的级别管辖

根据《刑事诉讼法》第19—22条的规定，最高人民法院管辖的第一审刑事案件是全国性的重大刑事案件；高级人民法院管辖的第一审刑事案件，是全省(自治区、直辖市)性的重大刑事案件。中级人民法院管辖的是危害国家安全、恐怖活动案件以及可能判处无期徒刑、死刑的案件；基层人民法院管辖的第一审刑事案件是指除了应由中级人民法院、高级人民法院和最高人民法院管辖的案件以外的案件。

1996年修订《刑事诉讼法》时，《刑法》尚未修改，因此还存在着"反革命案件";1997年《刑法》修改后,取消了"反革命罪"。2012年再次修改《刑事诉讼法》,删除了有关中级人民法院管辖"反革命罪"的规定,但增加了中级人民法院管辖"恐怖活动犯罪"的规定,同时删除了有关中级人民法院管辖外国人犯罪的案件的规定。

《刑事诉讼法》对中级人民法院管辖的案件作了列举式规定,但并不表明对上述案件均必须由中级人民法院管辖,而是说这些案件的最低审级为中级人民法院,若符合高级人民法院、最高人民法院管辖的条件,则可由高级人民法院、最高人民法院管辖和审判。

根据《最高法解释》第12条的规定,如果人民检察院认为可能判处无期徒刑以上刑罚而向中级人民法院起诉的,中级人民法院认为不需要判处无期徒刑以上刑罚的,不再交基层法院审理。但是,对于人民检察院不认为应当判处无期徒刑以上刑罚却起诉到中级人民法院的案件,中级人民法院如何处理,这一点尚需进一步明确。另据《最高法解释》第13条的规定,一人犯数罪、共同犯罪和其他需要并案审理的案件,其中一人或一罪属于上级人民法院管辖的,全案由上级人民法院管辖。

二、地域管辖

地域管辖是指同级人民法院之间在受理第一审刑事案件方面的权限分工。根据我国《刑事诉讼法》的相关规定,确定地域管辖有两个原则:

(一)犯罪地法院为主,被告人居住地法院为辅

《刑事诉讼法》第24条规定:"刑事案件由犯罪地的人民法院管辖。如果由被告人居住地的人民法院审判更为适宜的,可以由被告人居住地的人民法院管辖。"这一规定在理论上被认为确定了刑事案件由犯罪地人民法院管辖的原则,作为例外,也可以由被告人居住地人民法院管辖。

根据《最高法解释》第2条第1款的规定,犯罪地包括犯罪行为发生地和犯罪结果发生地。根据该条第2款的规定,对于针对或利用计算机网络实施的犯罪,犯罪地包括犯罪行为发生地的网站服务器所在地,网络接入地,网站建立者、管理者所在地,被侵害的计算机信息系统及其管理者所在地,被告人、被害人使用的计算机信息系统所在地,以及被害人财产遭受损失地。

根据《最高法解释》第3条第1款的规定,被告人的户籍地为被告人居住地;被告人户籍所在地与经常居住地不一致的,以被告人经常居住地为其居住地;所谓经常居住地就是被告人被追诉前已经连续居住1年以上的地方,但住院就医的除外。根据该条第2款的规定,单位犯罪的,被告单位登记的住所地为其居住地。主要营业地或者主要办事机构所在地与登记的住所地不一致的,以主

要营业地或者主要办事机构所在地为其居住地。

✦ (二) 最初受理的法院为主,主要犯罪地法院为辅

《刑事诉讼法》第25条规定:"几个同级人民法院都有权管辖的案件,由最初受理的人民法院审判。在必要的时候,可以移送主要犯罪地的人民法院审判。"这一规定实际上是解决管辖争议的原则,它是以几个同级人民法院都有管辖权为前提,在此前提下解决具体由哪一个人民法院来审判的问题。对此,原则上应当由最初受理的人民法院审判;作为例外,可以由主要犯罪地的人民法院审判。所谓主要犯罪地,在案件涉及多个犯罪时,应当系指最严重罪行行为地或结果发生地;在案件涉及多人犯罪时,应当是指主犯的主要犯罪行为地或结果发生地。

✦ (三) 特定案件的地域管辖

根据《最高法解释》第4—11条的规定,对于下列案件,分别确定地域管辖:(1) 在中华人民共和国领域外的中国船舶内的犯罪,由该船舶最初停泊的中国口岸所在地的人民法院管辖。(2) 在中华人民共和国领域外的中国航空器内的犯罪,由该航空器在中国最初降落地的人民法院管辖。(3) 在国际列车上的犯罪,根据我国与相关国家签订的协定确定管辖;没有协定的,由该列车最初停靠的中国车站所在地或者目的地的铁路运输法院管辖。(4) 中国公民在中国驻外使领馆内的犯罪,由其主管单位所在地或者原户籍地的人民法院管辖。(5) 中国公民在中华人民共和国领域外的犯罪,由其入境地或者离境前居住地的人民法院管辖;被害人是中国公民的,也可以由被害人离境前居住地的人民法院管辖。(6) 外国人在中华人民共和国领域外对中华人民共和国国家或公民犯罪,根据《刑法》应当受处罚的,由该外国人入境地、入境后居住地或者被害中国公民离境前居住地的人民法院管辖。(7) 对中华人民共和国缔结或者参加的国际条约所规定的罪行,中华人民共和国在所承担的条约义务范围内行使管辖权的,由被告人被抓获地的人民法院管辖。(8) 正在服刑的罪犯在判决宣告前还有其他罪没有判决的,由原审地人民法院管辖;由罪犯服刑地人民法院审判更为适宜的,可以由罪犯服刑地或者犯罪地的人民法院管辖;罪犯在服刑期间又犯罪的,由服刑地的人民法院管辖;罪犯在脱逃期间犯罪的,由服刑地的人民法院管辖;但是在犯罪地抓获罪犯并发现其在脱逃期间的犯罪的,由犯罪地的人民法院管辖。

三、移送管辖

✦ (一) 移送管辖的概念与历史沿革

移送管辖是指上下级人民法院相互之间将属于自己管辖的案件移送给对方

审判的制度。其前提是自己对案件拥有管辖权，移送的目的是方便审判。1979年《刑事诉讼法》规定了两种形式的移送管辖：一种是上级人民法院将自己有权管辖的案件交由下一级人民法院审判；另一种是下级人民法院将自己有管辖权的案件移送给上一级人民法院审判。1996年修订的《刑事诉讼法》废除了第一种形式的移送管辖，保留了第二种形式的移送管辖。

(二) 现行法规定的移送管辖

现行《刑事诉讼法》第23条规定："上级人民法院在必要的时候，可以审判下级人民法院管辖的第一审刑事案件；下级人民法院认为案情重大、复杂需要由上级人民法院审判的第一审刑事案件，可以请求移送上一级人民法院审判。"据此，下级人民法院管辖的案件由其上一级人民法院审判有两种情形：第一种是上级人民法院主动提审下级人民法院管辖的案件；第二种是下级人民法院认为案情重大、复杂的时候申请由上一级人民法院审判。

根据《最高法解释》第14条的规定，上级人民法院决定审判下级人民法院管辖的第一审刑事案件的，应当向下级人民法院下达改变管辖决定书，并书面通知同级人民检察院。根据《最高法解释》第15条第1款的规定，基层人民法院对可能判处无期徒刑、死刑的第一审刑事案件，应当移送中级人民法院审判。根据该条第2款的规定，基层人民法院对下列第一审刑事案件，可以请求移送中级人民法院审判：(1) 重大、复杂案件；(2) 新类型的疑难案件；(3) 在法律适用上具有普遍指导意义的案件。

四、指定管辖

指定管辖是指管辖不明发生争议或者出现其他情形需要改变管辖而由上级人民法院指定其下级人民法院对某一特定案件行使管辖权的制度。《刑事诉讼法》第26条规定："上级人民法院可以指定下级人民法院审判管辖不明的案件，也可以指定下级人民法院将案件移送其他人民法院审判。"据此，指定管辖包括两种情况：

(一) 管辖权不明的案件

对于管辖权不明的案件，有的论著认为既包括地域管辖不明确，也包括级别管辖不明确。所谓地域管辖不明确，是指犯罪发生在两个或两个以上的法院交界处，导致管辖不明。在此情况下，几个法院的共同上级人民法院可以指定由其中一个人民法院审判。所谓级别管辖不明，有的论著举例为基层人民法院认为应当判处死刑，而中级人民法院认为不应当判处死刑时，中级人民法院可以指定基层人民法院审判。此例情形实践中的确存在，理论上亦的确值得研究。不过，疑虑在于：基层人民法院未经审判如何得知本案将判被告人以死刑？即使已经基层人民法院审判,中级人民法院未经审判,如何得知被告人不应当判处死刑？究其根源所在,实际上决定一案件应当由何种级别的法院来审判,此权力应由人民检察院操控之。人民检察院认为被告人应当判处死刑,则案件由中级人民法院管辖；若人民检察院认为不应当判处死刑,自然只向基层人民法院提起公诉,人民法院不应当充当控告人,将案件移送其上级人民法院审判。

(二) 有特殊情形的案件

具有特殊情形的案件,即使管辖权明确,上级人民法院也可以指定原来没有管辖权的人民法院审判。所谓特殊情形,主要是由于某种原因使得有管辖权的人民法院不能行使或不方便行使管辖权的情形。例如,某基层人民法院院长的儿子因犯罪受到追究,该法院院长主动请求将案件移送其他人民法院审判,即属此例。

对此,《最高法解释》第16条明确指出：''有管辖权的人民法院因案件涉及本院院长需要回避等原因,不宜行使管辖权的,可以请求上一级人民法院管辖；上一级人民法院可以管辖,也可以指定与提出请求的人民法院同级的其他人民法院管辖。''

另外,《最高法解释》第21条规定：''第二审人民法院发回重新审判的案件,人民检察院撤回起诉后,又向原第一审人民法院的下级人民法院重新提起公诉的,下级人民法院应当将有关情况层报原第二审人民法院。原第二审人民法院根据案件具体情况,可以决定将案件移送原第一审人民法院或者其他人民法院审判。''该规定主要是根据级别管辖的原理规定的移送管辖和指定管辖。根据上述规定,如果一个案件已经被第二审人民法院发回重审,正常的逻辑应当是由原第一审人民法院重新审判。但如果人民检察院在发回重审后撤诉,之后又向原第一审人民法院的下级人民法院起诉的,则该下级人民法院应当将案件层报至原二审人民法院,由原二审人民法院决定案件是否应当由该下级人民法院移送至原一审人民法院审判还是直接指定与原一审人民法院同一级别的其他人民法院审判。注意《最高法解释》此处规定的''其他人民法院''应当不包括接受该案的下级人民法院。

案例 4-2

贵阳黎庆洪案

黎庆洪系贵州开阳人,原贵州腾龙宏升投资开发有限公司法人代表,捕前系贵阳市第十二届人大代表、贵州省第十届政协委员。2008年9月10日,黎庆洪因涉嫌赌博罪被贵阳市公安局刑事拘留。一个月后,黎庆洪被逮捕。此后,黎庆洪被控组织、领导、参加黑社会组织、非法持有枪支、故意伤害等罪。2010年3月25日,贵阳市中级人民法院判处黎庆洪有期徒刑19年。2010年7月12日,贵州省高级人民法院以原审法院认定的部分事实不清为由,裁定撤销贵阳中院的一审判决,将案件发回重审。发回重审后,贵阳市检察院申请撤诉;贵阳中院于2010年8月16日裁定准许检察院撤诉。撤诉之后,贵阳市人民检察院将该案退回贵阳市公安局补充侦查。补充侦查终结后,案件由贵阳市小河区人民检察院于2011年8月26日起诉至小河区人民法院。该案再次进入一审。起诉书显示,被告人增加到57人,所涉嫌的罪名也由之前6个增加到了十几个。其中,黎庆洪被控系黑社会性质组织犯罪的组织、领导者。在原一审中被列为第17号被告人的黎崇刚(黎庆洪之父),此次也被指控为黑社会性质组织犯罪的组织、领导者,位列第二被告人;黎庆洪的弟弟黎猛被列为第三被告人。起诉书指控,黎庆洪、黎崇刚父子自1996年开始,承包矿山经营获利,1999年农历正月,黎庆洪等二十余人举行"滴血结拜"仪式,成立"同心会",到2008年形成了以黎庆洪、黎崇刚为组织领导者、谭小龙等人为骨干成员、以杨松等人为一般参加者的黑社会性质组织。

就该案管辖权问题,辩护人表示,小河区法院不具有此案的管辖权。理由是,此案原一审在贵州中院,被省高院二审撤销一审判决之后,发回贵阳中院重审,而非小河区法院;审级的变化明显是在规避贵州省高院的审判监督。法庭休庭后,当场宣布贵阳中院指定小河区法院管辖的文件,并表示原一审案件与此案系两个案件,而不是一个案件。辩护人表示不服,当即指出起诉书白纸黑字写着的是,检察院撤诉后退回贵阳市公安局补充侦查,而非重新侦查,这就是一个案子。辩护人的意见未被法庭采纳。①

解说与点评:本案是二审发回重审、人民检察院撤诉后向重审法院的下级法院起诉的典型案例。根据有关本案的公开报道,黎庆洪案件原第一审是在贵阳市中级人民法院,原第二审是在贵州省高级人民法院;发回重审后理论上的重审法院应当是贵阳市中级人民法院。但因人民检察院撤诉并经公安机关补充侦查,该案最终由贵阳市小河区人民检察院向小河区人民法院起诉。在补充侦查之后,被告人人数大幅增加、

---

① 周喜丰:《贵州前政协委员黎庆洪涉黑案再审开庭》,载《潇湘晨报》2012年1月10日。另参见:http://news.sina.com.cn/c/2012-01-10/092823775454.shtml;最后访问时间:2013年1月17日。

> 被指控的罪名也大幅增加。在这种情况下,该案由一个基层检察机关向基层人民法院起诉的做法,其规避原二审人民法院监督的心理是不言而喻的。辩护律师就管辖权问题提出异议后,该小河区人民法院又通过贵阳市中级人民法院指定的办法,名义上获得该案的管辖权。应当说,在前引《最高法解释》颁布之前,并没有相应规定制约司法机关的上述做法。但自 2013 年 1 月 1 日起,上述做法应当可以得到有效的遏制。根据该《最高法解释》第 21 条之规定,基层法院面对小河区法院类似情形,只能层报至原二审法院即省高级人民法院,由省高级人民法院决定将案件移送原一审法院(在黎庆洪案件中即贵阳市中级人民法院)审判,或者移送其他中级人民法院审判;不能由该基层人民法院直接审判。

五、专门管辖

(一) 专门管辖的概念与分类

专门管辖是指普通人民法院与专门人民法院之间、各专门人民法院之间以及专门人民法院内部之间在第一审刑事案件方面的职权分工。专门管辖既包括专门人民法院与普通人民法院之间在受理第一审刑事案件方面的分工,也包括专门人民法院之间,例如,军事法院和铁路运输法院之间在受理第一审刑事案件方面的分工,还包括专门人民法院系统内部的同级人民法院之间的分工以及不同级别之间的人民法院之间的分工。根据《人民法院组织法》的规定,我国专门人民法院包括军事法院、海事法院和铁路运输法院三种,其中海事法院不具有刑事案件管辖权。

(二) 军事法院和普通法院之间的分工

根据最高人民法院司法解释的规定,军事法院和普通法院之间的分工如下:(1) 现役军人(含军内在编职工,下同)和非军人共同犯罪的,分别由军事法院和地方人民法院或者其他专门法院管辖;涉及国家军事秘密的,全案由军事法院管辖。(2) 下列案件由地方人民法院或者军事法院以外的其他专门法院管辖:非军人、随军家属在部队营区内犯罪的;军人在办理退役手续后犯罪的;现役军人入伍前犯罪的(需与服役期内犯罪一并审判的除外);退役军人在服役期内犯罪的(犯军人违反职责罪的除外)。

第三节 回避与整体回避

一、申请人与申请对象

(一) 谁有权申请回避

根据《刑事诉讼法》第 28、29、30 条的规定,有权提出回避申请的人为当事人及其法定代理人。从法律规定来看,辩护人、诉讼代理人均不享有申请回避的权利。最高人民法院司法解释也没有赋予辩护人申请回避的权利。在实践中,若辩护人或诉讼代理人知晓有关人员应当回避而没有回避之情形,通常只能告知其当事人提出回避申请。

从理论上看,无论是被害人还是被告人以及他们的法定代理人,绝大多数都没有受过法律训练;因此,他们能否正确理解法律所规定的回避原因就很成问题。这样,他们就很可能由于不能正确理解法律规定而不知或不敢提出回避申请。另外,被告人和被害人作为案件之当事人,如果申请主审案件之法官回避而没有成功,则很可能导致该法官对该当事人产生不利之印象。从而,本来也许法官可以做到不偏不倚,因回避申请之提出反而使其丧失公正之立场。若是允许辩护人和诉讼代理人行使此项权利,则一方面,他们对法律比较了解,因此知道如何正确地提出回避之申请;另一方面,即使申请不成,亦不会导致有关人员对当事人形成不悦之印象。因此,法律应当将申请回避的权利赋予辩护人和诉讼代理人,以更加有效地保障当事人的权利。

(二) 适用回避的人员范围

申请对象也就是适用回避的人员范围。根据《刑事诉讼法》第 28 条、第 31 条及最高人民法院《关于审判人员严格执行回避制度的若干规定》[①]之规定,适用回避的人员范围包括以下七种:(1) 侦查人员;(2) 检察人员;包括各级人民检察院检察长、副检察长、检察委员会委员、检察员、助理检察员等;(3) 审判人员;根据《最高人民法院关于审判人员严格执行回避制度的若干规定》第 9 条,审判人员包括各级人民法院院长、副院长、审判委员会委员、庭长、副庭长、审判员、助理审判员;(4) 书记员(包括所有在侦查、起诉和审判活动中担任书记员的人员);(5) 翻译人员;(6) 鉴定人;(7) 根据最高人民法院《关于审判人员严格执行回避制度的若干规定》之规定,回避的主体还包括人民法院中占行政编制的工作人员、人民陪审员、勘验人员、执行员。上述回避主体中,审判人员和检察人员包括审判委员会委员及检察委员会委员,因其参与讨论案件将可直接决

---

① 2000 年 1 月 31 日,法发【2000】5 号。

定案件之处理结果,遇有法定应当回避之情形时,自应回避;当事人及其法定代理人亦有权申请其回避。

在发达国家和地区,回避的人员仅涉及法官和陪审员。也就是说,刑事诉讼制度所规范的回避,仅针对对案件具有最终裁判权的人员设置,并不涉及侦查人员与检察人员。这可以从以下几个方面获得解释:首先,西方实行审判中心主义之诉讼模式,在这一模式之下,刑事诉讼法所规范的行为主要是审判以及围绕审判而展开的活动。其次,由于侦查机关并非司法机关,所以法律对这些机关的回避较少顾及;相反,人们普遍认为,这些机关在侦查时存有偏私甚至是应当的;就检察机关而言,西方的理论普遍认为,检察官乃是进行公诉的必要当事人,代表国家或社会执行追诉职能;因此,人们几乎总是期望检察官倾其全力、锲而不舍地履行其职责;并且,这些人员从一开始介入案件就是对犯罪嫌疑人、被告人怀有偏见之人,从法律上要求他们不偏不倚既是不恰当的,也是不可能的。[①] 如果说回避的原因可以概括为"存在或可能存在偏颇之情形"的话[②],则可以说几乎全国的侦查人员和检察人员都是"有偏颇的"。因此他们必须全体回避。因此,从理论上看,对侦查人员及检察人员实行回避是不合理的。最后,尽管侦查人员、检察人员可能会有偏颇,法律也意识到这些人员可能由于种种原因而实施侵犯人员之行为,所以他们赋予了被告人足够的保护,即使侦查机关有偏私,也无法侵犯被侦查对象之合法权利。因此,对于侦查人员和检察人员,他们并非放任其纵其私欲,也没有采用回避制度以使其不能纵其私欲,而是采取了赋予当事人诸多权利、加强当事人防御力量的手段,使其不能纵其私欲。

而在我国,首先,不实行审判中心主义,因此刑事回避制度并不仅仅涉及审判人员;其次,人民检察院也被视为司法机关,因此必然要求其具备中立无偏之地位;最后,侦查机关拥有极大的权力,犯罪嫌疑人在侦查阶段权利并不到位,因此,强调侦查人员的回避是极其必要的。

二、回避的原因

根据《刑事诉讼法》及相关司法解释的规定,回避的原因有以下几种:

(一) 是本案当事人或当事人的近亲属

本案的当事人,是指本案的犯罪嫌疑人、被告人、被害人、自诉人以及附带民事诉讼的原告人和被告人;当事人的近亲属,是指上述人员的夫、妻、父、母、子、女、同胞兄弟姊妹。另据最高人民法院《关于审判人员严格执行回避制度的若

[①] 如英国学者费尔曼教授所言:"最谦虚之追诉人,亦难免对被告抱有偏见。"转引自黄东熊、吴景芳:《刑事诉讼法论》,台湾三民书局2002年版,第75页。

[②] 德国刑事诉讼法及我国台湾刑事诉讼法皆有关于"有偏颇之虞"而应当回避之规定。

干规定》第 1 条第 1 项,与当事人有三代以内旁系血亲及姻亲关系的,也应当回避。

✦ (二) 本人或近亲属与本案有利害关系

所谓和本案有利害关系是指本人或者他的近亲属与本案的案件事实、案件的当事人或者当事人的近亲属有某种牵连,或者案件的处理结果会对其利益产生影响等情况。

✦ (三) 担任过本案的证人、鉴定人、辩护人、诉讼代理人

根据最高人民法院《关于审判人员严格执行回避制度的若干规定》第 1 条第 4 项,审判人员与本案的诉讼代理人、辩护人有夫妻、父母、子女或者同胞兄弟姐妹关系的,应当回避。另据该《规定》第 5 条,审判人员及法院其他工作人员的配偶、子女或者父母,担任其所在法院审理案件的诉讼代理人或者辩护人的,人民法院不予准许。据此,在审判人员及法院其他工作人员与诉讼代理人、辩护人存在配偶、子女、父母关系的,应当"回避"的是诉讼代理人和辩护人,而不是审判人员和法院其他工作人员。因此,根据第 5 条,应当不可能出现审判人员与本案诉讼代理人、辩护人有夫妻、父母、子女关系的情形。但有可能存在同胞兄弟姐妹关系,因为第 5 条并未将存在此类关系的人排除在诉讼代理人、辩护人之外(关于第 1 条第 4 项与第 5 条之关系,可如图 4.1 所示)。

图 4.1 《关于审判人员严格执行回避制度的若干规定》之内部冲突

对上述问题,解决的思路应当是:将第 5 条修改为:审判人员及法院其他工作人员的配偶、子女、父母或者同胞兄弟姐妹,担任其所在法院审理案件的诉讼代理人或者辩护人的,人民法院不予准许;在这一基础上,删去第 1 条第 4 项。

《刑事诉讼法》规定担任过本案证人、鉴定人、辩护人、诉讼代理人的人应当回避,是指这些人不得在与本案有关的程序中担任侦查人员、检察人员和审判人员,而不是指这些人不得参与刑事诉讼。对于其中的鉴定人,不得因其在诉讼中某一阶段参与鉴定而排除其在此后进行的诉讼中作为鉴定人的资格。因为,倘若作此理解,则凡是在侦查阶段介入刑事诉讼的律师,在审查起诉、审判等阶段

均不得再行担任辩护人。这种结论显然是荒谬的。但此原理不适用于侦查人员、检察人员和审判人员。倘若一侦查人员或检察人员在侦查或审查起诉时曾担任该案侦查员或检察员，后来调至法院工作，继续审理此案，则属于应当回避之列。

✦（四）与本案当事人有其他关系，可能影响公正处理案件

此处所言"其他关系"，是指有关主体与本案当事人存在着上述关系以外的关系，因其参与有可能导致案件的公正处理，从而必须予以回避的情形。

最高人民法院《关于审判人员严格执行回避制度的若干规定》第4条规定之情形，属于"其他关系"之典型：审判人员及法院其他工作人员离任2年内，担任诉讼代理人或者辩护人的，人民法院不予准许；审判人员及法院其他工作人员离任2年后，担任原任职法院审理案件的诉讼代理人或者辩护人，对方当事人认为可能影响公正审判而提出异议的，人民法院应当支持，不予准许本院离任人员担任诉讼代理人或者辩护人。但是作为当事人的近亲属或者监护人代理诉讼或者进行辩护的除外。

✦（五）违反有关禁止性规定

依照《刑事诉讼法》第29条的规定，审判人员、检察人员、侦查人员等接受当事人及其委托的人的请客送礼，违反规定会见当事人及其委托的人的，当事人及其法定代理人有权要求他们回避。对于《刑事诉讼法》此项规定，最高人民法院《关于审判人员严格执行回避制度的若干规定》第2条给予了详细规范："审判人员具有下列情形之一的，当事人及其法定代理人有权要求回避，但应当提供相关证据材料：(1) 未经批准，私下会见本案一方当事人及其代理人、辩护人的；(2) 为本案当事人推荐、介绍代理人、辩护人，或者为律师、其他人员介绍办理该案件的；(3) 接受本案当事人及其委托的人的财物、其他利益，或者要求当事人及其委托的人报销费用的；(4) 接受本案当事人及其委托的人的宴请，或者参加由其支付费用的各项活动的；(5) 向本案当事人及其委托的人借款、借用交通工具、通讯工具或者其他物品，或者接受当事人及其委托的人在购买商品、装修住房以及其他方面给予的好处的。"

在上述情形下，只要当事人提出申请并提供相关证据材料，经人民法院审查属实，上述人员就必须回避。否则，即使上述人员实质上并未徇私枉法，其裁判恐亦难以令人心服口服。

✦（六）发回重审的案件，原审审判人员回避

根据《刑事诉讼法》第228条、第245条之规定，原审人民法院对于二审发回重审的案件以及人民法院按照审判监督程序重新审判的案件，原合议庭的全体成员均应回避。对此，最高人民法院《关于审判人员严格执行回避制度的若干规定》第3条亦指出："凡在一个审判程序中参与过本案审判工作的审判人

员,不得再参与该案其他程序的审判。"此规定显然系为防止原来曾经参与审判之合议庭组成人员先入为主而设置。

三、回避的程序

(一) 提出回避申请

根据《最高法解释》第 27 条之规定,当事人及其法定代理人申请审判人员回避的,既可以口头提出,也可以书面提出。根据《最高检规则》和《公安部规定》,对侦查人员、检察人员及书记员、鉴定人、翻译人员等的回避申请,也适用上述规定。《刑事诉讼法》和相关法律解释均未对提出申请之时限作出规定。但从实践上看,对侦查人员的回避,通常应当在侦查阶段提出,至审判阶段再提出回避申请显然已毫无意义;对检察人员的回避申请,通常应当在审查起诉阶段提出;对审判人员的回避,通常在知道审判法庭之组成人员时提出。申请人申请公安机关负责人回避的,应当向同级人民检察院提出。根据各机关发布的法律解释,申请人提出申请时,应当提供相应的证明材料。①

(二) 对审判人员申请回避的处理

审判人员的回避,由人民法院院长决定;法院院长的回避,由本院审判委员会决定;审判委员会成员的回避,由本院审判委员会讨论,院长主持,有关审判委员会委员不得参加;本院院长的回避,亦由审判委员会讨论,副院长主持,院长不得参加。

根据《刑事诉讼法》第 30 条第 3 款之规定,当事人及其法定代理人对驳回申请回避的决定不服,可以申请复议一次。在复议决定作出之前,被申请复议的人员不停止进行有关的诉讼活动。对此,最高人民法院《最高法解释》第 30 条规定:被驳回回避申请的当事人及其法定代理人对决定有异议的,可以当庭申请复议一次。

如果申请人申请回避的理由不属于法定之回避理由,应当如何处理？按照《最高法解释》第 30 条之规定,不属于《刑事诉讼法》第 28 条、第 29 条所列情形的回避申请,由法庭当庭驳回,并不得申请复议。笔者以为,此司法解释与《刑事诉讼法》之相关规定相悖。因为第一,既然回避的决定均应由院长或审判委

---

① 最高人民法院《关于审判人员严格执行回避制度的若干规定》第 1 条的措辞是:"审判人员具有下列情形之一,应当自行回避,当事人及其法定代理人也有权要求他们回避";第 2 条的措辞是:"审判人员具有下列情形之一的,当事人及其法定代理人有权要求回避,但应当提供相关证据材料"。其给人的感觉是,符合第 1 条所列情形之一而申请回避的,申请人不必提供相关证据;只有符合第 2 条所列情形之一时,申请人才必须提供相关证据。但从实践上看,第 1 条所列之第四项情形所包含范围甚为广泛,其他各项情形,如被申请回避之人予以否认,则当事人亦须提出证据。因此,这两条解释对于是否必须提供证据材料之区分,显然没有必要。

员会作出,那么,合议庭就当然没有权力直接作出驳回申请的决定;第二,《刑事诉讼法》规定对于驳回申请的决定,可以申请复议,此处之驳回申请决定,并未限定范围,因此,无论是由谁作出之决定,只要属于驳回申请回避的决定,当事人及其法代理人均应当享有申请复议的权利,人民法院不得无端加以剥夺。

✦ (三) 对检察人员回避申请的处理

检察人员的回避,由人民检察院检察长决定;人民检察院检察长的回避,由同级人民检察院检察委员会决定;人民检察院检察委员会讨论该院检察长的回避时,由副检察长主持,检察长不得参加。根据《最高检规则》第27条及28条之规定,人民检察院作出驳回申请回避决定后,应当告知当事人及其法定代理人,如不服该决定,有权在收到决定书后5日内向原决定机关申请复议一次;当事人及其法定代理人申请复议的,决定机关应当在3日内作出复议决定并书面通知申请人。因符合《刑事诉讼法》第28条或29条之规定情形之一而回避的检察人员,在回避决定作出以前所取得的证据和进行的诉讼行为是否有效,由检察委员会或者检察长根据案件具体情况决定。

✦ (四) 对侦查人员回避申请的处理

侦查人员的回避,由公安机关负责人决定;公安机关正职负责人以及检察委员会讨论公安机关负责人的回避时,由检察长主持。对侦查人员以及侦查阶段的鉴定人员、书记员和翻译人员提出申请回避的,在回避决定作出前,不得停止他们对有关案件的侦查或相关诉讼活动。这一规定乃为保障侦查活动的连续性和及时性之价值而设置。

✦ (五) 书记员、鉴定人和翻译人员的回避

公安机关的书记员、鉴定人员和翻译人员的回避,由公安机关负责人决定;人民检察院负责记录的书记员的回避,由人民检察院检察长决定;人民检察院指定的鉴定人、翻译人员的回避,也由人民检察院检察长决定;人民法院的书记员、鉴定人和翻译人员的回避,由人民法院院长决定。在审判阶段,如当事人或其法定代理人对人民检察院出庭支持公诉之检察官及其书记员提出回避申请,人民法院应当休庭,通知指派该检察人员出庭的人民检察院,由该人民检察院检察长或者检察委员会决定。

对书记员、翻译人员和鉴定人员的回避,实践中曾经有法院径直由审判长决定,其理由是:虽然法律规定上述人员的回避由院长决定,但没有规定上述人员不回避由谁决定,因此审判长可以作出不回避的决定。为此,1998年颁布的《六机关规定》曾经特别强调:"《刑事诉讼法》第30条和第31条规定,书记员、翻译人员和鉴定人员的回避,由人民法院院长决定。"根据这一规定,上述人员的回避不能由审判长决定。

（六）违反回避制度的法律后果

根据《刑事诉讼法》第 191 条第 2 项及相关司法解释之规定，第二审人民法院发现第一审人民法院的审理程序违反回避制度之规定的，应当裁定撤销原判、发回重审。根据最高人民法院《关于审判人员严格执行回避制度的若干规定》第 8 条，依法应当回避而故意不回避或者对回避申请故意作出驳回决定的，依照《人民法院审判纪律处分办法（试行）》的规定予以处分。

案例 4-3

法官"谋杀"院长案

2000 年 3 月 8 日，吕西娟因房产纠纷找西安市中级人民法院院长朱庆林上访，二人发生争执，致朱庆林受到伤害。西安中院以吕西娟"严重妨碍法院民事诉讼活动"为由，将其拘留 15 天；数日后，事态升级，吕因涉嫌"故意杀害"朱庆林而被捕，"长期与院长不和"的西安中院法官杨清秀则涉嫌"挑唆吕西娟"谋杀院长，亦被捕。审查起诉阶段，两被告人的律师均未能会见当事人，也未能查阅有关案卷材料。警方拒绝会见的理由是："一见面，他们一翻供，这案子就没法办了。"检察机关则不给任何理由，就是不让律师会见。该"故意杀人"案由西安中院审理。院长朱庆林主动回避，但二被告人多次申请西安中院整体回避，请求异地审理。回避申请数次被驳回后，西安中院分别判处杨清秀、吕西娟有期徒刑 15 年、13 年。2001 年，二被告人上诉至陕西省高院。二审过程中，本案被告人的辩护人"放弃"辩护，因为"上面打了招呼"。一个半月后，陕西省高院未经开庭审理，下达终审裁定："驳回上诉、维持原判。"①

解说与点评：本案程序上可供商榷之处甚多，此处仅分析管辖以及与管辖有关之回避问题。本案最关键的问题并不在于人民法院整体回避是否于法有据，而在于在当事人就人民法院管辖权提出异议的场合下，如何从程序上保障当事人的权利能够实现。"我国《刑事诉讼法》规定的回避制度是指个人回避，并没有规定审判组织或审判机关整体回避"，这实际上是对法律的曲解。任何整体均由个体组成，如果一个整体的所有成员都具备回避的条件，这个整体理所当然应当回避。因此，从立法上看，刑事诉讼并不排除整体回避。

---

① 详尽报道可参阅《法官谋杀院长案调查》，载《南方周末》2003 年 9 月 11 日。相关讨论亦可参阅：《任何人不得做自己案件的法官——法官谋杀院长案四人谈》，载《南方周末》2003 年 9 月 18 日。

> 既然《刑事诉讼法》的规定包含着法院整体回避，那么，在什么情况下法院应当整体回避呢？让我们先看看西安中院在驳回回避申请时给出的最重要的理由，该理由认为合议庭组成人员、审判委员会委员等与申请人杨清秀仅属同单位一般同事关系，虽相互认识，但不存在任何个人恩怨，均无利害关系，故不存在"可能影响公正处理案件"的情形。其论证逻辑是：仅属一般同事关系，因而无利害关系，不存在可能影响公正处理案件的情形。
>
> 如果按照这一思路，那么，人民法院工作人员在调离或辞职不再担任法官职务时，因为他们与原任职法院的法官仅属一般同事关系，不存在可能影响公正处理案件的情形，因而也不需要回避。但是实际上，按照最高人民法院《关于审判人员严格执行回避制度的若干规定》第4条，"审判人员及法院其他工作人员离任2年内，担任诉讼代理人或者辩护人的，人民法院不予准许；审判人员及法院其他工作人员离任2年后，担任原任职法院审理案件的诉讼代理人或者辩护人，对方当事人认为可能影响公正审判而提出异议的，人民法院应当支持，不予准许本院离任人员担任诉讼代理人或者辩护人。"这里虽然说的是不许担任诉讼代理人或者辩护人，但其原理却是基于与回避制度相同的原理：确保审判的公正进行。其基本假定就是：即使这些离任人员与法院工作人员仅仅是一般同事关系，他们担任诉讼代理人和辩护人也有可能影响案件的公正处理！当然，法律也可以开辟另一条途径，允许他们担任辩护人或者诉讼代理人，在这一途径下，实现公正审判的唯一方式就是法院整体回避！最高人民法院的规定之所以没有采取这一途径，纯粹是出于诉讼效率的考虑。从这一规定我们不难看出（当然故意装作看不出的除外），即使是一般的同事关系，尤其是法院的法官这种同事关系，也构成回避的理由。

 法理研析

整体回避与管辖权异议

所谓"人民法院整体回避"并不存在法律上是否有依据的问题，而是如何从程序上保障当事人权利实现的问题。而恰恰是在这个问题上，《刑事诉讼法》并没有明确规定。但是，这并不表明人民法院整体回避在程序上无法操作。恰恰相反，如果我们细心体会《刑事诉讼法》第26条的规定，则所谓整体回避的问题，实际上对于法院而言就是改变管辖的问题，对于当事人而言则是管辖权异议的问题。《刑事诉讼法》第 26 条规定:"上级人民法院可以指定下级人民法院审判管辖不明的案件,也可以指定下级人民法院将案件移送其他人民法院审判。"这里说的"指定下级人民法院将案件移送其他人民法院审判",就包括该下级人民法院应当整体回避的情形。从这一规定来看,立法者并非没有意识到法院整体回避的情形,只不过,法律将法院整体回避的情形放在"管辖"这一章予以规范。因为,人民法院整体回避的问题,本质上就是改变管辖的问题。对此,《最高法解释》第 16 条明确指出:"有管辖权的人民法院因案件涉及本院院长需要回避等原因,不宜行使管辖权的,可以请求上一级人民法院管辖。上一级人民法院可以管辖,也可以指定与提出请求的人民法院同级的其他人民法院管辖。"①

因此,回避问题和管辖异议权问题,几乎是血脉相连的。二者的原理是完全一致的:都是为了保证刑事案件的被告人获得公正的审判;这种公正审判的目的则在于加强法院判决的权威性和可接受性。但是问题在于,我国的《刑事诉讼法》在设计管辖问题时几乎没有考虑到这一制度的基本原理,而仅仅是从一个单纯的技术性规则的角度对管辖制度进行了规范。因为,刑事诉讼法根本就没有赋予当事人申请管辖权异议的权利,也没有规定提出管辖权异议的程序以及相应的救济手段。但根据《最高法解释》第 184 条的规定,在审判前召开的庭前会议上,审判人员需要向控辩双方了解情况、听取意见的第一个事项,就是"是否对案件管辖有异议"。也就是说,《最高法解释》已经为管辖权异议问题在审前会议这个程序中搭建了一个平台。本书认为该解释正确阐释了刑事诉讼法的精神,有助于保障当事人的合法权利。

---

① 从这一规定来看,立法者并非没有意识到法院整体回避的情形,只不过,法律将法院整体回避的情形放在"管辖"这一章予以规范。这种立法技术在《刑事诉讼法》中并非罕见。例如,《刑事诉讼法》第四编为"执行",但是在该编的第 249 条规定的却是强制措施的解除(第一审人民法院判决被告人无罪、免除刑事处罚,如果被告人在押,在宣判后应当立即释放)。

第5章　辩护与代理

【本章要义】 辩护制度是人类诉讼史上最具有革命性的制度，也是人类诉讼文明的里程碑。它是现代刑事诉讼程序正义理念和人权保障理念的集中体现。以此理念为基础设计的制度也最容易在中国这片土壤上水土不服，因此也是实践中问题最多的制度。学习本章应全面掌握我国辩护制度的基本内容，包括犯罪嫌疑人、被告人有权委托辩护人的时间，有权为犯罪嫌疑人、被告人委托辩护人的主体，有权担任辩护人的人员范围，法律援助机构为犯罪嫌疑人提供法律援助的情形，以及犯罪嫌疑人、被告人、辩护人拒绝辩护时的程序处理等，并重点掌握辩护制度的理论基础以及辩护人的责任、地位与权利。

第一节　辩护制度概论

一、辩护制度的起源

（一）古罗马的辩护制度

最早记载允许被指控者进行辩护的成文法大约出现于古罗马。公元前450年前后制定的《十二铜表法》第7条即规定："若当事人双方不能和解，则他们应在午前到市场或会议场进行诉讼。出庭双方应依次申辩（自己案件）。"① 这种允许双方当事人辩论的制度，在公元1世纪的时候发展成为允许代理人辩论的制度。

  古罗马皇帝对律师辩护制度的赞扬

"那些消解诉讼中产生的疑问并以其常在公共和私人事务中进行辩护帮助他人避免错误、帮助疲惫者恢复精力的律师，为人类提供的帮助不亚于那些以战

---

① 世界著名法典汉译丛书编委会编：《十二铜表法》，法律出版社2000年版，第5页。

(二) 现代辩护制度起源于英国

现代律师辩护制度实际上起源于英国。英国在 1696 年以前，重罪案件都不允许辩护人进行辩护，但是这一规则仅适用于重罪案件。换句话说，在轻罪案件中，被告人却有权获得律师辩护。1696 年颁布的《叛逆法》使被指控犯有叛逆罪的被告人境况有所改善，但该法仅仅赋予叛逆案件被告人有权获得律师辩护，其他重罪案件被告人则仍然无权获得律师帮助。[②] 大约从 1730 年左右开始，法官通过行使自由裁量权的方式，允许其他重罪案件被告人获得律师帮助。从此以后，律师辩护登上历史舞台，对于帮助被告人行使其权利发挥了巨大的作用。

二、律师辩护的理论基础

(一) 辩护制度有助于消极实体真实主义的实现

传统理论认为，律师辩护制度有助于发现案件事实真相，因而是值得提倡的诉讼制度。至于其发现案件真相之机制，则是通过所谓"对立统一规律"实现的："控诉与辩护是对立的两个方面，其处于一个矛盾统一体中，缺一不可。没有控诉，就没有辩护。辩护是针对控诉的，控诉也需要经过辩护考察、验证。控诉与辩护的论证过程是案件事实真相进一步暴露的过程，也是人们对案件认识的深化过程。"[③] 国外亦有将律师辩护之功能界定为发现真实者。例如，艾玛在其名著中，就将美国宪法第六修正案赋予被告人之权利归结为三个方面：迅速审判、公开审判、公正审判（其中第三项包括获得律师帮助的权利）；而这三者背后的理论则是要发现真相、保障无辜。[④]

本书认为，辩护制度在消极的实体真实主义的意义上，的确是有助于真实的

---

① 〔意〕桑德罗·斯奇巴尼选编：《司法管辖权·审判·诉讼》，黄风译，中国政法大学出版社 1992 年版，第 42 页。

② 详尽论述可参阅 John H. Langbein, "The Privilege and Common Law Criminal Procedure: The Sixteenth to the Eighteenth Centuries", in P. H. Helmholz et al, *The Privilege against Self-Incrimination: Its Origins and Development*, The University of Chicago Press, Chicago and London, 1997, pp.82—108. 或参阅拙作：《沉默的自由》，中国政法大学出版社 2000 年版，第 82—85 页。

③ 参阅陶髦主编：《刑事诉讼法学》，高等教育出版社 1993 年版，第 39 页；同时参阅陈光中主编：《刑事诉讼法学（新编）》，中国政法大学出版社 1996 年版。

④ "The deep principles underlying the Sixth Amendment's three clusters and many clauses (and, I submit, underlying constitutional criminal procdure generally) are the protection of innocence and the pursuit of truth."参阅, Akhil Reed Amar, *The Constitution and Criminal Procedure: First Principles*, Yale University Press, New Haven and London, 1997, p.90.

发现。所谓消极的实体真实主义,是指所有的无辜者都不应当被定罪,在这个意义上实现的真实发现,就是消极的实体真实主义。与之对应的是积极的实体真实主义,也就是所有有罪的人都不被放纵。从律师介入刑事诉讼的效果上看,这一制度设置的确可以有效地保护无辜的被告人不受刑事追究。从这一点来看,律师辩护对于增进发现真实目的之实现,的确具有积极意义。但是从总体上看,不能说律师的介入总是能够有助于发现真实目标之实现。因为,律师一旦站在被告人一方维护其利益,往往会出于各种因素之考虑,想方设法帮助被告人赢得诉讼,从而不由自主地忽略真实之发现。也因此,律师付出的努力一方面可能会使无辜的被告人获得释放,另一方面也可能使有罪的被告人逃脱惩罚。

 异域法制

在美国,一位著名的大法官在总结其律师生涯时曾经说:"当我年轻的时候,我打输了很多我本来应当打赢的官司;随着年龄与经验的增长,我又打赢了很多本来应当打输的官司;所以从总体上看,正义还是得到了伸张。"①

可见,律师辩护制度虽然有助于消极实体真实主义的实现,却不一定有助于积极实体真实主义的实现。

(二) 辩护制度有助于加强程序公正

早在1649年,英国大法官巴尔斯托德·怀特洛克就曾经指出:"被告人应当有一个律师代替他进行法律答辩,但是法律却没有赋予他们这样的权利,我认为,出于正义的考虑,应当对这样的制度进行改革,应当赋予人们这样的权利。"②怀特洛克的看法实际上代表了英美法系刑事诉讼的一般观念:被告人需要获得公平的审判,这种公平除了一些特定的要求外,双方当事人的平等武装也是其内在的要求。为了实现当事人平等的武装,必须赋予被告人获得律师帮助的权利。因为,一方面,由检察官代表的政府一方拥有比较大的权力,而被告人则通常力量比较弱小;另一方面,检察官通常均为通晓国家法律之人,而被告人通常并不通晓法律。③因此,被告人在与国家对抗的程序中常常处于不利境地,控辩双方的力量不能达到平衡,这不符合公平竞争的原则。卢梭指出:"恰恰因

---

① Lord Justice Matthews: "When I was a young man practicing at the bar, I lost a great many cases I should have won. As I got along, I won a great many cases I ought to have lost; so on the whole, justice was done." 参阅: *Social Psychology in Court*, p. 100.

② Leonard W. Levy, *Origins of the Fifth Amendment*, Macmillan Company, 1986, p. 322.

③ 黄东熊指出:不仅不熟谙法律之被告人不能善用法律保护自己,而且,即使熟谙法律之人在成为刑事被告之后,也往往因失却冷静,或因心理上受压迫,或因身体自由受拘束,而不能善用其权利。参阅黄东熊、吴景芳:《刑事诉讼法论》,台湾三民书局2002年版,第111页脚注。

为事物的力量总是倾向于摧毁平等,所以法律的力量就应当总是倾向于维持平等。"①这实际上就是在表达一种公平竞争的精神。赋予被告人获得律师帮助的权利,就是要通过加强被告人防御力量的方法,实现控辩双方力量的平衡(虽然这一制度并不总是能实现这一目标,但其大致意图却几乎总是如此)。

加强控辩双方力量的平衡还有一种更深层次的原因,就是加强裁判结果的正当性。在一个公平竞争观念得到公认的社会,如果被告人不能获得与控诉方公平较量的机会,最终达成的结果尤其是定罪裁决很可能难以使被告人心服口服。同时,这样难以让人心服口服的裁决自然也难以达到其社会化效果,这种效果要求当事人和社会公众都能够将法院裁判所确立之规则能够加以吸收,从而实现通过诉讼为社会树立行为范式之功能。

(三) 辩护制度有助于保障人权

律师辩护制度除了加强程序的正当性、为被告人提供一个公平竞争的制度环境以外,还有一个功能就是通过律师的介入,抑制并约束国家官员的权力,防止政府侵犯公民人权。在这一制度下,犯罪嫌疑人、被告人的基本人权可以得到律师的悉心照顾,同时,如果辩护律师能够在侦查阶段不受阻碍地介入刑事诉讼,则事实上使刑事侦查程序及整个刑事诉讼程序处于律师的监督之下,国家官员即使要侵犯犯罪嫌疑人的权利,亦将难以实现(虽然也不是全无可能)。所以,律师辩护制度的一个重要功能,应当是保护犯罪嫌疑人、被告人的基本权利不受侵犯。

应当说,律师辩护制度在加强程序公正与保障人权两个方面的功能既有区别,又有联系。其区别在于,程序的正当性与基本人权之保障乃出于不同利益之考量,前者主要出于加强裁判结果正当性之愿望,后者则出于对政府侵犯人权之忧虑。其联系则在于,前者之设置通常有助于后者之实现。在我国当前形式下,无论是程序的正当性,还是对国家权力的约束,均有待加强。而这也正是我国律师辩护在立法上总是难以顺畅、在实践中亦困难重重的根源所在。如果程序正当性观念与人权保障观念不能得到确立,即使立法有所改变,其在实践中能否得到执行,亦堪忧虑。

第二节 委托辩护与指定辩护

我国刑事诉讼中的辩护可分为自行辩护、委托辩护和指定辩护三种。所谓

---

① 〔法〕卢梭著:《社会契约论》,何兆武译,商务印书馆1996年版,第70页。老子亦云:"天之道,其犹张弓与。高者抑之,下者举之,有余者损之,不足者补之。天之道,损有余而补不足。"联系到老子同时推崇天道,应当可以得出老子主张通过法律加强弱者力量的结论。

自行辩护就是指犯罪嫌疑人、被告人自己针对指控进行反驳与辩解、维护自己的合法权益。所谓委托辩护就是犯罪嫌疑人、被告人委托律师或者其他人为自己进行辩护。所谓指定辩护就是法律援助机构根据法律的特别规定对符合条件的被告人指定承担法律援助义务的律师为被告人进行辩护。自行辩护在刑事诉讼程序上基本不会有任何问题，法律主要关注的是犯罪嫌疑人、被告人有权委托辩护人的时间，以及应当由法律援助机构为被告人指定辩护的案件范围。

一、委托辩护

(一) 委托辩护的时间

《刑事诉讼法》第33条第1款规定："犯罪嫌疑人自被侦查机关第一次讯问或者采取强制措施之日起，有权委托辩护人；在侦查期间，只能委托律师作为辩护人。被告人有权随时委托辩护人。"公诉案件中遭受刑事追究的人在侦查阶段、审查起诉阶段称为"犯罪嫌疑人"，在提起公诉以后才称"被告人"，自诉案件被追诉的人统称"被告人"。上述规定中的第一句话，说的是公诉案件中的犯罪嫌疑人自侦查阶段有权聘请律师作为其辩护人；第二句话说的是无论公诉案件还是自诉案件中的被告人，均有权随时委托辩护人。

《刑事诉讼法》关于刑事被追诉人有权委托辩护人的时间的规定，经历了一个发展过程。1979年的《刑事诉讼法》规定，被告人在开庭7日前可以委托辩护人。1996年的《刑事诉讼法》规定，犯罪嫌疑人自被审查起诉之日起可以委托辩护人；同时规定，犯罪嫌疑人自被第一次讯问后或者采取强制措施之日起，有权委托律师，不过该律师在法律上不具有辩护人的身份。2012年修改《刑事诉讼法》，明确规定犯罪嫌疑人自第一次讯问或者采取强制措施之日起有权聘请律师作为其辩护人，实际上是明确了1996年《刑事诉讼法》中侦查阶段犯罪嫌疑人委托的律师的辩护人身份，同时强调犯罪嫌疑人是自第一次讯问时而不是第一次讯问后即有权聘请律师辩护人。这一立法上的变化经过在很大程度上体现了对犯罪嫌疑人、被告人权利保障的进步。

(二) 执法机关的告知义务

《刑事诉讼法》第33条第2款规定："侦查机关在第一次讯问犯罪嫌疑人或者对犯罪嫌疑人采取强制措施的时候，应当告知犯罪嫌疑人有权委托辩护人。人民检察院自收到移送审查起诉的案件材料之日起3日以内，应当告知犯罪嫌疑人有权委托辩护人。人民法院自受理案件之日起3日以内，应当告知被告人有权委托辩护人……"此处第一句规定的是侦查机关对犯罪嫌疑人聘请辩护人权利的告知义务，其中所说的侦查机关，主要是指公安机关、国家安全机关和人民检察院。第二句规定的是人民检察院作为审查起诉机关对犯罪嫌疑人聘请辩护人的告知义务。第三句规定的是人民法院对被告人聘请辩护人的告知义务。

(三) 委托辩护人的主体

《刑事诉讼法》第33条第3款规定,犯罪嫌疑人、被告人在押的,也可以由其监护人、近亲属代为委托辩护人。这一规定,主要是针对实践中有的在押犯罪嫌疑人、被告人因各种原因未委托辩护人,其监护人、近亲属代为委托的法律效力问题。根据这一规定,犯罪嫌疑人、被告人既可以自行委托辩护人,也可以由其监护人、近亲属委托辩护人。犯罪嫌疑人、被告人的监护人、近亲属对辩护人的委托,同样具有法律效力,可以行使法律规定的辩护人的权利。这里之所以规定"监护人",主要是针对未成年人以及有精神缺陷的人。对于神志正常的成年人,不存在监护人问题。

二、指定辩护

(一) 为经济困难者指定辩护

《刑事诉讼法》第34条第1款规定:"犯罪嫌疑人、被告人因经济困难或者其他原因没有委托辩护人的,本人及其近亲属可以向法律援助机构提出申请。对符合法律援助条件的,法律援助机构应当指派律师为其提供辩护。"之所以必须为经济困难人员提供辩护人,应当是出于公平的考虑。这里的公平,更加侧重于实质上的公平,即着力于让每个人都能够得到辩护人的帮助,而不至于因为贫穷或者其他原因而使自己处于与富人不平等的地位。

法理研析

为贫困者提供免费律师帮助的理论基础

何怀宏曾经将社会区分为四种模式,其一为"患寡亦患不均",其二为"患寡而不患不均",其三为"不患寡而患不均",其四为"不患寡亦不患不均"。前两种社会均是物质比较匮乏且分配亦不公平的社会,第三种社会则是相当富足但相对来说还不够平等的社会;第四种社会才是一个高度富足且高度平等的社会。①本书认为,就我国目前的国情来看,将我国社会定位为第三种社会应当可以获得理性之共鸣。在一个日益步入"不患寡而患不均"的社会,对贫穷者免费提供帮助乃是国家应尽的义务。此处,"不患寡而患不均"是指我国目前一方面国民经

---

① 参见何怀宏:《契约伦理与社会正义——罗尔斯正义论中的历史与理性》,中国人民大学出版社1993年版,第233—234页。

济不断增长,另一方面贫富差距日益扩大的局面,因此,国家政策主要考虑的已经不再是解决温饱问题,而是社会的公平的问题。

值得注意的是,根据2012年修正的《刑事诉讼法》,由于经济困难而产生的法律援助不仅限于公诉案件,自诉案件被告人由于经济困难而没有委托辩护人的,也属于法律援助的对象范围。另外,原《刑事诉讼法》的规定是由人民法院判断是否提供法律援助,2012年修正的《刑事诉讼法》规定,犯罪嫌疑人、被告人应当自行向法律援助机构提出申请,由法律援助机构判断是否符合法律援助条件并决定是否为其提供法律援助。

(二)为有生理缺陷者指定辩护

《刑事诉讼法》第34条第2款规定,被告人是盲、聋、哑人,或者是尚未完全丧失辨认或控制自己行为能力的精神病人,没有委托辩护人的,人民法院、人民检察院或公安机关应当通知法律援助机构指派律师为其提供辩护。被告人是盲、聋、哑人或者尚未完全丧失辨认或控制自己行为能力的精神病人的情况下,该被告人必然处于比其他被告人更为不利之地位,尤其需要获得辩护人的帮助,因此如果他们自己没有委托辩护人,人民法院自然有义务为其指定承担法律援助义务的律师为其提供辩护。

1996年《刑事诉讼法》将未成年人与盲聋哑人同等对待,均要求为其指定辩护。2012年修改的《刑事诉讼法》增设了未成年人刑事诉讼程序,相应规定也调整至新增的编章,因而此处删去有关为未成年人指定辩护的规定。同时,1996年《刑事诉讼法》并未规定为未完全丧失行为能力的精神病人的指定辩护,2012年《刑事诉讼法》对此予以了规定,扩大了指定辩护的范围,也是人道主义和诉讼文明的体现。另外,2012年《刑事诉讼法》还规定,公安机关、人民检察院都是指定辩护的主体。这进一步贯彻了保障辩护的原则。

(三)为可能面临严厉刑罚者指定辩护

《刑事诉讼法》第34条第3款规定:犯罪嫌疑人、被告人可能被判处无期徒刑、死刑而没有委托辩护人的,人民法院、人民检察院和公安机关应当通知法律援助机构指派律师为其提供辩护。1996年《刑事诉讼法》仅规定为可能被判处死刑的人应当指定辩护,2012年《刑事诉讼法》增加规定对可能被判处无期徒刑的犯罪嫌疑人、被告人也要指定辩护,指定辩护的范围进一步扩大。

三、拒绝辩护

(一)被告人拒绝辩护

《刑事诉讼法》第43条规定:"在审判过程中,被告人可以拒绝辩护人继续为他辩护,也可以另行委托辩护人辩护。"这一条文延续了1979年《刑事诉讼法》的规定。根据1979年《刑事诉讼法》,被告人要到审判阶段才有权委托辩护,所以侦查阶段、审查起诉阶段不存在犯罪嫌疑人拒绝辩护的问题。2012年《刑事诉讼法》赋予犯罪嫌疑人在侦查阶段委托辩护人的权利,犯罪嫌疑人委托辩护人后如认为辩护人不称职或者意见难以统一,当然有权在任何阶段拒绝辩护人辩护和另行委托辩护人辩护。

根据《最高法解释》第254条第1款的规定,在审判阶段,被告人当庭拒绝辩护人辩护,要求另行委托辩护人或者指派律师的,合议庭应当准许;被告人拒绝辩护人辩护后,没有辩护人的,应当宣布休庭;仍有辩护人的,庭审可以继续进行。该条第2款规定,有多名被告人的案件,部分被告人拒绝辩护人辩护后,没有辩护人的,根据案件情况,可以对该被告人另案处理,对其他被告人的庭审继续进行。第3款规定,重新开庭后,被告人再次当庭拒绝辩护人辩护的,可以准许,但被告人不得再次另行委托辩护人或者要求另行指派律师,而应由其自行辩护。第4款规定,被告人属于应当提供法律援助的情形,重新开庭后再次当庭拒绝辩护人辩护的,不予准许。

(二) 辩护人拒绝辩护

根据2007年《律师法》第32条的规定,律师接受委托后,无正当理由的,不得拒绝辩护或者代理;但是,委托事项违法、委托人利用律师提供的服务从事违法活动或者委托人故意隐瞒与案件有关的重要事实的,律师有权拒绝辩护或者代理。2012年《最高法解释》第255条规定:法庭审理过程中,辩护人拒绝为被告人辩护的,应当准许;是否继续庭审,参照该《解释》第254条的规定处理。该规定并没有将庭审中辩护人拒绝为被告人辩护的法定情形限定为委托事项违法、委托人利用律师提供的服务从事违法活动或者委托人故意隐瞒与案件有关的重要事实,因此实际上扩大了辩护人可以拒绝辩护的理由。

第三节 辩护人

辩护人是指受犯罪嫌疑人、被告人委托或者受人民法院指定,帮助犯罪嫌疑人、被告人行使辩护权、维护其合法权益的诉讼参与人。

一、辩护人的人数与人员范围

(一) 辩护人的人数

根据《刑事诉讼法》第32条的规定,犯罪嫌疑人、被告人除自己行使辩护权以外,还可以委托一至二人作为辩护人。据此规定,犯罪嫌疑人、被告人委托之辩护人人数最多不得超过2人。① 但是，法律作此规定仅在限制与公安机关、人民检察院和人民法院发生法律上联系之辩护人人数；倘若犯罪嫌疑人、被告人实力雄厚，自然可以聘请足够数量之律师为其服务，不过能以其辩护人之名义至公安机关、检察机关和审判机关行使辩护权、提供辩护意见者，仅限于2人而已。

✦（二）可以担任辩护人的人员范围

可以被委托为辩护人的人包括：(1) 律师。根据《律师法》(2007年修正) 第2条的规定，律师是指依法通过律师资格考试或国家司法考试，取得律师执业证书，为社会提供法律服务的执业人员。(2) 人民团体或者犯罪嫌疑人、被告人所在单位推荐的人。这里对推荐的主体进行了限定：一是人民团体，二是犯罪嫌疑人、被告人的所在单位。(3) 犯罪嫌疑人、被告人的监护人、亲友。"亲友"是一个无法从法律上加以界定的概念，"亲"可以界定，"友"则无法界定。因此，这一规定实际上意味着一切有诉讼行为能力之人均可担任辩护人。

法理研析

刑事辩护律师垄断制度

刑事辩护律师垄断制度是指只有依照法律规定取得律师资格和律师执业证书的从业律师才能担任刑事案件辩护人的制度。我国不实行刑事辩护的律师垄断制度，而这主要原因在于律师业不够发达、很多地方从业律师数量不够；另一个可能的原因与我国的法律体制及法律风格有关，我国法律属成文法，并且法律文本追求通俗易懂，因此，即使不经过专业训练，也能看懂法律，或者自己认为能看懂法律。立法者也假定自己制定的法律是很容易明白、也很容易操作的，因此允许非法律从业人员担任辩护人。但从实际效果看，未受过专门法律训练之人，固然可能认识各规范中单个语词之涵义，却不一定能明了单个法律规范之意义；纵然能够明了单个规范之意义，亦不一定能了解各法律规范之关系；纵使能了解各法律规范之关系，也不一定能够达到熟练运用之程度。因此，律师以外之其他主体担任辩护人，能否达到平衡控辩力量及保障人权之效果，实在大可怀疑。

✦（三）不能担任辩护人的人员范围

根据《刑事诉讼法》第32条第2款和《最高法解释》第35条第2款之规定，

---

① 在我国台湾，其立法规定犯罪嫌疑人、被告人可以聘请律师之人数为三人。其立法理由为："外国实例，律师有多至数十人者，然人数过多聚讼一堂之上，不免于事务进行反有阻碍，故本条特限制之。"参阅黄东熊、吴景芳：《刑事诉讼法论》，台湾三民书局2002年版，第113页。窃以为此理由亦适用于我国《刑事诉讼法》对辩护人人数之限定。

下列人员不得担任辩护人:(1) 正在被执行刑罚的人,包括被宣告缓刑和刑罚尚未执行完毕的人;(2) 依法被剥夺、限制人身自由的人;(3) 无行为能力或者限制行为能力的人;(4) 人民法院、人民检察院、公安机关、国家安全机关、监狱的现职人员;(5) 本院的人民陪审员;(6) 与本案审理结果有利害关系的人;(7) 外国人或者无国籍人。

二、辩护人的责任与义务

(一) 辩护人的责任

根据《刑事诉讼法》第 35 条的规定,辩护人的责任是根据事实和法律,"提出犯罪嫌疑人、被告人无罪、罪轻或者减轻、免除其刑事责任的材料和意见,维护犯罪嫌疑人、被告人的诉讼权利和其他合法权益。"对此规定,可以分解为以下三个内容加以理解:(1) 辩护人的责任是维护犯罪嫌疑人、被告人的诉讼权利和其他合法权益。1979 年和 1996 年《刑事诉讼法》都规定,辩护人的责任是维护被告人的"合法权益"。2012 年修改《刑事诉讼法》,将"合法权益"改为"诉讼权利和其他合法权益",这突出表明了立法者对犯罪嫌疑人、被告人诉讼权利的重视。(2) 辩护人维护其委托人合法权益的方式,是提出犯罪嫌疑人、被告人无罪、罪轻或者具有减轻、免除刑事责任的材料和意见。不言而喻,律师不能提出犯罪嫌疑人、被告人罪重或者具有加重情节的材料和意见。法律并未规定辩护律师可以提出其委托人具有从轻情节的材料和意见,但若以为辩护人无权提出这样的材料和意见,则未免过于机械。原《刑事诉讼法》在"提出"二字之后还有"证明"二字,2012 年修改《刑事诉讼法》将"证明"二字删除,是为了突出公诉方的证明责任,强调提出这些材料乃是辩护人的权利,并非负担证明责任。(3) 辩护人维护其委托人合法权益必须具有事实和法律上的依据。所谓事实依据是指提出有利于其委托人的证据材料,所谓法律依据指的是提出有利于其委托人的法律意见。

(二) 辩护人的义务

根据《刑事诉讼法》和《律师法》的规定,辩护人在刑事诉讼中的义务主要有:(1) 根据事实和法律,提出其委托人无罪、罪轻或者具有从轻、减轻、免除刑事责任的材料和意见,维护委托人的诉讼权利和其他合法权益;辩护律师如无正当理由,不得拒绝辩护。维护犯罪嫌疑人、被告人的诉讼权利和其他合法权益既是辩护人的责任,也是辩护人的义务;同时,也是辩护人权利。(2) 辩护律师和其他辩护人应当保守其在执业活动中知悉的国家秘密和商业秘密,不得泄露当事人的隐私。(3) 依照《刑事诉讼法》第 42 条之规定,辩护律师和其他辩护人,不得帮助犯罪嫌疑人、被告人隐匿、毁灭、伪造证据或者串供,不得威胁、引诱证人作伪证以及进行其他干扰司法机关诉讼活动的行为。值得注意的是,原《刑事诉讼法》曾经规定辩护人"不得威胁、引诱证人改变证言作伪证";2012年《刑事诉讼法》去掉了"改变证言"这几个字,主要是担心实践中只要证人改变证言,执法机关就将责任推到辩护人身上。(4)其他义务,包括不得干扰法庭秩序;不得违反规定会见检察官、法官,影响诉讼的公正进行;不得向法官、检察官行贿或者指示当事人向法官、检察官行贿等。

辩护人为完成其责任,最重要的义务是在接手案件后精心准备辩护。如果一个案件未经精心准备,则辩护人很难从事实上或者法律上提出有利于其委托人的意见,或者即使提出,也可能因缺乏准备而语无伦次、自相矛盾。因此,未经过精心准备的辩护,实质上对于平衡控辩双方力量及保护人权而言均无意义。

案例 5-1

辩护人未做准备仓促辩护的后果

一个人被指控犯有故意伤害罪,原因是他唆使自己的狗冲上街道咬伤了与他有仇隙的邻居。人民检察院提起公诉,被害人亦提起附带民事诉讼。辩护律师经被告人委托后在法庭上答辩时提出三点理由:第一,被告人的狗拴在链子上,链子的长度有限,狗不可能冲上街道咬伤行人;第二,被告人的狗又老又没牙,所以即使能够冲上街道,它也无法咬伤行人;第三,被告人根本就没有养狗。

三、辩护人的地位

通说认为,辩护人具有独立的诉讼地位。这种独立的诉讼地位既体现为不受其他机关、团体、个人的非法干涉,也体现为不受委托人意志的左右。具体而言,辩护人在刑事诉讼中的独立性主要表现三个方面;其一,为不受控诉方意见之左右;其二,为不受法院发现真实目标之约束;其三,为不受当事人意见之左右。

(一)辩护人独立于检察官之指控

辩护人独立于检察官之指控,是指辩护意见的发表不受控诉方意志的左右。这是因为,辩护人在刑事诉讼中担当的是辩护职能,其职责是维护犯罪嫌疑人、被告人的利益,其功能是实现控辩力量的平衡,保护其委托人的权利不受侵犯。如果辩护人的辩护意见必须受到控诉方的约束,其效果将不是平衡控辩力量,而是使本不平衡的控辩双方力量更不平衡,使犯罪嫌疑人、被告人可能遭受的权利侵犯之危险更加危险。因此,辩护人发表辩护意见,完全不受控诉方意志的约束。

> **案例 5-2**
>
> **辩护人作无罪辩护就是作伪证?**
>
> 　　1996 年 12 月 23 日,被告人吴绍春因挪用公款一案在河南某法院受审,担任辩护人的是河南信阳金誉律师事务所的律师熊庭富、郑永军。二律师为被告人做的是无罪辩护,并向法庭提交一份证明案件中一建设公司为集体企业而非个人合伙企业的证明,该证明由信阳地区工商局出具。当辩方出示该材料时,公诉人即认为,这是律师做的伪证。休庭时,检察院从法院的案卷中抽走该材料,并向信阳地区检察分院请示,提出以"包庇罪"刑事拘留郑永军和熊庭富,分院领导没有同意。但信阳市检察院自以为证据确凿,强行立案,拘留了郑永军、熊庭富二人。1997 年 1 月 2 日,二人被检察院拘留。事件发生后各界反响强烈。1 月 3 日,信阳地区司法处指派金誉律师事务所 4 名律师介入此案,为二律师提供法律援助。4 律师前往看守所会见郑永军、熊庭富二人时,遭到检察院阻挠,采取录像和录音等手段,监视双方的一举一动。尽管面临社会各界的压力,检察院仍然抓紧时间对二人进行审讯。参与吴绍春案件公诉的公诉人王爱萍也在审讯人员之列。她说:"新刑事诉讼法实施后,你们律师权力不是大了吗?这回我看你们还蹦不蹦!"郑永军提出让她回避,她说"我这是提前介入。"在信阳地区政法委等部门的一再干预下,郑永军、熊庭富先后于 1 月 8 日、1 月 12 日"取保候审";2 月 26 日,检察院才含糊其辞地宣布撤销案件。事后,信阳市检察院说,开始并不想拘留,只是叫来问问情况,但两律师态度不好,平时就傲慢、气粗,不尊重公检法人员,盛气凌人。4 月 3 日,记者专程赶到信阳,副检察长说:"经过这段时间的学习,我们认识到错了,违反了法律规定,主要是对新刑事诉讼法学习不够,管辖权不明确,在对两律师采取强制措施时,没有执行上级意见,这是我们的错,检察院党组应当承担责任。"①

　　从发达国家辩护制度之发展来看,西方国家辩护制度能够有今天这样的规模,也经历了一个比较漫长的过程。在最初的时候,其辩护人的辩护也是受到各方面的阻碍。

---

① 详见《律师身陷囹圄,祸起无罪辩护》,载《南方周末》1997 年 5 月 2 日。

异域法制

日本早期的刑事辩护

日本在 1877 年的时候,司法部还极力反对刑事辩护制度,认为辩护人是帮助囚犯抵赖的最佳工具。实践中,一位辩护人因在辩论时说了一句:"这个案子肯定是无罪的,如果有罪那等于太阳从西边出来",而被以侮辱官吏罪判处禁锢 1 个月、停业 3 个月的处罚。①

✦ (二)辩护人独立于法院发现真实之愿望

从理论上看,辩护制度之设立,一是为实现程序之正当性,二是为实现人权之保障。因此,辩护人无论其是否为律师,均应当尽心尽力、竭尽全力维护其委托人之利益。虽然辩护人亦负有发现真实之道德责任,但该项义务以维护其委托人之合法利益为限。换句话说,只有在有利于犯罪嫌疑人、被告人合法权利实现的范围内,辩护人负有发现真实之义务。超出此范围,则辩护人不再承担相应责任。因此,如果控诉方不能提出确实、充分的证据证明被告人有罪,即使辩护人明知被告人有罪,也应当指出控诉方没有完成其证明责任,没有达到法定之证明要求,并请求法院作无罪之宣判。

 法理研析

律师是否只能为好人辩护?

本书认为,既然律师辩护制度的功能在于实现公正司法与保障人权,则这一制度就不能仅仅适用于无罪的被告人,而且同时适用于有罪的被告人。人权保障观念不仅体现在对无辜者的保护方面,更加体现在对有罪者的保障方面。因为人权就其作为一个法律概念而言,永远应当是一种消极的权利,是永远也不可剥夺的权利,是一种哪怕以全体社会利益之名也不可加以剥夺的权利。因此,即使一个公民已经触犯法律,社会也不能剥夺他作为一个人而享有的基本权利。辩护制度的设置,就是要保护这一目标的实现。它要保护每一个人不受政府机关的人权侵犯。所以,即使是有罪的被告人,也必须给予其获得辩护人尤其是辩护律师帮助的权利。

当然,无论在西方社会还是在当下中国,为"坏人"辩护总是存在着遭受道德谴责的危险,正如一位美国律师所言:"在我健康的有生之年,我必须越过职

---

① 参见[日]田口守一:《刑事辩护制度》,载[日]西原春夫主编:《日本刑事法的形成与特色》,李海东等译,法律出版社、成文堂 1997 年联合出版,第 433 页。

业生涯的山脉,与人们仇视及恼怒的风雨相伴。作为代表被控有罪当事人的一名律师,我对我的当事人的职责不允许我态度暧昧,寻求风平浪静以躲避风雨"①。显然,人权的观念毕竟还没有深入人心,对于人权的理解还没有如此深刻。所以,那些为有罪被告人提出有力之辩护意见的辩护人,实际上更应当受到鼓励和赞扬。

(三) 辩护人独立于委托人的意志

辩护人意见不仅独立于控诉方、裁判方,而且也独立于其委托人的意志。虽然辩护人不负担发现真实之职责,但是辩护人也不能以违法的手段维护其委托人的非法利益;同时,如果辩护人的意见与委托人的意见不一致,委托人也不能强求辩护人按照委托人的意见行事。这样的制度安排显然与民法上委托与代理的关系是不一样的。其理论基础则在于,律师不仅是当事人利益的代表者,而且应当是社会正义的化身,因此不能一味屈从于当事人的意志。当然,如前所述,辩护人的这种"正义"身份,仅以维护犯罪嫌疑人、被告人合法权益为限。

第四节 辩护人的权利

《刑事诉讼法》在"辩护与代理"一章集中规定了辩护人(主要是辩护律师)的权利。虽然这并不表明辩护人就只有这些权利(其他权利分散规定于《刑事诉讼法》的其他编章),但这些权利应当是辩护人最主要的权利。因此,以下以条文顺序为线索,对辩护人的这些法定权利逐项进行阐释与评论。

一、侦查阶段的法律帮助权

《刑事诉讼法》第 36 条规定:"辩护律师在侦查期间可以为犯罪嫌疑人提供法律帮助;代理申诉、控告;申请变更强制措施;向侦查机关了解犯罪嫌疑人涉嫌的罪名和案件有关情况,提出意见。"这一条文是从 1996 年《刑事诉讼法》第 96 条的规定演变而来。1996 年《刑事诉讼法》第一次赋予犯罪嫌疑人在侦查阶段获得律师帮助的权利,但是并没有明确律师在侦查阶段的辩护人身份。2012 年修改《刑事诉讼法》明确犯罪嫌疑人在侦查阶段即可聘请律师为其担任辩护人,但是辩护律师在侦查阶段享有的权利并没有发生实质性的变化,主要仍然是为犯罪嫌疑人提供法律帮助、代理申诉控告、申请变更强制措施,以及向侦查机关了解犯罪嫌疑人涉嫌的罪名和案件的有关情况,并向侦查机关提出自己对案件的处理意见。

---

① 江礼华、杨诚主编:《美国刑事诉讼中的辩护》,法律出版社 2001 年版,第 31 页。

值得指出的是,上述权利并非侦查阶段的辩护律师所独享,其他阶段辩护人均享有上述权利。

二、会见、通信权

(一) 会见通信权的一般原则

《刑事诉讼法》第37条第1款规定:"辩护律师可以同在押的犯罪嫌疑人、被告人会见和通信。其他辩护人经人民法院、人民检察院许可,也可以同在押的犯罪嫌疑人、被告人会见和通信。"该条规定确立了辩护人与在押犯罪嫌疑人、被告人会见和通信的一般原则。根据上述规定,辩护律师有权与在押的犯罪嫌疑人、被告人会见和通信;辩护律师同在押犯罪嫌疑人、被告人会见和通信不需要经过任何批准。其他辩护人同在押犯罪嫌疑人、被告人会见和通信,在侦查和审查起诉阶段需要经人民检察院批准,在审判阶段需经人民法院批准。之所以对其他辩护人设置了批准程序,主要是因为其他辩护人可能是与本案有利害关系的人,允许会见和通信可能会妨害诉讼的顺利进行。但在允许会见通信不妨害侦查、起诉与审判的情况下,通常应当允许会见和通信。

(二) 会见所需证件及安排会见时限

《刑事诉讼法》第37条第2款规定:"辩护律师持律师执业证书、律师事务所证明和委托书或者法律援助公函要求会见在押的犯罪嫌疑人、被告人的,看守所应当及时安排会见,至迟不得超过48小时。"该规定进一步强化这一观念和实践:辩护律师只需要持有律师执业证书、律师事务所证明和委托书或者法律援助公函,即通常所说的"三证"(执业证书证明律师乃合法执业;律师事务所证明乃证明律师合法收案;委托书或法律援助公函乃证明律师接受委托或指定),即可进行会见,而不需要其他任何手续。看守所在"三证"之外要求其他任何手续都是非法的。同时,该规定强调,当律师持"三证"要求会见时,看守所应当及时安排会见。所谓"及时",就是指当时能够安排会见的,应当立即安排会见。所谓"至迟不得超过48小时",并不是说只要在48小时之内安排会见就是合法的,而是说万一发生特殊情况不能即刻安排会见,也应当至迟在48小时内安排会见。对此,2012年《六机关规定》第7条明文规定:辩护律师根据《刑事诉讼法》第37条第2款规定要求会见在押的犯罪嫌疑人、被告人的,看守所应当及时安排会见,保证辩护律师在48小时以内见到在押的犯罪嫌疑人、委托人。

(三) 特殊案件会见须经批准

《刑事诉讼法》第37条第3款规定:"危害国家安全犯罪、恐怖活动犯罪、特别重大贿赂犯罪案件,在侦查期间辩护律师会见在押的犯罪嫌疑人,应当经侦查机关许可……"这一规定属于辩护律师会见通信权原则的一个例外规定。如前所述,原则是,辩护律师会见不需要经过任何批准。但这一原则只适用于一般案件。对于危害国家安全犯罪、恐怖活动犯罪以及特别重大贿赂犯罪案件,侦查期间会见应当经侦查机关许可。此项例外必须同时满足两个条件:一是案件尚处在侦查期间,审查起诉、审判阶段皆不适用此规定;二是案件特殊,不属于特殊案件的,也不适用此规定。

(四) 会见时的权利

《刑事诉讼法》第37条第4款规定:"辩护律师会见在押的犯罪嫌疑人、被告人,可以了解案件有关情况,提供法律咨询等;自案件移送审查起诉之日起,可以向犯罪嫌疑人、被告人核实有关证据。辩护律师会见犯罪嫌疑人、被告人时不被监听。"该规定有三项内容:(1) 辩护律师在侦查阶段会见在押犯罪嫌疑人,可以了解有关案件情况,提供法律咨询。注意此处法律明文规定,律师会见可以向犯罪嫌疑人了解案件有关情况。地方公安机关不得以内部规定的名义,禁止律师在侦查会见时"谈案情"。(2) 自审查起诉阶段始,辩护律师会见在押犯罪嫌疑人、被告人时,不仅可以了解案件有关情况,为犯罪嫌疑人、被告人提供法律咨询,而且可以向犯罪嫌疑人、被告人核实有关证据。换句话说,自审查起诉之日起,辩护律师会见犯罪嫌疑人、被告人时,可以将辩护律师掌握到的有关案件情况、证据向犯罪嫌疑人、被告人核实,核实有关证据时,向其宣读辩护律师在查阅案卷过程中接触、了解、知悉、掌握的证据例如证人证言、同案被告人供述等,均属于合法履行辩护职责的行为,有关执法机关不得横加干涉,更不能将其当做犯罪行为加以查处。(3) 无论是侦查阶段还是审查起诉之后,辩护律师会见都不被监听。

(五) 会见被监视居住人准用规定

《刑事诉讼法》第37条第5款规定,辩护律师同被监视居住的犯罪嫌疑人、被告人会见、通信,适用第1款、第3款、第4款的规定。这一规定是2012年《刑事诉讼法》新增的规定。在这之前,监视居住不具有羁押性质,根据相关的司法解释,辩护律师会见被监视居住的犯罪嫌疑人、被告人完全不受限制。2012年《刑事诉讼法》修改以后,监视居住属于羁押的替代性措施,但仍然不能等同于羁押。辩护律师会见被监视居住的犯罪嫌疑人、被告人也应当不受限制。所以,第37条第5款规定,辩护律师可以同被监视居住的犯罪嫌疑人、被告人会见和通信,但在特殊案件中,会见和通信应当经侦查机关批准;辩护律师会见被监视居住的犯罪嫌疑人、被告人,在侦查阶段可以了解案件有关情况,提供法律咨询;自案件移送审查起诉之日起,可以向犯罪嫌疑人、被告人核实证据;辩护律师会见被监视居住的犯罪嫌疑人、被告人不被监听。

 **法理研析**

会见权是谁的权利？

从目前《刑事诉讼法》的表述来看，会见权似乎是辩护律师的权利。本书认为，会见权本质上是犯罪嫌疑人、被告人的权利，它是犯罪嫌疑人、被告人依照《宪法》和《刑事诉讼法》享有的辩护权的内在组成部分。辩护律师的会见权，无非是犯罪嫌疑人、被告人依据《宪法》享有的辩护权的延伸和实现方式。首先，没有犯罪嫌疑人、被告人的辩护权，就没有辩护律师的会见权；在这个意义上，可以说辩护律师的所有权利，都源自犯罪嫌疑人、被告人。其次，辩护律师会见犯罪嫌疑人、被告人的目的和功能，也均在于实现犯罪嫌疑人、被告人的辩护权。

如果我们接受会见权属于犯罪嫌疑人、被告人这一观点，则法律对辩护律师会见权的保障，本质上乃是保障犯罪嫌疑人、被告人的会见权。同时，从理论上看，既然会见权是犯罪嫌疑人、被告人的权利，则犯罪嫌疑人、被告人何时想见自己的律师，都应当得到满足。由此出发，在犯罪嫌疑人、被告人遭受讯问时，犯罪嫌疑人、被告人也可以要求会见其律师，以实现法律帮助权。

当然，当前理论和实践均不承认会见权本属犯罪嫌疑人、被告人所有，自然也不接受犯罪嫌疑人、被告人在遭受讯问时有要求其律师在场的权利。上述观念和权利要在中国的司法实践中获得接受和尊重，尚需假以时日。但正如一句西班牙谚语所言："过去不曾有过的事，将来未必不发生"。随着法治国家理想的逐步实现，对犯罪嫌疑人、被告人的保护必将更趋周到。

三、阅卷权

《刑事诉讼法》第 38 条规定："辩护律师自人民检察院对案件审查起诉之日起，可以查阅、摘抄、复制本案的案卷材料。其他辩护人经人民法院、人民检察院许可，也可以查阅、摘抄、复制上述材料。"对于辩护人查阅、摘抄、复制有关案卷材料的权利，理论界统称为阅卷权。根据 1996 年《刑事诉讼法》的规定，辩护人的阅卷权在审查起诉阶段仅限于诉讼文书和技术性鉴定材料。2012 年《刑事诉讼法》对辩护人在审查起诉阶段和审判阶段的阅卷权作了统一规定，其查阅、摘抄、复制的内容均为"本案的案卷材料"，包括证明犯罪嫌疑人、被告人有罪、无罪、罪轻、罪重的所有证据材料、诉讼文书。

四、调查取证权

辩护人的调查取证权包括三种权能：自行调查取证、申请调查取证或者参与人民检察院或者人民法院的调查取证。

(一) 辩护律师自行调查取证

根据《刑事诉讼法》第37条及《最高法解释》第50条的规定,辩护律师经证人或者其他有关单位和个人同意,可以向他们收集与本案有关的材料。辩护律师经人民检察院或者人民法院许可,并且经被害人或者其近亲属、被害人提供的证人同意,可以向他们收集与本案有关的材料。辩护律师申请向被害人及其近亲属、被害人提供的证人收集与本案有关的材料,人民法院认为确有必要的,应当准许,并签发准许调查书。

(二) 申请调查取证

辩护律师申请调查取证分两种情况:(1) 第一种是向人民法院申请收集、调取证据,或者申请人民法院通知证人出庭作证(《刑事诉讼法》第37条)。根据《最高法解释》第52条的规定,辩护律师直接申请人民法院收集、调取证据,人民法院认为辩护律师不宜或者不能向证人或者其他有关单位和个人收集、调取,并确有必要的,应当同意。辩护律师也可以在自行调查取证遭拒绝后申请人民法院调查取证。《最高法解释》第51条规定:辩护律师向证人或者其他有关单位和个人收集、调取与本案有关的材料,因证人、有关单位和个人不同意,申请人民法院收集、调取,人民法院认为有必要的,应当同意。辩护律师向人民法院申请调查取证时,都应当以书面形式提出,并说明申请的理由,列出需要调查问题的提纲。人民法院根据辩护律师的申请收集、调取的证据,应当及时复制移送申请人。(2) 第二种是向人民检察院申请收集、调取证据。《最高检规则》第52条第2款规定,辩护律师提出此类申请,人民检察院认为需要调查取证时,应当收集、调取;决定不予收集、调取的,应当书面说明理由。

(三) 参与调查取证

《刑事诉讼法》第191条规定:"法庭审理过程中,合议庭对证据有疑问的,可以宣布休庭,对证据进行调查核实。人民法院调查核实证据,可以进行勘验、检查、扣押、鉴定和查询、冻结。"第192条第1款规定:"法庭审理过程中,当事人和辩护人、诉讼代理人有权申请通知新的证人到庭,调取新的物证,申请重新鉴定或者勘验。"从理论上看,为保证调查取证的公正性,人民法院在进行上述庭外调查时,应当在双方当事人或者其律师在场的情况下进行。根据最高人民检察院和最高人民法院的相关规定,人民检察院和人民法院根据辩护律师的申请收集、调取证据时,申请人可以在场。这实际上是律师实现调查取证权的一种方式。

五、保守执业秘密权

《刑事诉讼法》第46条规定:"辩护律师对在执业活动中知悉的委托人的有

关情况和信息,有权予以保密。但是,辩护律师在执业活动中知悉委托人或者其他人,准备或者正在实施危害国家安全、公共安全以及严重危害他人人身安全的犯罪的,应当及时告知司法机关。"这是 2012 年《刑事诉讼法》新增的规定。普遍认为,此规定确立了辩护律师的执业秘密特免权。

✦ (一) 律师执业秘密特免权的一般原理

律师执业秘密特免权,是指律师对于其执业过程中知悉的有关案件情况、委托人秘密,享有拒绝向司法机关透露、作证的权利。律师执业秘密特免权属于特免权规则的一部分。所谓特免权规则,就是指某特定证人可以选择拒绝向法院等司法机关提供证言,或者允许某人阻止某特定证人向法院等司法机关提供证言的规则。特免权规则是与证人作证的普遍义务相对的规则。一般情况下,任何人都有向司法机关作证的义务。但是在特定情况下,特定的证人有权拒绝向司法机关提供证言,或者特定人员享有阻止特定证人向司法机关提供证言的权利,这就是特免权。

法理研析

律师职业秘密特免权的理论基础

之所以有律师职业特免权制度,主要是基于两方面的考虑:

首先,该制度是为了使当事人获得全面、有效的法律帮助。特免权制度豁免了律师就其执业过程中知悉的委托人秘密向司法机关作证的义务,从而可以打消委托人对律师知悉其秘密后向司法机关报告的顾虑。在没有这种顾虑的情况下,委托人才可能将其了解和掌握的全部案件情况向律师透露。只有在这一基础上,律师才可能为委托人提供全面、有效的法律帮助。

其次,律师职业秘密特免权制度也有助于提升律师职业的道德水准,有利于体现和提升律师职业的崇高性。在任何社会,背信弃义、背叛当事人、对当事人当面一套、背后一套,都是不诚实的行为,都是违反道德的。法律不仅不应当鼓励人们去做违反道德的事情,而且应当禁止这种行为。因此,如果法律要求、鼓励律师向司法机关告发自己的委托人、揭露委托人尚未被司法机关掌握的秘密,无疑是鼓励律师做背信弃义的事情。因此,法律禁止律师的这种行为,其意义就在于提升律师辩护职业的神圣性、崇高性。

✦ (二) 辩护律师执业秘密特免权的内容

律师职业秘密特免权的内容,是辩护律师对于在执业过程中知悉的委托人的有关情况和信息,有权保密。可见,保密是辩护律师的权利。在 2007 年修订的《律师法》中曾经规定,律师在执业活动中知悉的国家秘密、商业秘密和当事人隐私,应当保密。这是对律师提出的义务性要求,属于保守秘密的义务。将这两个规定结合起来,才构成辩护律师执业秘密特免权的完整内容。它包括两个组成部分:一是辩护律师自己有权保密;二是有关的当事人、委托人有权要求辩护律师保密。

保密的对象,既包括一般公众,更包括执法机关,包括人民法院、人民检察院和公安机关及其他侦查机关。根据规定,辩护律师不仅不能向一般公众透露其执业过程中知悉的当事人秘密,也不能向执法机关透露委托人秘密。当执法机关要求其披露这些秘密时,辩护律师有权拒绝透露;委托人有权阻止其透露。在法庭上,对于辩护律师在执业过程中知悉的事项,法庭不得传唤其到庭作证;如果已经传唤,辩护律师在法庭上可以拒绝就其在执业活动中知悉的委托人秘密向法庭作证;即使辩护律师愿意作证,其委托人(即被告人)也有权阻止其向法庭作证。

✦ (三)辩护律师执业秘密特免权的例外

 异域法制

英美律师执业秘密特免权的例外

在英美法系,律师—委托人特免权的例外,一般限定为以下几项情形:(1)犯罪或欺骗。即委托人向律师咨询的内容涉及将来的犯罪或欺骗行为,则不受特免权保护。(2)共同以已故委托人为由主张特免权。例如,在遗嘱案件中,争夺遗产的双方均以已故委托人为由拒绝披露立遗嘱人与律师之间的交流情况,则法庭将无从判断究竟哪一方的主张代表了立遗嘱人的真实意愿,因此双方均不得主张特免权。(3)违反义务。律师和委托人之间是一种委托代理关系,是一种基于合同而产生的权利义务关系,如果合同一方认为对方违反了合同义务,则双方交流的内容对于合同的解释至关重大,因此双方都不得主张特免权。(4)经律师见证的文书。律师—委托人特免权要求律师为委托人提供的是法律服务。律师见证文书与公证员见证的事项具有同质性,此时律师提供的不是法律服务而是对事实进行认证的业务,因此不享有特免权。(5)共同委托人。不同的委托人共同委托同一名律师提供法律服务,之后委托人之间发生纠纷,则不同的委托人各自均不得就其与律师之间的交流主张特免权。

从前引《刑事诉讼法》的规定来看,对于辩护律师执业秘密特免权这项制度而言,我国的辩护律师职业秘密特免权仅移植了英美律师—委托人特免权例外中的第一项例外。这是因为其他例外都主要适用于民事案件。同时,在英美法系,律师—委托人特免权的例外限定为未来的"犯罪或欺骗",也就是一切尚未发生的犯罪和欺骗行为都不属于特免权保护的范围，而不论该犯罪是否属于危害国家安全、公共安全和严重危害他人人身安全。根据我国刑事诉讼法的上述规定，辩护律师职业秘密特免权的例外，限定于危害国家安全、公共安全以及严重危害他人人身安全的犯罪。本书认为，英美的制度更加具有可操作性，因为其制度的分界线比较明确。只要是尚未发生的犯罪，都不属于律师职业秘密特免权的保护范围。我国的制度，对于何为"危害国家安全、公共安全和严重危害他人人身安全的犯罪"，并无清晰的标准。因此，本书倾向于认为，对于任何准备实施或者正在实施的犯罪，辩护律师都无权保密。但对于过去已经发生乃至刚刚发生的犯罪，无论是否涉及国家安全、公共安全以及他人人身安全，辩护律师都应当保守秘密。

六、申诉控告权

《刑事诉讼法》第47条规定："辩护人、诉讼代理人认为公安机关、人民检察院、人民法院及其工作人员阻碍其依法行使诉讼权利的，有权向同级或者上一级人民检察院申诉或者控告。人民检察院对申诉或者控告应当及时进行审查，情况属实的，通知有关机关予以纠正。"本条实际上规定了三项内容：(1) 辩护人、诉讼代理人认为公安机关、人民检察院、人民法院及其工作人员阻碍其依法行使诉讼权利的，有权向同级或上一级人民检察院申诉或者控告。申诉、控告的主体是辩护人、诉讼代理人。申诉、控告针对的客体是公安机关、人民检察院、人民法院及其工作人员阻碍其依法行使诉讼权利的行为，例如，应当安排会见而不安排会见、不在法律规定的时间内安排会见、会见时对律师进行监听或秘密录音、法庭上本应允许质证却不允许质证等。(2) 受理申诉、控告的主体是同级人民检察院或上一级人民检察院。之所以设置为同级人民检察院或上一级人民检察院，主要是考虑到检察机关同时是诉讼监督机关。对于公安机关、人民法院及其工作人员阻碍律师依法履行职务的行为，通常应当向同级人民检察院控告；对于人民检察院自身及其工作人员的行为，既可以向该人民检察院控告，也可以向其上一级人民检察院控告。(3) 人民检察院对申诉或者控告应当及时进行审查，情况属实的，应当通知有关机关纠正。

第五节 刑事诉讼代理

一、刑事诉讼代理制度的意义

刑事诉讼代理制度最主要的方面乃是被害人以及作为自诉人的被害人的代理。在实行国家垄断追诉或几乎垄断追诉的情况下，被告人成为刑事诉讼中瞩目的焦点，对被告人的保障也日益突出，比较而言，被害人在刑事诉讼中的地位则相对受到忽视。在美国曾经流传这样一条谚语:"Criminal justice is justice for criminals."意思就是"刑事公正就是对罪犯的公正"。这样就抛弃了对被害人伸张正义的要求,似乎完全遗忘了国家的刑罚权从源头上说本来应当是来自于私人的伸张正义的愿望。出于对犯罪被害人的关注,很多学者、社会团体呼吁赋予被害人在诉讼中更独立自主的地位和相应的权利。我国1996年修正的《刑事诉讼法》正是顺应这种潮流,将被害人规定为刑事诉讼中的当事人,并将"代理"作为专节加以规定,其中虽然也会涉及刑事被告人作为附带民事诉讼被告人以及自诉人的代理问题,但代理制度主要是为被害人一方的代理而设置。

二、委托人的范围及委托的时间

(一) 委托人的范围

根据《刑事诉讼法》第44条之规定,刑事诉讼中委托人的范围包括:(1) 公诉案件的被害人;(2) 公诉案件被害人的法定代理人;(3) 公诉案件被害人的近亲属;(4) 附带民事诉讼的当事人;(5) 附带民事诉讼当事人的法定代理人。

附带民事诉讼当事人及其法定代理人很可能属于辩护一方,因此其委托的诉讼代理人通常也就是辩护人。在此情况下,辩护人与代理人身份合一,其职责仍然主要是维护委托人的合法权益,但有所侧重:就其作为辩护人而言,其职责主要是提出证明犯罪嫌疑人、被告人具有无罪、罪轻或者免除处罚情节的材料和意见;就其作为代理人而言,因其维护的主要是被告人的民事利益,从而应当从民法角度论证其主张之合理性。在自诉案件当中,诉讼代理人同时起到帮助指控犯罪之作用,其角色有些类似英美国家之检察官,只不过英美检察官由政府委任,而我国自诉案件自诉人的代理人则由私人委任。在遇有被告人提起反诉之时,则自诉人成为反诉之被告人,其诉讼代理人要承担辩护人的责任。刑事诉讼中之代理,其繁复若此。

(二) 委托诉讼代理人的时间

《刑事诉讼法》第44条规定,公诉案件的被害人及其法定代理人或者近亲属、附带民事诉讼的当事人及其法定代理人,自案件移送审查起诉之日起,有权委托诉讼代理人。自诉案件的自诉人及其法定代理人、附带民事诉讼的当事人及其法定代理人,有权随时委托诉讼代理人。人民检察院自收到移送审查起诉的案件材料之日起3日以内,应当告知被害人及其法定代理人或者其近亲属、附带民事诉讼的当事人及其法定代理人有权委托诉讼代理人。人民法院自受理自诉案件之日起3日以内,应当告知自诉人及其法定代理人、附带民事诉讼的当事人及其法定代理人有权委托诉讼代理人。

三、诉讼代理人的范围

《刑事诉讼法》第45条规定:"委托诉讼代理人,参照本法第32条的规定执行。"《刑事诉讼法》第32条规定的是辩护人的范围,其中包括律师、人民团体或者犯罪嫌疑人、被告人所在单位推荐的人以及犯罪嫌疑人、被告人的监护人、亲友;此外还规定了正在被执行刑罚或者依法被剥夺、限制人身自由的人不得担任辩护人。但《刑事诉讼法》第45条之规定并非鼓励被害人委托被害人所在单位推荐的人或者犯罪嫌疑人、被告人的监护人、亲友担任其诉讼代理人。此规定应当解释为,除正在被执行刑罚或者依法被剥夺、限制人身自由的人以及依法应当回避的人以外,其他有诉讼行为能力之人,均在可以担任诉讼代理人之列。

第6章　证据与证明

【本章要义】 证据法的问题包括证据和证明两个方面。有关证据制度的规范，大体上分为证明力规范和证据资格规范，后者又称为可采性规范。证明力规范在历史上以法定证据制度闻名于世，也因其僵化及其与刑讯逼供的亲缘关系而最终遭到抛弃，目前存于世上的主要是英美法系以可采性为中心的证据资格规范。证明问题通常包括证明责任的分配、证明标准的表述与证明对象等问题。本章前三节阐述证据问题，包括可采性规则、证人作证义务与对证人的保护规则，以及非法证据排除规则。因证明对象问题更多地属于实体法问题，民事诉讼中的推定规则往往不适用于刑事诉讼，因此第四节和第五节仅阐述证明责任分配和证明标准的表述问题。

第一节　证据的可采性

一、可采性的含义

（一）可采性的含义

所谓证据的可采性，就是指证据被法庭所接受的资格（qualification）。[①] 换句话说，证据的可采性指的是证据能够进入法庭，能够被出示给事实裁判者的资格。因此，证据的可采性通常又被称为"证据资格"。在英美法系，证据资格又被称为证据能力。凡是有证据资格的证据，就具有可采性，也就可以进入法庭，可以被事实的裁判者看到、听到或感觉到。在英美法系，证据法的主要规范对象就是证据的可采性（admissibility），证据规则就是规范证据可采性的规则。

---

① Mark Reutlinger, *Evidence: Essential Terms and Concepts*, Aspen Law & Business, 1996, p.10.

✦ （二）可采性与定案根据

我国《刑事诉讼法》第 48 条第 3 款规定："证据必须经过查证属实,才能作为定案的根据。"此处规定不能理解为证据可采性的规定,因为证据可采性规则规范的是何种事实可以进入法庭,何种事实不可进入法庭;而上述规定规范的是已经进入法庭的证据中,何种证据可以作为定案根据的问题。该规定的含义是,法官必须对证据的证明力进行审慎的判断,只有那些经过审查之后感觉真实可靠的证据,才能作为定案的根据,也就是形成内心确信的基础。值得指出的是,证据力之大小及有无,本质上乃是法官自由判断之范围,法律无法进行详细之规范。该法条规定的要旨在于强调证据的客观性,即作为证据的事实必须与客观事实相符合;而并不是说只有查证属实的证据才具有证据资格和证明力。

关于证据可采性与定案根据之区别,可如图 6.1 所示。

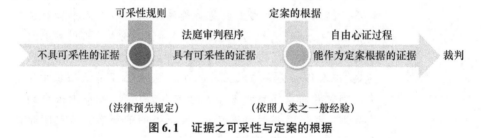

图 6.1　证据之可采性与定案的根据

✦ （三）可采性的条件

在英美法系,关于证据可采性的问题有两大公理:第一,所有逻辑上具有证明价值(即具有相关性)的证据都具有可采性;第二,除非由于特别规则或者特殊法律原则的原因而被排除,所有逻辑上具有证明性的证据,都具有可采性。① 证据可采性的第二个条件,理论上将其称为证据的"适格性"。以下将分别论述证据的相关性和证据的适格性。

二、证据的关联性

✦ （一）关联性的定义

在英美法系,证据具有可采性的第一个条件是必须具有关联性。《美国联邦证据规则》给关联性的定义是:"相关证据指证据具有某种趋势,使某一待确认的争议事的存在更有可能或更无可能。"②

根据这一定义,关联性的判断通常从两方面着手:（1）实质性。所谓实质性

---

① Wigmore, *Evidence*, pp.655—674.
② F. R. E. 401.

就是指证据所要证明的对象是否案件包含的事实。如果属于案件事实,则具有实质性;反之则不具有实质性。不过,一个证据所要证明的对象是否具有实质性并不由证据法规范,而是由相应的实体法规范。例如,就强奸罪而言,如果控诉方指控的是强奸成年妇女,那么,"性行为系经过同意"这样的证据就具有实质性,因为"是否违背妇女意志"属于强奸罪的实质性要件。但如果控诉方指控的是奸淫幼女,则"性行为系经过同意"这一证据不具有实质性。(2)证明性。关联性的第二个要求是该证据必须对所证明的事项的存在或不存在发生影响。联邦证据规则的说法是比起没有该证据时更有可能或更无可能的趋势,也就是说更有可能或更无可能的趋势是在有和没有这个证据之间进行的比较。

(二) 关联性的判断

关联性在法律上主要的功能是:将证据与主张结合起来,要求所有的主张都必须以证据为基础,同时所有证据的提出都必须以一定的主张为前提,这样将可避免无关的信息进入法庭,混淆视听,同时也可以防止诉讼的过分拖延,从而提高诉讼效率。因此,关联性概念是判断证据是否具有可采性的重要技术性标准。但同时,关联性的判断又在很大程度上依赖于人的经验和理性。

案例 6-1

在张三故意杀人案中,被告人在法庭上接受讯问时辩称自己杀死李四是基于防卫目的。他说他害怕李四。李四是一个乡派出所的所长。张三声称,自己之前曾经听说李四在将一个老头拘捕之后残忍地对他实施了虐待,并导致老头死亡。张三的证词(刑事被告人的辩解也可以归入广义的证言范畴)遭到控方反对,理由是没有关联性。但是法庭容许了张三的证词。之后,控方出示证据,证明该老头死于酗酒,并且在死亡后尸体上没有发现有任何伤痕。被告人提出反对,说这个证据与本案无关。因为,本案争议的焦点是被告人是否听说被害人虐待过老头,而不是被害人是否真的虐待过老头。

解说与点评:本案涉及张三关于其听说李四将老头虐待致死的证词和控方举出证据证明老头死于酗酒而不是死于警察虐待这两个证据。鉴于篇幅,本书仅分析第一个证据的关联性。本书认为,该案中被告人张三的证词具有关联性。原因是,首先,张三试图证明的事项是张三有防卫的意图,其证明的手段是通过举出证据证明张三对李四感到恐惧、害怕来间接证明其防卫意图;是否具有防卫意图属于故意杀人案件的犯罪构成要件,属于具有实质性的事实,因此张三举出的证据有实质性。

> 其次，张三的证词具有证明性。注意这里的证明性并不是说只要存在他听说李四将老头虐待致死这个事实就一定能将他有防卫意图这一事实证明到优势盖然性或排除合理怀疑的程度，而是说在比起张三没有听说李四将老头虐待致死的情形下，有这个事实时张三有防卫意图的可能性更大。
>
> 本案中第二个证据是否具有关联性分析起来也许会更有意思，这个问题还是留给同学们自己思考和讨论。

从上述案例分析的结果来看，证据法对证据关联性在证明性也就是证明力的要求上并不高。它其实就是一个有和无的问题。也就是说，在考虑关联性的时候，虽然不要求对证据的证明力大小进行判断，但是却应当对证明力的有无作出判断。关联性问题并不是一个可以离开证明力问题而独立存在的问题。另外，证据的关联性也不是证据的内部属性，而是外部属性。对此，美国联邦证据法咨询委员会对《联邦证据规则》的注释中明确指出："关联性并非任何一项证据的内在特征，而仅仅作为一项证据与案件中待证事实的关系而存在。"[1]英美证据法学者在论述证据的关联性的时候也坦白承认："关联性这一概念本身就显示出它不是证据的内在特征，而是作为证据与待证事实之间的关系而存在。"[2]

(三) 我国《刑事诉讼法》规定的证据关联性

《刑事诉讼法》第48条第1款规定："可以用于证明案件事实的材料，都是证据。"该规定虽未明确提到关联性这个概念，但是其意义，却与确立关联性规则并无区别，因为它已经初步包含了英美法系关联性概念包含的要素：实质性与证明性。"可以用于证明案件事实"这一表述，正是实质性与证明性的概括说法。首先，它限定了证据使用的范围，必须是用于证明案件事实，体现了关联性中的实质性要件；其次，它要求证据必须可以被用于证明案件事实，体现了关联性中的证明性要件。因此，尽管《刑事诉讼法》并未明确提到"关联性"，关联性要求却是嵌入到《刑事诉讼法》的相关规定当中。

三、证据的适格性

(一) 适格性的含义

凡具有适格性的证据都是适格证据。所谓适格证据是指"相关的不被排除

---

[1] Advisory Committee's Note to Federal Rule of Evidence 401.
[2] James, Relevancy, Probability and the Law, 29 *Calif. L. Rev.*, 689, (1941), p.690.

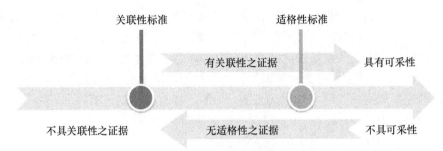

图 6.2 可采性证据

规则所排除从而具有可采性的证据。"① 在英美法系,证据除了必须具有关联性以外,还必须具有适格性,这就要求它不被排除规则所排除。排除规则包括两大类:一类是基于发现真实的考虑而设置的排除规则,另一类则是基于与发现真实无关的政策考虑而设置的排除规则。前者包括传闻的排除法则、意见的排除法则、品格证据的排除法则等内容;后者则包括特免权规则、非法证据排除规则等内容。

(二) 我国刑事诉讼中的证据适格性

在美国,《联邦证据规则》最主要的内容,就是规范以发现真实为目的设置的有关证据适格性的规则,其主要内容包括品格证据排除规则、特免权规则、意见证据排除规则、传闻证据排除规则、物证、书证的验真规则、文书证据的原始性规则等。英美证据法学的主要研究对象,也就是关于上述规则的历史渊源、规则内容、法理基础等。这些内容构成英美证据法的主体内容,也是证据法学的基本研究对象。因为这些规则在刑事诉讼、民事诉讼和行政诉讼中都是通用的,因此其证据法能够得以法典化,证据法学也成为一门独立的学科。至于非法证据排除规则,由于其对公民宪法权利的依赖性,因此经常放在宪法性刑事诉讼法学领域加以探讨。

我国并没有单独的证据法典。很长时期以来,我国并不存在对证据适格性加以规范的法律法规,甚至也没有这方面的司法解释。由于对被告人宪法权利重视不够,非法证据排除规则也基本上付诸阙如。但是最近十几年来,一方面,非法证据排除规则主见得到认可并得到发展,2010 年 6 月颁布的《关于办理刑事案件排除非法证据若干问题的规定》,就是这方面成就的一个体现;2012 年《刑事诉讼法》修改时吸收了这个法律文件中的大部分规定。另一方面,有关证据适格性的规定,在我国经过改头换面以后,以对证据的证明力进行审查判断的方式出现。2010 年颁布的《关于办理死刑案件审查判断证据若干问题的规定》,就是这方面成就的体现。

---

① Irving Younger, Michael Goldsmith, David A. Sonenshein, *Principles of Evidence*, 3rd Edition, p. 40.

本书认为,《关于办理死刑案件审查判断证据若干问题的规定》中的绝大多数规定,都在一定程度上移植了英美法系传统上以发现真实为目的设置的证据可采性规则,例如,关联性法则、意见证据排除法则、文书的原始性规则、物证、书证的验真规则、供述的自愿性规则等。对这些规则的了解与掌握,需要以对英美法系的证据规则的了解与掌握为前提,也需要对这些规则进行深入、系统的论述。本书限于主题与篇幅,拟不对这些规则进行讨论。①

(三) 行政程序中收集的证据的可采性

《刑事诉讼法》第 52 条第 1 款规定:"人民法院、人民检察院和公安机关有权向有关单位和个人收集、调取证据。有关单位和个人应当如实提供证据。"第 2 款规定:"行政机关在行政执法和查办案件过程中收集的物证、书证、视听资料、电子数据等证据材料,在刑事诉讼中可以作为证据使用。"其中第 2 款是 2012 年《刑事诉讼法》新增加的规定。之所以有此规定,主要是因为实务部门普遍存在一种误解,即行政机关查办案件过程中收集的证据在刑事诉讼中不具有可采性。事实上,如前所述,由于我国长期以来并不存在有关证据适格性的规则,有限的非法证据排除规则也不排除行政机关提供的证据,因此行政机关在行政执法和查办案件过程中收集的证据实际上都应当具有可采性。实务部门的误解起于何因已经不可考,但 2012 年《刑事诉讼法》新增的规定已经明确将这些证据纳入具有可采性的证据范围。

不过,根据上述规定,在行政执法和查办案件过程中收集的证据,只有物证、书证、视听资料、电子数据等实物证据,在刑事诉讼中具有可采性。《刑事诉讼法》第 48 条第 2 款规定的证人证言、被害人陈述、犯罪嫌疑人、被告人供述与辩解、鉴定意见、勘验、检查、辨认、侦查实验笔录等证据,仍然不具有可采性。本书认为,上述区分实属画蛇添足。如前所述,实务界关于行政机关在行政执法及查办案件过程中收集的证据在刑事诉讼中不具有可采性的看法本属误解。刑事诉讼法的规定只需要去除这种误解即可。但现有的规定不但没有去除误解,反而固化、加强了这种误解。

法理研析

行政机关在行政执法即查办案件过程中收集的证据需要转换吗?

按现有规定及司法实务,对于言词证据,主要是犯罪嫌疑人、被告人供述与辩解、被害人陈述、证人证言等证据,在案件进入刑事诉讼后仍然要由侦查机关

---

① 对证据可采性规则感兴趣的同学,可以参阅拙作:《证据法的体系与精神——以英美法为特别参照》,北京大学出版社 2010 年版。

重新取证,这就是通常所说的"证据转换"。本书认为,这种做法既不利于提高效率,又不利于保障人权。因为,重新取证的做法实际上等于对先前证据的重复提取,它的不效率是不言而喻的。同时,对于犯罪嫌疑人、被告人供述这种证据而言,如果行政执法机关在收集证据过程中有暴力、胁迫等行为,按照《刑事诉讼法》的规定,其证据属于非法证据,应当排除。但经过侦查机关的所谓"转化"以后,那些早先基于暴力、胁迫等手段获得的证据也就得到了"洗白";被告人要在法庭上证明自己后来提供的"自愿"的供述乃是先前遭到刑讯逼供的结果,将变得更为困难。要排除这种证据也更无可能。因此,实务中所谓"转换"的做法,其实并不可取。

第二节 证人作证义务与对证人的保护

一、作证义务与特免权

(一) 证人作证义务的一般原理

在西方社会,任何人皆有义务向法庭作证,这是一个普遍的公理。如果没有证人作证,法庭将无法正常运转,对正义的运送只能停止,社会也将趋于崩溃。因此,在需要的时候,以自己亲身感知的知识向法庭作证,这是每个人的基本义务,是订立社会契约时所作的基本承诺。

(二) 证人作证义务与特免权

每个人都有向法庭作证的义务,这是一项基本原则。但是在特定情况下、特定的个人享有免予向法庭作证的权利,这就是证言豁免权制度,又称"特免权"制度。之所以称"特免权",就是因为只有特定的人,基于特定身份关系,对案件特定内容,可以被豁免作证的义务。西方常见的特免权制度,主要有反对自我归罪的特免权、配偶特免权、夫妻交流特免权、律师—委托人交流特免权、信徒—神职人员特免权、心理医生—患者特免权、国防与外交秘密特免权、线人特免权等。[①] 所有这些制度都是以每个公民所负担的普遍作证义务为前提的。如果不存在这个义务,也就无所谓特免权。

(三) 中国刑事诉讼中的证人作证义务与特免权

《刑事诉讼法》第 60 条规定:"凡是知道案件情况的人,都有作证的义务。生理上、精神上有缺陷或者年幼,不能辨别是非、不能正确表达的人,不能作证人。"根据这一规定,凡是知道案件情况的人,都有作证的义务。该规定并没有

---

① 具体含义及相关制度设计,可参看易延友:《证据法的体系与精神——以英美法为特别参照》,北京大学出版社 2010 年版,第五章。

明确向谁作证的问题。在西方，作证义务是针对法庭的，政府在调查证人方面并没有优于被告人和辩护律师的任何权力，警察也不能对证人采取强制措施。在中国，法律并没有赋予警察对证人采取强制措施的权力。法律上，证人也没有配合警方调查的义务。但在实践中，警察对证人通常比较容易形成威慑，所以证人通常也愿意配合警方调查。

《刑事诉讼法》第59条规定："证人证言必须在法庭上经过公诉人、被害人和被告人、辩护人双方质证并且查实以后，才能作为定案的根据。法庭查明证人有意作伪证或者隐匿罪证的时候，应当依法处理。"根据这一规定，证人不仅有作证的义务，而且有出庭作证的义务。法律之所以先规定证人证言必须在法庭上质证，之后再规定证人作证义务，就是将作证义务建立在证人证言应当经过质证的基础上。由此可见，虽然法律没有明确宣示证人作证义务是基于向法庭作证的义务，但从法理上看，证人的作证义务应当仅仅是向法庭作证的义务。

中国刑事诉讼法没有明确赋予任何人证言特免权。但是《刑事诉讼法》第50条规定"不得强迫任何人证实他自己有罪"，第46条规定"辩护律师对在执业活动中知悉的委托人的有关情况和信息有权予以保密"，第188条规定"经人民法院通知，证人没有正当理由不出庭作证的，人民法院可以强制其到庭，但是被告人的配偶、父母、子女除外"，这三处规定实际上确立了反对自我归罪的特免权、律师—委托人交流信息特免权和夫妻、父母、子女特免权三项特免权。对于前两项特免权，理论上并无争议。但对于第三项规定是否确立了夫妻父母子女特免权，理论上尚有争议。本书认为确立了这项特免权。对于这些规定，本书分别在辩护与代理、侦查、审判等章节予以阐述，此处不赘。

二、对证人的保护

(一) 证人保护的一般原理

任何人不得因履行义务而招致不幸。正是基于此种考虑，各国对证人保护方面都比较一致。我国《刑事诉讼法》第61条规定："人民法院、人民检察院和公安机关应当保障证人及其近亲属的安全。""对证人及其近亲属进行威胁、侮辱、殴打或者打击报复，构成犯罪的，依法追究刑事责任；尚不够刑事处罚的，依法给予治安管理处罚。"该规定在1996年修订《刑事诉讼法》时就已经规定，但是由于没有具体的措施，一般认为这些规定对于证人保护而言仍远远不够。因此在2012年修订《刑事诉讼法》时又增加了一些具体化的措施。

(二) 特殊案件的特别保护措施

根据2012年《刑事诉讼法》第62条第1款的规定，对证人采取特殊保护措施的案件，包括危害国家安全犯罪案件、恐怖活动犯罪案件、黑社会性质的组织犯罪案件、毒品犯罪案件等案件。《刑事诉讼法》在此处再次使用了"危害国家安全犯罪"这一概念。本书认为,"危害国家安全的犯罪"不等于"危害国家安全罪",而是应当比危害国家安全罪范围略广的一个概念。具体可参考本书第十一章关于技术侦查的论述。

在上述案件中,对证人采取特殊保护措施的前提,是证人、鉴定人、被害人本人或其近亲属的人身安全面临危险。什么是"人身安全面临危险",需要执法者在具体案件中运用经验和理性作出具体的判断,法律既不可能确立一个统一的标准,实践中也不可能存在这样的标准。

对证人采取特殊保护的方式,包括:(1)不公开真实姓名、住址和工作单位等个人信息;(2)采取不暴露外貌、真实声音等出庭作证措施;(3)禁止特定的人员接触证人、鉴定人、被害人及其近亲属;(4)对人身和住宅采取专门性保护措施;以及(5)其他必要的保护措施。其中第五项属于概括性条款,又称"一网打尽条款",通常是在列举不尽的情况下所作的一种规定,防止挂一漏万。

根据《刑事诉讼法》第62条第2款的规定,证人、鉴定人、被害人认为因在诉讼中作证,本人或者其近亲属的人身安全面临危险的,可以向人民法院、人民检察院、公安机关请求予以保护。根据《刑事诉讼法》第62条第3款的规定,人民法院、人民检察院、公安机关依法采取保护措施的,有关单位和个人应当配合。

第三节 非法证据排除规则

一、非法证据排除规则概述

(一)非法证据排除规则的起源与发展

非法证据排除规则是英美法系最具争议性的规则,边沁曾经指出:"证据是正义的基础,排除证据就等于排除了正义。"①但是,非法证据排除规则还是随着时间的流逝成长起来,并且有逐步扩张之趋势。

异域法制

非法证据排除规则的起源与发展

关于非法证据必须予以排除的规则,主要起源于美国,并且也主要适用于美国的刑事审判。在美国,排除规则指的就是非法证据排除规则。它要求,凡是违

---

① Bentham, Rationale of Judicial Evidence, Part III, Chapter I.

反联邦宪法第四、第五和第六条修正案获得的证据,都必须予以排除。① 它的产生最早可以追溯到1886年。在这一年的博伊德诉美国一案中,联邦最高法院指出,以强迫方式披露的证据违反了联邦宪法第四修正案,因而通过这种手段获得的证据不得在法庭上出示。② 但是,联邦最高法院很快又背离了这一原则。事实上,直到1914年以前,在美国,非法获得的证据都是可以在法庭上出示的,因为普通法对非法证据的态度一直都是:"法律不管证据的手段究竟如何。哪怕它偷来的,也可以在法庭上采用。"③但从1914年开始,美国联邦最高法院又一次通过判例,确立了非法获得的证据必须予以排除的规则。④ 但是,这一规则最初也只适用于联邦法院。到20世纪60年代,这一规则才通过第14修正案适用于各州法院。⑤ 但经过几十年的发展,联邦最高法院又通过判例,先后确立了"诚信的例外"、"稀释的例外"、"独立来源的例外"和"最终必然发现的例外"四项例外。⑥

(二) 非法证据排除规则与公民宪法权利

如前所述,非法证据排除规则首次出现于1886年,正式确立于1914年,成熟壮大于1961年。如果从1961年算起,则在此之前一直回溯到美国宪法颁布的172年当中,美国并不存在系统性的非法证据排除规则。即使是在1961年马普案件判决的年代,当时很多州的法律都采取普通法的立场,即不在刑事审判中审查证据取得方式的合法与否。可见非法证据排除规则并不是美国联邦宪法的必然要求。与此同时,美国联邦最高法院还不断地声称,非法证据排除规则并非联邦宪法所要求。相反,"非法证据排除规则乃是司法的创造,并非宪法赋予被告人的权利"⑦。因此,与其说非法证据排除规则是宪法的一部分,不如说非法证据排除规则是为了防止公民宪法权利受到侵犯而设置的预防性规则。

尽管如此,美国非法证据排除规则的目的是为了保护犯罪嫌疑人、被告人宪法上的基本权利,这一命题却是毫无疑义的。换句话说,非法证据排除规则是基

---

① John F. Deters, *The Exclusionary Rule*, in 89 Geo. L. J. 1216.
② *Boyd v. United States*, 116 U. S. 616, 638 (1886).
③ 关于美国非法证据排除规则的历史发展及其含义,可参看 John F. Deters, The Exclusionary Rule, in 89 *Geo. L. J.* 1216; Laurence Naughton, Taking Back Our Streets: Attempts In The 104th Congress To Reform The Exclusionary Rule, 38 *B. C. L. Rev.* 205; Stephen J. Markman, *Six Observations On The Exclusionary Rule*, 20 Harv. J. L. & Pub. Pol'y 423; etc.
④ *Weeks v. United States*, 232 U. S. 383, 398 (1914).
⑤ *Mapp v. Ohio*, 367 U. S. 643, 655 (1961).
⑥ 确立"诚信的例外"的是 *United States v. Leon*, 468 U. S. 897, 920 (1984);确立"稀释的例外"的判例是 *Wong Sun v. United States*, 371 U. S. 471, 488 (1963);确立"独立来源的例外"的判例是 *Murray v. U. S.*, 487 U. S. 533, 537 (1988) & *Nix v. Williams*, 467 U. S. 431, 443 (1984);确立"最终必然发现的例外"的判例是 *Murray v. U. S.*, 487 U. S. 533, 537 (1988)。
⑦ *United State v. Calandra*, 414 U. S. 338, 347 (1974).

于保护公民宪法权利的目的而创设的;虽然它本身并非宪法权利的组成部分,但对于公民宪法权利的保护却至关重要。在此需要明确两个基本原则:首先,既然非法证据排除规则是为保护公民宪法权利而创设,那么,也只有在涉及公民宪法权利这样的重大利益的场合,才需要用到非法证据排除规则;对于其他比较轻微的、不触及公民宪法上的基本权利的警察违法行为,实际上是不需要非法证据排除规则的。其次,既然非法证据排除规则对于保护公民宪法权利如此重要,那么,一旦公民宪法权利受到侵犯,则相应的证据予以排除也就属于理所当然。

(三) 非法证据排除规则的理论基础

在马普案件中,美国联邦最高法院将非法证据排除规则的首要理由界定为"震慑",并解释说非法证据排除规则的目的"也就是通过消除执法官员藐视宪法的动机的方式就是震慑——该方式也是促使其遵守宪法的唯一有效的方式"。①

非法证据排除规则的第二个理论基础是"司法的纯洁性理论",该理论最初得到认可是在 1914 年的威克斯案件。在威克斯案件中,联邦最高法院指出,允许以违反宪法的方式获得的证据在法院作出的司法决定中使用无异于对违宪行为的确认和鼓励;在这样的场合,法院无异于违宪行为的同谋和帮凶;因此,"法官不应当以容许非法证据的方式玷污自己的双手"。②

在马普案中,美国联邦最高法院同时也提到了司法纯洁性理论,但自从马普案件之后,司法纯洁性理论就逐渐遭到抛弃。如今,占主流地位的理论认为,非法证据排除规则的首要基础仍然是"震慑"理论。

(四) 非法证据排除规则的适用范围

最简单的非法证据排除规则就是通过违反宪法的手段直接获得的非法证据应当予以排除。但是,对于间接渊源于非法手段的证据是否也要予以排除?

案例 6-2

毒树之果原理

警察纯粹凭怀疑被告人李四与一桩谋杀案有关而非法搜查了被告人的房间。搜查过程中,警察扣押了一本日记,该日记提到该谋杀案中的证人王五,王五后来同意在针对被告人李四的审判中出庭作证。根据

---

① *Mapp v. Ohio*, 367 U.S. 643, 655 (1961).
② *Weeks v. United States*, 232 U.S. 383, 398 (1914).

> 通常的排除规则原理,在对李四的审判中,该日记当然不具有可采性,因为它是该项非法搜查的直接结果。不过,王五的证言是否具有可采性呢?换句话说,依据违法手段获得的"第二手的"或者说"派生性的"证据,是否也应当予以排除呢?对此问题,联邦最高法院在 Silverthorne Lumber Co. v. United States 指出,无论是直接渊源于非法手段获得的证据,还是间接渊源于非法手段获得的证据,都应当予以排除。① 其理论基础是,无论是直接还是间接渊源于违宪手段的证据,都属于毒树上结出的果子,因此应予摘除。这就是著名的毒树之果原理。

值得注意的是,毒树之果原理强调的是无论直接渊源于非法行为还是间接渊源于非法行为的证据,都属于毒树之果,因此都需要排除。换句话说,在毒树之果原理中,构成毒树的乃是违法行为,而非违法行为获得的证据。

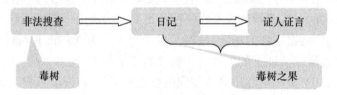

图 6.3　毒树之果原理示意图

(五) 非法证据排除规则的模式

美国的非法证据排除规则属于"自动排除"或"强制排除"模式,也就是说,法官对于一个非法证据是否应当予以排除并没有自由裁量权,一旦一个证据被认定为非法证据且不属于判例设定的例外情形,法官就必须予以排除,所以称为"自动排除"或"强制排除"。

但在英国,一直到 1968 年,非法获得的证据必须予以自动排除的规则仍然仅限于口供。② 但是,在 1984 年《警察与刑事证据法》颁布后,法官对于非法获得的证据可以以其将产生对被告人不利的不公平推论为由自由地予以排除。③ 但是,英国仍然没有美国式的将所有非法证据自动排除的规则。在德国,非法证

---

① Silverthorne Lumber Co. v. United States, 251 U. S. 385 (1920).
② Glanville Williams, *The Proof of Guilt: A Study of the English Criminal Trial*, Stevens & Sons, third edition, London, 1963, p.212. "The only case where a confession is automatically excluded from evidence by law is where it has been obtained by a promise or a threat relating to the charge and made by a person in autority."
③ See Police and Criminal Evidence Act 1984, s. 78; See also, Peter Murphy, *Murphy on Evidence*, 7th edition, Blackstone Press Limited, London, 2000, p.97.

据仅在两种情况下予以排除：一是法院认定一个证据属于以暴力、欺骗手段获得的情形；二是法院认定该证据尽管不属于以暴力或欺骗手段获得，但是以侵犯被告人受宪法保护的隐私权的方式取得。[①] 在第一种情形下，法官必须将非法证据予以排除；在第二种情形下，法官应当在保护被告人隐私与该证据的重要性以及被告人被指控犯罪的严重性之间进行衡量，并采取逐案审查的方法，以确定是否排除非法证据，也就是裁量排除的方式。

二、我国非法证据排除的范围与模式

我国《刑事诉讼法》第 54 条第 1 款规定："采用刑讯逼供等非法方法收集的犯罪嫌疑人、被告人供述和采用暴力、威胁等非法方法收集的证人证言、被害人陈述，应当予以排除。收集物证、书证不符合法定程序，可能严重影响司法公正的，应当予以补正或者作出合理解释；不能补正或者作出合理解释的，对该证据应当予以排除。"据此规定，对于非法言词证据和非法收集的实物证据，法律采取了不同的态度和不同的排除方式。

(一) 非法言词证据的排除范围与方式

法律将非法言词证据分为三大类：一是犯罪嫌疑人、被告人供述，二是被害人陈述，三是证人证言。也就是说，根据我国《刑事诉讼法》的规定，不仅犯罪嫌疑人、被告人的供述属于非法证据排除规则的适用范围，而且被害人陈述、证人证言也属于非法证据排除规则的适用范围。在具体的适用范围上，对于犯罪嫌疑人、被告人供述，《刑事诉讼法》限定为以采用刑讯逼供等方法；对于被害人陈述和证人证言，法律限定为以暴力等方法。这一区分的理由，主要是犯罪嫌疑人、被告人在刑事诉讼中的地位不同，其所可能遭受的非法对待的方式也不同。

对于以刑讯逼供等非法方法获得的犯罪嫌疑人、被告人供述，以及以暴力、威胁等方法获得的被害人陈述、证人证言，法律采取了强制排除的立场，也就是法官对于排除还是不排除不享有自由裁量权。

(二) 非法实物证据的排除

根据前述《刑事诉讼法》第 54 条的规定，对于以非法方法收集的物证和书证，法律规定了三种处理方式：(1) 予以补正；(2) 作出合理解释；(3) 予以排除。据此，对于实物证据的排除必须同时满足两个条件：(1) 收集的物证、书证不符合法定程序，可能严重影响司法公正；(2) 不能补正或作出合理解释。

因此，对于收集物证、书证不符合法定程序、从而可能严重影响司法公正的，首先必须允许侦查机关补正，在无法补正的情况下，应当允许侦查机关作出合理

---

① Craig M. Bradley, The Exclusionary Rule In Germany, *Harvard Law Review*, March, 1983, p. 1034.

解释;只有在既不能补正,也不能作出合理解释的情况下,才予以排除。

三、非法证据排除的程序

(一)非法证据排除程序的启动

根据《刑事诉讼法》第 56 条的规定,法庭审理过程中,审判人员认为可能存在《刑事诉讼法》第 54 条规定的以非法方法收集证据情形的,应当对证据收集的合法性进行法庭调查。当事人及其辩护人、诉讼代理人有权申请人民法院对以非法方法收集的证据依法予以排除。申请排除以非法方法收集的证据的,应当提供相关线索或者材料。

根据上述规定,非法证据排除规则的启动有两种模式:一种是法庭主动对证据的合法性进行审查;另一种是当事人及其辩护人、诉讼代理人申请法庭对证据的合法性进行审查。在第二种模式下,当事人及其辩护人、诉讼代理人应当提供相关线索或者材料。根据《关于办理刑事案件排除非法证据若干问题的规定》第 6 条,被告人及其辩护人提出被告人审判前供述是非法取得的,法庭应当要求其提供涉嫌非法取证的人员、时间、地点、方式、内容等相关线索或者证据。根据上述规定,所谓"线索或材料",主要就是涉嫌非法取证的人员的姓名、年龄、身高、长相,以及涉嫌非法取证的时间、地点、方式、内容等。

(二)证据合法性的证明

根据《刑事诉讼法》第 57 条和《关于办理刑事案件排除非法证据若干问题的规定》第 7 条的规定,在法庭审判阶段,证据合法性的证明责任由人民检察院承担。人民检察院证明证据合法性的步骤如下:(1)第一步,通常以现有证据材料证明证据的合法性,例如讯问笔录、原始的讯问过程录音录像等;(2)第二步,在现有材料仍不能证明证据合法性的情况下,人民检察院可提请人民法院通知讯问时其他在场人员或者其他证人出庭作证;(3)第三步,在走完前两步仍不能排除证据为非法取得的情况下,可以提请法庭通知讯问人员或其他侦查人员出庭作证,对犯罪嫌疑人、被告人供述、被害人陈述、证人证言、物证、书证等证据的合法性予以证明。

根据《关于办理刑事案件排除非法证据若干问题的规定》第 7 条第 3 款的规定,公诉人提交加盖公章的说明材料,未经有关讯问人员签名或者盖章,不能作为证明取证程序合法的证据。换句话说,没有讯问人员签名或盖章的说明材料不具有可采性。但是,经过讯问人员签名或盖章的说明材料,具有可采性。当然,具有可采性的证据,不一定就能起到完成举证责任的效果。这种书面材料的真实性、可靠性,仍然要通过法庭审理、经过双方质证、辨认,才能确定是否可以作为定案的根据。

根据《刑事诉讼法》第 58 条的规定,对于经过法庭审理,确认或者不能排除存在《刑事诉讼法》第 54 条规定的以非法方法收集证据情形的,对有关证据应当予以排除。

第四节 证明责任的分配

一、证明责任分配的基本原理

(一)古代罗马法上之证明责任

古罗马法谚云:"法官只知法,事实须证明。"[1]既须证明,自然产生证明责任问题。从有关文献来看,古罗马的诉讼中,原告承担证明责任。因为"原告不举证,被告即开释"[2]。意思就是,原告在诉讼中负有举证责任,如不履行责任,被告将获得胜诉。但是,这一原则显然仅仅解决证明责任分配的一部分问题,如果原告举出证据,被告加以反驳,并提出新的主张与事实,此时当如何处理?罗马法谚云:"谁主张,谁举证。"因此,提出主张之人有举证责任。但主张有肯定性主张与否定性主张之分,若原告提出一诉讼主张,被告予以否认,实际上也是在提出主张,是否均应负举证责任?罗马法谚云:"否认者不负举证责任。"[3]又:"凡事应为否认人之利益推定之。"此谚语经法律家解释为:"举证责任在于肯定主张之人而不存在于否定之人。"[4]

(二)证明责任的基本含义

根据以上格言可见,在古代罗马法上,证明责任即举证责任,其含义是指诉讼过程中原被告双方必须举出一定证据证明自己提出的诉讼主张,在不能完成该义务时负担败诉风险的责任。从这一概念看出,证明责任首先与诉讼主张联系在一起,没有诉讼主张,不产生证明责任;其次,证明责任是一种义务,它是提出证据支持并证明自己的诉讼主张的义务;最后,证明责任表现为一种风险机制,它在本质上是当事人对于自己的诉讼主张不能提供相应证据加以证明时所负担的败诉风险。

古代罗马法上证明责任的分配,乃是近现代各国诉讼法上证明责任分配之开端。由于各国法律及政策之不同,以及诉讼模式之差异,使得在有些诉讼制度下,法官得自行收集证据,从而减轻当事人之证明责任;在另一些诉讼制度下,则完全采取当事人主义,因此证明责任完全由当事人承担,由此而导致各国证明责

---

[1] 黄风编著:《罗马法词典》,法律出版社 2002 年版,第 137 页。
[2] 同上书,第 21 页。
[3] 同上书,第 183 页。
[4] 李学灯著:《证据法比较研究》,台湾五南图书出版公司 1995 年版,第 69 页。

任之分配并非完全一致。

二、英美刑事诉讼中的证明责任

(一)英美法系关于证明责任的两个概念①

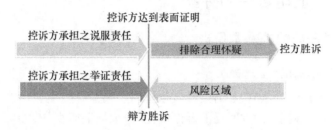

图6.4 英美法系说服责任与举证责任之关系及其在诉讼中之分配

英美法系证明责任制度包含两个关键性概念:一是说服责任,二是举证责任。说服责任(burden of persuasion)是在整个诉讼过程中,提出证据证明主张事实之各个要素并使事实的裁判者相信该事实存在的责任。在刑事诉讼中,就是证明犯罪构成各项要件存在的责任。举证责任(burden of production)则是当事人在诉讼的不同阶段提出证据证明所主张或所反驳的事实使法庭相信该事实存在的责任。二者的区别表现在:在刑事诉讼中,说服责任永远由控诉方承担,举证责任则可以在控诉方与被告人之间转移;说服责任对应的是整个案件事实,举证责任则可以是特定的案件事实,也可以是某个案件事实的某一方面;说服责任相应的证明标准是排除合理怀疑,举证责任的证明标准则因不同的当事人而异:对控诉方而言,由于他在总体上必须将案件事实证明到排除合理怀疑的程度,所以对他的证明要求比较高,对被告人而言,则只需要对控诉方所主张的事实提出合理怀疑即可。

(二)英美法系刑事诉讼中证明责任之分担

在刑事诉讼中,控诉方必须对指控犯罪事实的全部要件承担证明责任,而且都必须证明到排除合理怀疑的程度。这是控诉方承担的说服责任。被告方不承担说服责任,但是在诉讼的不同阶段,被告方承担一定的举证责任。被告方对阻却违法性事实(包括正当防卫、紧急避险、不可抗力、意外事件)、精神病等事实承担举证责任。被告方的举证仅限于提出合理解释,在被告方提出这一主张并举出相应证据后,控诉方有义务加以反驳,并且必须将与被告方提出的事实相反的结论证明到排除合理怀疑的程度。

---

① 关于英美法中证明责任之概念主要参见 Peter Murphy, *Murphy on Evidence*, Blackstone Press, 2000.

> **案例6-3**
>
> **英国刑事诉讼中证明责任的分配**
>
> 　　被告人被指控开枪谋杀自己的妻子。被告人辩解说是因为枪走火。在法庭辩论结束时，法官指示陪审团说：一旦检察官证明了被害人的死亡是由于被告人的行为所造成，被告人就必须证明其行为不是谋杀。这一指示被上院认为是错误的指示，该案被发回重审。维斯康特·桑克为此案判决写的理由是："在英国刑法之网中有一条可以经常看到的金线，那就是，控诉方有义务证明被告人有罪……如果在案件结束时，就案件整体而言，对于被告人杀死被害人是否出于主观上的故意这一问题，还存在着任何合理的怀疑，这种怀疑不论是由控诉方所提出，还是由被告人所提出，都应当认为，控诉方没有完成对案件的证明，从而应当将被告人无罪释放。不论指控的内容如何以及在何处审判，被告人有罪的事实都应当由控诉方承担，这是英国普通法的一部分，而且任何试图损害这一原则的努力都不会得逞！"[1]

三、我国刑事诉讼中的证明责任

　　根据我国《刑事诉讼法》及有关法律解释的规定，对我国刑事诉讼中证明责任的承担可作如下概括。

（一）控诉方负说服责任

　　《刑事诉讼法》第49条规定："公诉案件被告人有罪的举证责任由人民检察院承担，自诉案件中被告人有罪的举证责任由自诉人承担。"这是2012年《刑事诉讼法》修订时新增的规定，该规定明确了刑事诉讼证明责任分配的基本原则：在一切案件中，被告人有罪的举证责任均由控诉方承担；其中，公诉案件举证责任由人民检察院承担，自诉案件举证责任由自诉人承担。

　　与上述举证责任分配的原则相适应，《刑事诉讼法》第195条规定，在被告人最后陈述后，审判长宣布休庭，合议庭进行评议，根据已经查明的事实、证据和有关的法律规定，分别作出以下判决：(1) 案件事实清楚，证据确实、充分，依据法律认定被告人有罪的，应当作出有罪判决；(2) 依据法律认定被告人无罪的，应当作出无罪判决；(3) 证据不足，不能认定被告人有罪的，应当作出证据不足、

---

[1] *Woolmington v. DPP*【1935】AC 462.

指控的犯罪不能成立的无罪判决。第 205 条规定:人民法院对自诉案件进行审查后,对于缺乏罪证的自诉案件,如果自诉人提不出补充证据,应当说服自诉人撤回自诉,或者裁定驳回。上述规定表明,对于指控犯罪事实的各个要件,以及可以成为法律上规定加重处罚理由的事实或情节,控诉方(包括公诉案件的公诉人和自诉案件的自诉人)自始至终承担说服责任。

(二) 控诉方负举证责任

我国《刑事诉讼法》明确规定,庭审前,公诉机关要将证据目录、证人名单和主要证据复印件或者照片提交法院;在法庭审理中,公诉人必须通过讯问被告人、向被害人、证人、鉴定人等发问,申请传唤证人、鉴定人出庭作证,出示证据、宣读未到庭证人的书面证言等方式,承担提供证据证明其指控成立的责任;在控诉方未完成其说服责任时,法院将作出证据不足、指控的犯罪不能成立的判决,这是控诉方承担的举证不能的风险。对于自诉人而言,他也必须提供证据证明指控的犯罪事实,否则,在庭前审查阶段,其案件将不予受理;在审判阶段,将产生败诉的风险。

(三) 被告人承担有限举证责任

第一,对于阻却违法性的事实,被告方负有举证责任。阻却违法性事实包括正当防卫、紧急避险、意外事件和不可抗力。第二,对于可构成法律上减轻、从轻或免除处罚情节的事实,被告方也负有举证责任。但是对于此种事实,被告方只需要证明到该事实存在的可能性大于不可能性的程度即可,不需要像控诉方那样将事实证明到排除合理怀疑的程度。必须强调指出的是,无论在何种情况下,被告人都不承担说服责任。而且,被告人承担的举证责任也是有限责任,这种责任的有限性体现在两个方面:一是证明的程度,只需要达到使裁判者对不利于被告人的事实产生合理怀疑的程度;二是被告人完成该责任的方式,是一种非强制性方式,被告人可以举证,也可以不举证,举证既是被告人特定条件下的义务,同时也是被告人的权利;在被告人不举证的情况下,法院对被告人不利的事实的认定也必须综合整个案件的证据情况,不能因为被告人未举证就认定被告人有罪。

对于我国刑事诉讼中举证责任之承担,可如图所示:

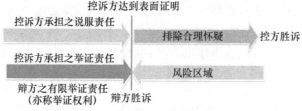

图 6.5 我国刑事诉讼中证明责任之分配

 **法理研析**

真有所谓"举证责任倒置"吗？

举证责任倒置，又称证明责任分配之例外，是法律对主张与举证相互统一原则的重大修正，是对法律确定之一般举证责任原则在法律范围内的违反。[①] 具体而言，依照我国《刑事诉讼法》之规定，通常情况下被告人不承担说服责任，如果某一实体法特别规定被告人必须承担说服责任，则理论上称之为"举证责任倒置"或"证明责任倒置"。

我国刑事诉讼中是否存在证明责任倒置的问题，主要涉及《刑法》中的两个条文。首先，《刑法》第 395 条规定："国家工作人员的财产或者支出明显超过合法收入，差额巨大的，可以责令说明来源。本人不能说明其来源是合法的，差额部分以非法所得论。"最高人民法院司法解释将这一规定的罪名概括为"巨额财产来源不明罪"。有论著认为，巨额财产来源不明罪案件的证明责任分配实际上就是证明责任的倒置。本书认为，这种观点是对举证责任倒置的一种误解。因为，所谓举证责任倒置就是：依据一般原则，当事人不承担举证责任，而作为特例，该当事人承担举证责任了，这才是举证责任倒置。但是实际上，在巨额财产来源不明的情况下，首先是控诉方提出证据证明被告人拥有巨额财产系非法所得，然后才由被告方举证证明其来源合法。这完全是举证责任分配的一种通常模式，而不是例外情况，所以不能称为举证责任的倒置。笔者也注意到，前述观点关于证明责任、举证责任之概念，与笔者所持之相关概念并非一致。但笔者认为这并不影响上述案件中关于举证责任倒置问题的探讨。

其次，《刑法》第 282 条第 2 款规定："非法持有属于国家绝密、机密的文件、资料或者其他物品，拒不说明来源与用途的，处 3 年以下有期徒刑、拘役或者管制。"最高人民法院司法解释将这一规定的罪名概括为非法持有国家绝密、机密文件资料、物品罪。对此一规定，同样不构成证明责任倒置。因为在此类案件中，从总体上看，公诉机关仍然承担着证明其主张成立的证明责任，公诉机关必须自始至终地说服审判者相信存在着被告人非法持有国家绝密、机密文件资料或物品这一事实的存在；在诉讼的开始阶段，公诉机关仍然要首先证明被告人持有属于国家绝密或机密的文件、资料或物品；在这一前提下，被告人承担有限的举证责任，其义务仅限于说明其持有的上述文件、资料或物品合法，并且一旦被告人完成其说明义务，控诉方即有义务提出证据证明被告人的说法不成立，否则控诉方要承担败诉之风险。因此，在这类案件中，并不存在所谓举证责任倒置的问题。

[①] 对于举证责任倒置，有论著称为举证责任分配的例外，参阅陈一云主编：《证据学》，中国人民大学出版社 2000 年版，第 172 页。

第五节 证明标准

一、证明标准的概念与实质

(一) 证明标准的概念

根据墨菲的论述,证明标准是对证据对于事实裁判者所能产生的对法庭事实的主观印象所必须达到的确定性或可能性程度,是承担证明责任之当事人为赢得案件,或者为获得某一特定事项之有利裁决,而必须对事实裁判者说服的程度。① 换句话说,证明标准就是指承担证明责任的当事方为完成其证明责任、避免承担其主张不能成立之后果而对其主张应当予以证明,从而使法官对其主张之事实产生确信的程度。简而言之,证明标准就是说服的程度。

(二) 证明标准与内心确信的程度

证明标准虽然是对举证方在证据质量和数量方面的要求,这种要求却不是直接针对证据而提出,而是针对法官内心确信的程度而提出。它要求的是举证方对于其证据在说服法官相信其所主张的事实存在应当达到的程度。因此,证明标准表述的是人类对于某种特定主张确信的程度。

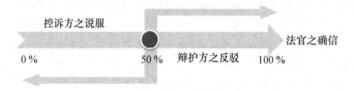

图 6.6 盖然性(可能性)程度

从认知心理学的角度而言,确信的程度是分为不同等级的。根据美国证据法学者的阐述,确信的程度可以分为九个等级:第一等级为无线索,也就是没有任何根据,确信度为零,不足以采取任何法律行动;第二等级为怀疑(Suspicion),即轻微的相信,可以开始侦查;第三等级为合理怀疑(reasonable doubt),或称有理由的怀疑,可以将被告人无罪释放;第四等级为合理地相信(reasonable belief),适用于拦截和拍身搜查;第五等级为合理根据,又称可成立的理由(probable cause),适用于签发逮捕令状、实施无证逮捕、搜查和扣押,大陪审团签发起诉书和检察官签发起诉书、撤销缓刑和假释等情况;第六等级是优势证据,通常用于民事诉讼的判决和刑事诉讼中认可辩护理由;第七等级是清晰和有说服力的证据,在某些州的民事诉讼中对于特定案件的证明会由此要求;第八等级是排

---

① Peter Murphy, *Murphy on Evidence*, Blackstone Press Limited, 7th Edition, p.119.

除合理怀疑,通常为刑事诉讼中定罪所要求;第九等级为绝对确定,理论上通常认为这一要求无法实现,因此无论基于何种法律目的均不得提出此等要求。①

（三）证明标准的表述

如上所述,人类确信的程度大体上可以分为九个等级。但是,并不是说这九个等级均属于法律所规定的证明标准。事实上,证明标准的说法在英美的证据法中通常只适用于审判的场合,也就是只适用于存在着正式证明的场合。在美国法上经常提到的有关证明标准的表述主要为三种:优势证明、清晰可信的证明和排除合理怀疑的证明。② 其他六种说法与其说是证明标准,不如说是采取特定法律行动需要的内心确信程度。严格说来并不属于证明标准的范畴。

刑事诉讼中犯罪的证明标准为排除合理怀疑。排除合理怀疑的说法起源于1700年代,而且一开始仅适用于刑事诉讼中的死刑案件。在1770年的一个案件中,检察官总结说:"(如果你们认为)证据没有使你们确信到排除合理怀疑的程度",那么你们可以将被告人无罪释放。但是,在这个案件中,法官对陪审团的指示仍然是:"如果从总体上看,你们对被告人的定罪存在任何怀疑,我们都必须按照法律规定,宣告被告人无罪"。也是从这个案件以后,排除合理怀疑的标准得到普遍采用,虽然其他的说法也仍然流行了一段时间。

二、我国刑事诉讼中的证明标准

（一）我国刑事诉讼法对证明标准之表述

尽管证明标准的实现主要依赖于法官的内心确信,各国法律上却不得不对证明标准有所规定。法律上对证明标准的规定,实际上就是证明标准的法律表述。必须指出的是,不管法律怎么规定,最终实践证明标准的还是法官的内心确信。但是,一个表述科学的法律规定,可以有助于比较恰当的证明标准在实践中的实现;一个表述不科学的规定,则很可能造成司法实践中无所适从的情形。因此,证明标准的法律表述虽然并不真正代表实践中的证明标准,但是却在一定程度上影响着立法者期望的证明标准的实现。因此,研究立法上应当如何表述证明标准这一问题,仍然有理论和实践的意义。

2012年《刑事诉讼法》第53条第1款将定罪的证明标准表述为"证据确实充分";第195条第1项将定罪的证明标准表述为"案件事实清楚、证据确实充分"。本书认为,案件事实清楚,乃是证据确实充分达到的效果,并不是证据确实充分的解释或深化,因此,我国刑事诉讼中定罪的证明标准,就是"证据确实

---

① 卞建林:《美国刑事诉讼简介》,载《美国联邦刑事诉讼规则和证据规则》,中国政法大学出版社1996年版。
② Kevin M. Clermont, Standards of Proof Revisited, 33 *Vermont Law Review*, Spring, 2009, p.469.

充分"。根据《刑事诉讼法》第53条第2款的规定,所谓证据确实充分,应当同时满足三个条件:(1)定罪量刑的事实都有证据证明;(2)据以定案的证据均经法定程序查证属实;(3)综合全案证据,对所认定事实已排除合理怀疑。

根据以上规定,我国刑事诉讼证明标准的表述与西方国家证明标准的表述虽然存在着一定的区别,但是其在具体含义方面却不约而同。甚至也可以说,我国刑事诉讼中定罪的证明标准和西方国家定罪的证明标准的表述已经趋于一致。尽管《刑事诉讼法》第53条第1款的规定将证明标准表述为证据确实充分,但在第2款又将证据确实充分解释为必须满足排除合理怀疑,可见证据确实充分与排除合理怀疑实际上是一致的。因此,也可以理解为我国证明标准已经界定为排除合理怀疑。

(二)证明标准与自由心证

当代大部分国家刑事诉讼证明标准都已经摆脱了法定证据制度的束缚,法律虽然对证明标准有一定要求,但是由于证明标准所依赖的"确定性"、"可能性"等概念本身具有的抽象特征,除非像法定证据制度那样从数量方面严格限定,否则无法进行有效的控制,因此,实际上证明标准几乎完全是由法官通过自由心证来实现的。

法制溯源

自由心证证据制度

自由心证,又称内心确信,源自法文 l'intime conviction,日文译为自由心证,英文译为 free evaluation of evidence through inner conviction,是指证据的取舍和证明力的大小,以及案件事实的认定,均由法官根据自己的良心、理性自由判断,形成确信的一种证据制度。其核心内容是对于各种证据的真伪、证明力的大小以及案件事实如何认定,法律并不作具体规定,完全听凭法官根据理性和良心的指示,自由地判断。法官通过对证据的审查在思想中所形成的信念,就叫做"心证","心证"达到无任何合理怀疑的程度,叫做"确信"。法官通过自由判断证据所形成的"内心确信"这样一种心理状态,就是作出判决的直接依据。① 无论是自由心证,还是内心确信,讲究的都是法官对证据之证明力进行自由判断,同时也包含着对控辩双方是否完成证明标准进行自由判断之意义。

---

① 参阅拙作:《对自由心证哲学基础的再思考》,载《比较法研究》1998年第2期,第189页。

既然证明标准的判断完全委任给法官,则自然难免发生主观臆断之危险。因此,自由心证不能独立生存,它必须以对法官心证进行约束为必要前提。在西方,对法官心证的约束来自很多方面,例如,在英美国家,法官与陪审团分别行使适用法律与认定事实的权力,审判权实际上被分割为两部分分别由不同的主体来行使;表面上看法官仅负责适用法律,陪审团仅负责认定事实,但实际上法官可以通过对证据的排除影响陪审团对事实的认定,陪审团也可以通过"取消法律"这一权力的行使,使他们不喜欢的法律实际上无效。因此,法官与陪审团实际上共同行使着认定事实与适用法律之权,从而使二者的权力均得到适当约束,并保证着自由心证中的"自由"不被滥用。在大陆法系,外行法官对审判程序的普遍参与,也使得无论是外行法官还是专业法官认定事实的权力得到必要的约束。更为重要的是,无论大陆法系还是英美法系,均实行证据裁判主义。

 法制溯源

证据裁判主义

所谓证据裁判主义,是指认定事实之法官对于案件事实所形成之内心确信这种心理状态应从有证据能力的证据得来。① 自由心证允许法官自由判断的是证据的价值即证明力,而不是证据能力。没有证据能力的证据,既不能作为认定事实之根据,也就不允许依据这种没有证据能力的证据所产生的心证去判断证据的证明力。对此,我国台湾学者指出:"如许以心证判断无证据能力证据之证明力,使依心证而创造证据能力,无异舍本求末,倒因为果,与自由心证主义之旨趣有背。因之,自由心证,系由有证据能力之证据而产生……无证据能力之证据,既不得作为判断之依据,固毋庸加以调查,即经调查后,始发现其无证据能力者,亦不得本其调查所得之心证,而判断其证明力。"②

(三)"留有余地"之判决

"留有余地"之判决是我国刑事司法实践中的一种独特现象,其具体含义很难确切界定,大致意思是,当一个案件没有达到法律所要求的定罪标准(即"犯罪事实清楚、证据确实充分"),而人民检察院又坚持起诉时,人民法院对被告人所作的一种折中判决:即一方面认定其有罪,另一方面对其减轻或从轻处罚。它有一点类似中国古代之"疑罪从轻"的制度,即在罪行有无存在疑问时对被告人

---

① 如我国台湾"刑事诉讼法"第154条规定:"犯罪事实应以证据认定之,无证据不得推定其犯罪事实。"对此,台湾学者有的称之为"证据审判主义"。参阅黄东熊、吴景芳著:《刑事诉讼法论》,台湾三民书局2002年版,第341页。
② 陈朴生:《刑事证据法》,台湾三民书局1979年版,第550页。

作从轻处理的制度。

此类判决较多地存在于死刑案件中,尤其是杀人罪、抢劫罪、强奸罪等案件中。在这些案件中,一方面,案情比较重大,影响比较恶劣,因此公安机关破案压力比较大;在这样的前提下,公安机关通常可能会采用一些比较特别的手段,最终将案件予以"侦破",以便向上司"交代"。案件侦破后,同样会由人民检察院提起公诉。由于案情重大,这样的案件很可能在侦查阶段检察机关即已介入,因此,即使案件存在疑点,人民检察院通常也会提起公诉。案件进入审判阶段,人民法院也会按通常程序予以审判。但是,仍然是由于案情重大之缘故,人民法院亦很可能在侦查阶段即在"政法委员会"的统一协调下介入案件,因此,一旦案件起诉至人民法院,该人民法院通常会按照政法委员会的"统一部署",对案件作出不利于被告之裁判,通常为判处被告人死刑立即执行。被告人通常会上诉至高级人民法院。高级人民法院因并未"提前介入"该案之侦查,因此总会以审视的眼光来审查这一案件,从而也就容易发现案中之疑点。按照第二审程序之规定,第二审人民法院对第一审人民法院判决既可以发回重审,也可以直接改判。有些高级人民法院会将案件发回重审;有些高级人民法院可能考虑到其下级人民法院在当地存在之阻力,往往直接改判;也有的高级人民法院在发回重审不能解决问题的情况下,在该案重新上诉至高级人民法院后重新改判。改判时高级人民法院亦不能不考虑各个方面之因素。因此,在案件事实存在疑点尤其是当证明被告人罪行之证据并未达到法律要求之标准时,按照法律规定本应对被告人作无罪判决或者"证据不足、指控的罪名不能成立"之判决;但由于法律外因素之介入,而导致高级人民法院法官通常作折中之处理,即既不宣告无罪(或罪名不能成立),也不将被告人判处死刑,而是将认定被告人有罪(而且罪行严重),但同时判处被告人死刑缓期二年执行或者无期徒刑。

三、补强证据规则

(一) 补强证据规则概述

异域法制

补强证据规则

在英美法系,证据力的评价问题从来都不是证据法关注的重点,因为多数证据法专家都认为如何评价证据是应当由法官和陪审团自由判断的问题。但是也有一些证据由于看上去如此可疑,因此人们也自然地产生出要求一定的证据对其予以加强的愿望。这就是通常所说的补强证据规则,它在法律上是指为了获得特定的结果比如定罪而要求一些特定的证据必须有另外的独立于该证据的证据加以支持的规则。① 这类规则适用于刑事诉讼中小孩未经宣誓的证据,或者与某些特定的犯罪,比如伪证罪、超速行驶、容留妇女卖淫等有关的证据。

起初,这一规则在实践中由法官视情况决定是否指示陪审团需要补强证据;逐渐地,它的运用越来越经常,并且英国上院最终决定在某些案件中"补强证据警示"必须作出,否则定罪判决在上诉程序中就会被推翻。在案件不由陪审团审判而由一个单独的法官审判时,或者由治安法官审判时,关于补强证据的要求并不导致如此精心的戒备,因为并不需要将法律的规定以总结的形式向某个决定事实的法官讲述。在离婚案件中,衡量通奸这一事实是否已经得到证明时,如果没有补强证据,法官会拒绝相信有这样的事实,但是法律并不禁止他接受未经补强的证据,只要他认为该证据已经足够。所以,在法官或治安法官审判案件时,"指示"只是在评价证据分量的时候作为一般性指导原则起作用。即使没有按照这一指导原则做到,也不必然引起上诉。

最近,英国已经通过一些制定法取消了对定罪的补强证据规则的限制。换句话说,补强证据规则正在逐渐走向消亡。目前还存在着补强证据要求的案件已经仅限于叛国、伪证、超速行驶这三项罪名。②

(二) 我国的口供补强规则

我国《刑事诉讼法》第 53 条第 1 款规定:"对一切案件的判处都要重证据、重调查研究,不轻信口供。只有被告人供述,没有其他证据的,不能认定被告人有罪和处以刑罚;没有被告人供述,证据确实、充分的,可以认定被告人有罪和处以刑罚。"该款规定既是对证明标准的界定,同时也是对口供这种证据的证明力所作的立法上的评价。根据该规定,法律实际上表达了不鼓励片面追求犯罪嫌疑人、被告人供述的做法;相反,侦查人员应当尽可能以口供以外的证据来查明案件真实情况,获得对整个案件的全面、客观的认识。这主要因为,供述证据本身具有的一些特征使其证明力容易打折扣:第一,中国古代司法制度过于注重对口供的追求,导致动辄对被告人乃至被害人、证人进行刑讯逼供,在一定程度上造成了冤假错案,现代社会强调司法文明,严格禁止刑讯逼供,但实践中刑讯逼供依然存在,降低对供述证据证明力的评价,本身就是对刑讯逼供的一种遏制。第二,犯罪嫌疑人、被告人本身是案件的当事人,因此其通常被认为具有撒谎的动机,其供述的可靠性、真实性也就存有疑问。

---

① Peter Murphy, *Murphy on Evidence*, 7th Edition, 2000, p. 543.
② Ibid., p. 546.

基于上述理解,在具体的案件中,对于供述证据应当首先审查是否有刑讯逼供、威胁、引诱、欺骗以及其他可能明显导致供述证据失真的情形;其次,应当注重将供述证据与其他证据进行相互印证。前者保障的是前述规定预防刑讯逼供目标的实现,后者保障的是前述规定强调供述证据的真实性的实现。在两者均有保障的前提下,即使其他证据稍微弱一些,只要能够形成内心确信,也可以定案。

第7章 强制措施

【**本章要义**】 本书认为,刑事强制措施可以分为三大类:一是以抓捕、截停、带到(法官或检察官面前或拘留所进一步讯问)为目的的措施,包括拘传、留置继续盘问、拘留和扭送;二是以羁押候审为目的的措施,包括逮捕以及以规避法律设置的羁押的规制措施为目的的"双规";三是羁押的替代性措施,包括取保候审和监视居住。① 以下分三节分别予以阐述。

第一节 抓捕、带到措施

一、通常情况下的带到措施:拘传

◆ (一)拘传的概念与对象

刑事诉讼中的拘传,是指公安机关、人民检察院和人民法院对未被羁押的犯罪嫌疑人、被告人,强制其到指定地点接受讯问的一种方法。根据《公安部规定》、《最高检规则》以及《最高法解释》之规定,拘传的适用对象包括两种:(1)经合法传唤没有正当理由而不到案的;(2)根据案件情况有必要直接拘传的。

◆ (二)拘传的程序

人民检察院自侦案件需要拘传的,应当经检察长批准,签发拘传证。公安机关侦查的案件需要拘传的,应经县级以上公安机关负责人批准。拘传犯罪嫌疑人应当出示拘传证,并责令其在拘传证上签名、盖章或摁指印;犯罪嫌疑人到案后,应当责令其在拘传证上填写到案时间;讯问结束后,应当由其在拘传证上填写讯问结束时间;犯罪嫌疑人拒绝填写的,侦查人员应当在拘传证上注明。需要

---

① 易延友:《刑事强制措施的体系与完善》,载《法学研究》2012年第3期。

对被拘传人变更为其他强制措施的,应当在拘传期间内作出批准或者不批准的决定;对于不批准的,应当立即结束拘传。人民法院决定的拘传,由司法警察执行,执行人员不得少于 2 人;拘传时,应当出示拘传票;对抗拒拘传的,可以使用戒具;拘传后应当在 12 小时内讯问。

二、紧急情况下的抓捕、带到措施:拘留

(一) 拘留的适用对象与法律性质

根据《刑事诉讼法》第 80 条之规定,刑事诉讼中的拘留适用于下列情形:(1) 正在预备犯罪、实行犯罪或者在犯罪后即时被发觉的;(2) 被害人或者在场亲眼看见的人指认他犯罪的;(3) 在身边或者住处发现有犯罪证据的;(4) 犯罪后企图自杀、逃跑或者在逃的;(5) 有毁灭、伪造证据或者串供可能的;(6) 不讲真实姓名、住址,身份不明的;(7) 有流窜作案、多次作案、结伙作案重大嫌疑的。

从以上拘留的适用对象来看,拘留主要适用于现行犯和准现行犯,其适用场合均具有一定程度的紧迫性。因此,本书将其归类为紧急情况下的抓捕、带到措施。

(二) 拘留的权限与程序

根据《刑事诉讼法》及相关法律解释的规定,拘留必须注意如下程序事项:(1) 拘留主要由公安机关决定适用;人民检察院对于自己直接立案侦查的案件,符合《刑事诉讼法》第 80 条第 4 项、第 5 项规定情形,需要拘留的,可以适用拘留;执行拘留,一律由公安机关进行。(2) 公安机关拘留人的时候,必须出示拘留证。(3) 拘留后应当立即将被拘留人送看守所羁押,至迟不得超过 24 小时。(4) 拘留后,除无法通知或者涉嫌危害国家安全犯罪、恐怖活动犯罪,通知可能有碍侦查的情形以外,应当在 24 小时以内,通知被拘留人的家属或者他的所在单位。通知的内容,应当包括拘留的原因和羁押的处所。所谓"有碍侦查",是指其他共同犯罪嫌疑人闻讯后可能逃跑、隐匿、毁弃或伪造证据;可能相互串通、订立攻守同盟;以及其他犯罪还有待查证且未采取相应措施等情况。所谓"无法通知",是指被拘留人不讲真实姓名、住址、被拘留人没有家属或工作单位等情况。(5) 公安机关对于被拘留的人,应当在拘留后的 24 小时以内进行讯问。在发现不应当拘留的时候,必须立即释放,发给释放证明。对需要逮捕而证据还不充足的,可以取保候审或者监视居住。所谓"不应当拘留",具体包括以下情形:① 犯罪行为没有发生,或者犯罪嫌疑人的行为不构成犯罪;② 虽有犯罪行为,但依法不应当追究刑事责任;③ 虽有犯罪行为,但并非犯罪嫌疑人所为;④ 犯罪行为虽系犯罪嫌疑人所为,但不符合《刑事诉讼法》第 80 条所列情形因而不应当拘留。(6) 根据《人民代表大会代表法》第 30 条第 1 款之规定,县级以

上各级人民代表大会代表因现行犯被拘留的,执行机关应当立即向该级人民代表大会主席团或者人民代表大会常务委员会报告。(7)公安机关在异地执行拘留的时候,应当通知被拘留、逮捕人所在地的公安机关,被拘留人所在地的公安机关应当予以配合。

(三) 拘留的期限

根据《刑事诉讼法》第 89 条的规定,公安机关的拘留期限包括以下三种情形:(1) 对被拘留的犯罪嫌疑人认为需要逮捕的,应当在拘留后的 3 日以内,提请人民检察院审查批准逮捕;人民检察院应当自接到公安机关提请批准逮捕书后的 7 日以内,作出批准逮捕或者不批准逮捕的决定。因此,拘留的期限一般不应当超过 10 日。(2) 特殊情况下,提请审查批准的时间可以延长 1 日至 4 日,即应当在拘留后的 4—7 日内提请人民检察院批准逮捕;人民检察院审查批准逮捕的时间仍然是 7 日;因此,在这一特殊情形下,拘留的最长期限为 14 日。(3) 对于流窜作案、多次作案、结伙作案的重大嫌疑分子,提请审查批准逮捕的时间可以延长至 30 日;审查批准逮捕的时间仍然为 7 日,因此,对于流窜作案、多次作案、结伙作案的重大嫌疑分子,拘留的最长期限为 37 日。

根据《刑事诉讼法》第 165 条的规定,人民检察院对直接受理的案件中被拘留的人,认为需要逮捕的,应当在 14 日以内作出决定。在特殊情况下,决定逮捕的时间可以延长 1—3 日。1996 年《刑事诉讼法》规定的人民检察院自侦案件拘留的一般期限为 10 日,2012 年《刑事诉讼法》改为 14 日;1996 年《刑事诉讼法》规定的人民检察院自侦案件特殊拘留期限为 10 日基础上延长 1—4 日,2012 年《刑事诉讼法》修改时将其改为在 14 日基础上延长 1—3 日。

三、拘留的辅助措施:留置盘问

《人民警察法》第 9 条规定,公安机关的人民警察对有违法犯罪嫌疑的人员,经当场盘问、检查发现有四种法定情形(被指控有犯罪行为的;有现场作案嫌疑的;有作案嫌疑身份不明的;携带的物品有可能是赃物的)之一的,可以将其带至公安机关进行继续盘问(留置)。同时还规定:"对被盘问人的留置时间自带至公安机关之时起不超过 24 小时,在特殊情况下,经县级以上公安机关批准,可以延长至 48 小时,并应当留有盘问记录。"据此规定,留置对违法犯罪嫌疑人员的人身自由限制最长可达到 48 小时,事实上形成《刑事诉讼法》规定之外的又一种强制措施,而且就其规定来看实际上完全适用于为实现刑事诉讼之目的而进行的活动,其程度则较拘传更为严厉。实践中,部分司法机关出于侦查办案之需要,为了尽量延长对犯罪嫌疑人的实际控制时间,以期一次获得相对充分的证据,同时为进一步采取强制措施奠定基础,往往对本应适用拘传的对象变为采用留置甚至延长留置,而不论其是否符合留置的适用条件,导致拘传这一强制措施的使用率大大降低,形同虚设。另外有些公安机关则轮换采取留置和拘传这两种措施,以规避《刑事诉讼法》"不得以连续拘传的形式变相羁押犯罪嫌疑人"这一规定。

四、拘留的补充措施:扭送

(一) 扭送的对象

我国《刑事诉讼法》第 82 条规定:"对于有下列情形的人,任何公民都可以立即扭送公安机关、人民检察院或者人民法院处理:(1) 正在实行犯罪或者在犯罪后即时被发觉的;(2) 通缉在案的;(3) 越狱逃跑的;(4) 正在被追捕的。"

(二) 扭送的性质

关于扭送的法律地位,理论界一般不承认它是一种强制措施。然而,强制措施的本质特征在于它强行限制犯罪嫌疑人、被告人的人身自由,其根本目的则在于防止犯罪嫌疑人、被告人逃跑、自杀、毁灭、伪造证据或者威胁证人、继续犯罪,以逃避侦查、起诉与审判。从这个角度来看,扭送恰恰符合强制措施的根本特征,也是为了实现强制措施的根本目的,因此,扭送实际上不可避免地具有强制措施的性质。也正是因为它具有强制措施的性质,《刑事诉讼法》才将其放在"强制措施"这一章予以规定。

第二节 作为羁押措施的逮捕

逮捕是指人民检察院和人民法院依法剥夺犯罪嫌疑人、被告人的人身自由、进行羁押并予以审查的一种最为严厉的强制措施。

一、逮捕的条件

通说认为,根据《刑事诉讼法》第 79 条第 1 款的规定,逮捕的实施应当具备三个条件。

(一) 有证据证明有犯罪事实

逮捕的第一个条件,是有证据证明有犯罪事实。所谓"有证据证明有犯罪事实",包括以下三个要件:第一,有证据证明发生了犯罪事实;第二,有证据证明犯罪事实是犯罪嫌疑人、被告人所实施;第三,证明犯罪嫌疑人、被告人实施了犯罪行为的证据已有查证属实的。以上三个要件必须同时具备,才能满足"有证据证明有犯罪事实发生"这一要件。

从《刑事诉讼法》第 79 条第 1 款的语法结构来看,"有证据证明"的宾语是

"有犯罪事实"。但是,这并不表明逮捕的证据条件就是有证据证明有犯罪事实。因为,逮捕必须同时满足三个条件,即有犯罪事实发生,可能判处徒刑以上刑罚,以及有逮捕的必要。那么,从证据条件来说,除了必须有证据证明第一个要件之外,当然还必须有证据证明逮捕的另外两个要件,即可能判处徒刑以上刑罚,有逮捕的必要性。

(二)可能判处徒刑以上刑罚

逮捕的第二个条件,是可能判处徒刑以上刑罚。这里的"徒刑以上刑罚",应当是指宣告刑而非法定刑。因为,根据《刑法》规定,几乎所有的犯罪都可能判处徒刑以上刑罚;若此处规定的徒刑以上刑罚是指法定刑,则几乎所有犯罪都符合这一条件,这并不符合《刑事诉讼法》的立法本意。所以,此处的"可能判处徒刑以上刑罚",只能是指宣告刑,也就是人民法院最终判定的刑罚。也因此,当执法机关在判断一名犯罪嫌疑人、被告人是否符合逮捕的刑罚条件时,实际上需要对该犯罪嫌疑人、被告人所涉犯罪的事实细节予以考量,并对该犯罪嫌疑人、被告人经审判后法庭可能宣告的刑罚进行预测,只有在预测到该犯罪嫌疑人、被告人可能被人民法院判处徒刑以上刑罚的时候,才能决定予以逮捕;对可能仅判处管制、拘役、独立适用罚金、剥夺政治权利、没收财产等刑罚的,不能予以逮捕;另外,对可能判处有期徒刑但适用缓刑的犯罪嫌疑人、被告人,一般也不适用逮捕。

(三)有逮捕的必要

逮捕的第三个要件是采取取保候审的方法不足以防止发生社会危险性,通常称"必要性要件"或"逮捕的必要性"。根据《刑事诉讼法》第79条的规定,逮捕所要防范的社会危险性包括:(1)可能实施新的犯罪;(2)有危害国家安全、公共安全或者社会秩序的现实危险;(3)可能毁灭、伪造证据,干扰证人作证或者串供;(4)可能对被害人、举报人、控告人实施打击报复;(5)企图自杀或者逃跑。

二、逮捕的权限与程序

(一)逮捕的权限

《宪法》第37条第2款规定:"任何公民,非经人民检察院批准或者决定或者人民法院决定,并由公安机关执行,不受逮捕。"《刑事诉讼法》第78条规定:"逮捕犯罪嫌疑人、被告人,必须经过人民检察院批准或者人民法院决定,由公安机关执行。"据此,人民检察院有权批准和决定逮捕,人民法院有权决定逮捕;公安机关只有权提请逮捕和执行逮捕。

(二) 提请逮捕

《刑事诉讼法》第 85 条规定,公安机关要求逮捕犯罪嫌疑人的时候,应当写出提请批准逮捕书,连同案卷材料、证据,一并移送同级人民检察院审查批准。必要的时候,人民检察院可以派人参加公安机关对于重大案件的讨论。

(三) 审查、批准逮捕

《刑事诉讼法》第 86 条第 1 款规定,人民检察院审查批准逮捕,可以讯问犯罪嫌疑人;有下列情形之一的,应当讯问犯罪嫌疑人:(1) 对是否符合逮捕条件有疑问的;(2) 犯罪嫌疑人要求向检察人员当面陈述的;(3) 侦查活动可能有重大违法行为的。该条还规定,人民检察院审查批准逮捕,可以询问证人等诉讼参与人,听取辩护律师的意见;辩护律师提出要求的,应当听取辩护律师的意见。

《刑事诉讼法》第 87 条规定:人民检察院审查批准逮捕犯罪嫌疑人由检察长决定。重大案件应当提交检察委员会讨论决定。审查的内容主要是犯罪嫌疑人是否已经具备被逮捕的条件以及公安机关的侦查活动是否合法等情况。《刑事诉讼法》第 88 条规定,人民检察院对于公安机关提请批准逮捕的案件进行审查后,应当根据情况分别作出批准逮捕或者不批准逮捕的决定。对于批准逮捕的决定,公安机关应当立即执行,并且将执行情况及时通知人民检察院。对于不批准逮捕的,人民检察院应当说明理由,需要补充侦查的,应当同时通知公安机关。

《刑事诉讼法》第 90 条规定:公安机关对人民检察院不批准逮捕的决定,认为有错误的时候,可以要求复议,但是必须将被拘留的人立即释放。如果意见不被接受,可以向上一级人民检察院提请复核。上级人民检察院应当立即复核,作出是否变更的决定,通知下级人民检察院和公安机关执行。

(四) 决定逮捕

人民检察院在办理审查批捕案件时,发现应当逮捕而公安机关未提请批准逮捕的犯罪嫌疑人,人民检察院应当建议公安机关提请批准逮捕。如果公安机关不提请批准逮捕的理由不能成立的,人民检察院也可以直接作出逮捕决定,送达公安机关执行。人民检察院对直接受理的案件中被拘留的人,认为需要逮捕的,应当在 10 日以内作出决定。在特殊情况下,决定逮捕的时间可以延长 1 日至 4 日。对不需要逮捕的,应当立即释放;对于需要继续侦查,并且符合取保候审、监视居住条件的,依法取保候审或者监视居住。人民法院对符合逮捕条件的人,可以直接决定逮捕。

(五) 对人大代表适用的特别程序

人民检察院对担任本级人民代表大会代表的犯罪嫌疑人批准或者决定逮捕,应当报请本级人民代表大会主席团或者常务委员会许可。对担任上级人民代表大会代表的犯罪嫌疑人批准或者决定逮捕,应当层报该代表所属的人民代表大会同级的人民检察院依照前述规定办理。对担任下级人民代表大会代表的犯罪嫌疑人批准或者决定逮捕,可以直接报请该代表所属的人民代表大会主席团或者常务委员会许可,也可以委托该代表所属的人民代表大会同级的人民检察院依照前述相应程序办理;对担任乡、民族乡、镇的人民代表大会代表的犯罪嫌疑人批准或者决定逮捕,由县级人民检察院报告乡、民族乡、镇的人民代表大会。

(六)执行逮捕

根据《刑事诉讼法》的有关规定,执行逮捕的程序要点可概括如下:(1)无论是人民检察院批准或决定的逮捕,还是人民法院决定的逮捕,均由公安机关执行。公安机关逮捕人的时候,必须出示逮捕证。(2)逮捕后,应当立即将被逮捕人送看守所羁押。(3)除无法通知的情形以外,应当把逮捕的原因和羁押的处所,在24小时以内通知被逮捕人的家属或者他的所在单位。(4)人民法院、人民检察院对于各自决定逮捕的人,公安机关对于经人民检察院批准逮捕的人,都必须在逮捕后的24小时以内进行讯问。在发现不应当逮捕的时候,必须立即释放,发给释放证明。(5)公安机关异地执行逮捕的,应当通知被逮捕人所在地的公安机关;被逮捕人所在地的公安机关应当予以配合。

(七)逮捕后的继续审查

《刑事诉讼法》第93条规定:"犯罪嫌疑人、被告人被逮捕后,人民检察院仍应当对羁押的必要性进行审查。对不需要继续羁押的,应当建议予以释放或者变更强制措施。有关机关应当在10日以内将处理情况通知人民检察院。"这一规定是2012年修订《刑事诉讼法》新增加的规定。这一规定包括三层意思。(1)人民检察院在犯罪嫌疑人、被告人被逮捕后仍然要对逮捕羁押的必要性进行审查。之所以仍然必须进行审查,是因为:首先,羁押涉及公民的基本人权,逮捕以后继续对羁押的必要性进行审查体现了对人权的尊重与保障。其次,人民检察院审查批准逮捕的期限本来就比较短,如果没有事后的继续审查机制,则批准逮捕期间犯下的错误就难以得到纠正。无论是批准逮捕还是决定逮捕,都必须要审查逮捕的必要性。第93条的规定对于逮捕决定的初始过程中羁押必要性的审查起到一种唤醒的作用。最后,继续羁押必要性的审查体现了羁押的必要性是一个动态、可变的指标,也可能在作出羁押决定的初始程序中,羁押的必要性确实是存在的;随着时间的推移,案情的变化,证据的更加充分,事实更加清楚,羁押必要性或者不再存在,或者案件事实显示羁押必要性从未存在,都可以导致强制措施的改变。(2)人民检察院在审查后认为不存在羁押必要的,应当建议予以释放或变更强制措施。这里之所以用"建议"而不是直接"决定"予以释放或变更强制措施,主要是因为羁押决定权的主体不仅包括人民检察院,而且包括人民法院。因此,当人民检察院发现人民法院作出的逮捕决定可能有误或者在继续审查中发现犯罪嫌疑人、被告人不存在羁押必要性时,就应当行使法律监督权,建议人民法院将犯罪嫌疑人、被告人予以释放,或变更为其他强制措施。(3)对人民检察院的建议,有关机关应当在10日内反馈处理结果。如果是人民法院决定的逮捕,人民法院应当迅速对羁押必要性重新进行审查,并将审查处理结果在10日内通知人民检察院。如果是公安机关提请批准逮捕的,公安机关应当在10日内将犯罪嫌疑人、被告人予以释放,或者变更为其他强制措施,并将处理结果通知人民检察院。

✦ (八) 逮捕的撤销与变更

《刑事诉讼法》第94条规定:"人民法院、人民检察院和公安机关如果发现对犯罪嫌疑人、被告人采取强制措施不当的,应当及时撤销或者变更。公安机关释放被逮捕的人或者变更逮捕措施的,应当通知原批准的人民检察院。"根据这一规定,公安机关可以释放人民检察院批准逮捕的犯罪嫌疑人、被告人。逮捕既然是我国的审前羁押措施,其决定权应当由司法机关即人民检察院和人民法院行使。羁押的决定权既包括予以羁押的决定权,也包括不予羁押的决定权。因此,从理论上看,公安机关实际上应当无权将人民检察院批准逮捕的犯罪嫌疑人、被告人予以释放;公安机关希望释放被逮捕的犯罪嫌疑人、被告人时应当向人民检察院提出申请。但从人权保障的角度而言,在程序设置上,公安机关不经批准就将被逮捕的犯罪嫌疑人、被告人予以释放是符合人权保障原则和诉讼经济原理的。但是,为了保障羁押权的正确行使,《刑事诉讼法》还是要求公安机关在将被羁押的犯罪嫌疑人、被告人释放后通知原批准逮捕的人民检察院。人民检察院收到通知后应当对公安机关的释放决定进行审查。认为释放不当的,可以重新决定逮捕。

三、逮捕的规避措施:双规

✦ (一) 双规的来源与依据

《中华人民共和国行政监察法》(第八届全国人民代表大会常务委员会第二十五次会议于1997年5月9日通过并公布)第20条规定:"监察机关在调查违反行政纪律行为时,可以根据实际情况和需要采取下列措施:……(3)责令有违反行政纪律嫌疑的人员在指定的时间、地点就调查事项涉及的问题作出解释和说明,但是不得对其实行拘禁或者变相拘禁;(4)建议有关机关暂停有严重违反行政纪律嫌疑的人员执行职务。"该规定第(3)项内容,即为"两指"。《中国共产党纪律检查机关案件检查工作条例》(1994年1月28日中共中央纪律检查委员会常务委员会第六十五次会议通过)第 28 条规定:"凡是知道案件情况的组织和个人都有提供证据的义务。调查组有权按照规定程序,采取以下措施调查取证,有关组织和个人必须如实提供证据,不得拒绝和阻挠。……(3)要求有关人员在规定的时间、地点就案件所涉及的问题作出说明"。其中第(3)项规定的内容,即为"两规"。"两指两规"在实践中通常合称"双规"。

(二)双规的性质与问题

两指两规虽然不由《刑事诉讼法》规定,但是在实践中使用非常广泛,而且实际上也是用于实现刑事诉讼之目标,因此也在事实上构成《刑事诉讼法》以外的一种独立的强制措施,不过其特征在于,采取此种强制措施的机关不是公检法机关,而是政府行政监察机关和党的纪律检查机关。由于缺乏司法的监督,并且由于其名义上不是刑事诉讼中的强制措施,因此执行起来也没有严格的程序规范,从而导致在执行中出现问题。

案例 7-1

双规在实践中的问题

报载:这位既非党员又非干部,且已年届 69 岁的陈安稷老人,是浙江省温岭市百货公司退休职工,退休后被聘为温岭宾馆会计。2000 年 4 月 5 日,陈安稷被台州市纪委以温岭"3·23"案件涉案知情人之由叫至椒江谈话,在此期间与外界隔绝,其家属多次要求探望,均被拒绝。陈安稷被台州市纪委违规拘禁 45 天之后,于 5 月 21 日,被台州市纪委交给了由其抽调协助办案的天台县监察局副局长陈家跃、天台县纪委纪检室干部翁师君、天台县滩岭乡纪委书记周孝阳、天台县纪委纪检室干部王典铤和台州市界头镇纪委副书记姚志强等五人的手中,让他们对陈安稷进行谈话。然而,就在这天晚上,陈安稷在谈话地点天台隋梅宾馆 3105 房间,被陈家跃等人活活打死。在陈安稷生命垂危时,陈家跃虽然见情况不妙立即与天台县人民医院联系救护车,周孝阳骑摩托车去接医生,王典铤和姚志强对陈安稷进行人工呼吸。但是为了怕事情暴露,陈家跃等人根本没送陈安稷到医院作有效的积极抢救,以致凌晨 1 时许,等医生赶到房间后,对陈安稷进行检查时陈已死亡。在陈安稷死后,陈家跃等人不但没有保护现场,反而为了掩盖真相,将陈安稷的尸体搬到另一个房间,清扫陈死时的呕吐物,将打人用的毛巾丢弃,并商量以 3103 号房间作为谈话地点。就在公安机关对此侦查期间,陈家跃等人对伪造案发

> 现场一事,还居然声称"当时尚没有认识到事态的严重性,认为陈安稷可能是由于自身的年龄身体因素而死,因 3105 号房间地面有死者呕吐物,不大好看,所以在出事后将现场转移到 3103 号房间"。①

根据中共中央纪律检查委员会、监察部于 1998 年 6 月 5 日发布的《关于纪检监察机关依法采用"两指""两规"措施若干问题的通知》,纪检监察机关在查办案件工作中,应当遵守以下规定:(1) 不准使用司法手段,不准使用司法机关的办公、羁押场所和行政部门的收容遣送场所。(2) 不准修建用于采用"两指""两规"措施的专门场所。(3) 严禁搞逼供、诱供,严禁体罚或者变相体罚,严禁打骂、侮辱人格和使用械具。此规定对于解决实践中出现的问题有一定的意义。

第三节 羁押替代性措施——取保候审与监视居住

一、取保候审

(一) 取保候审的适用对象

取保候审是指公安机关、人民检察院和人民法院对未被羁押的犯罪嫌疑人、被告人,为防止其逃避侦查、起诉和审判,责令其提出保证人或者交纳保证金,保证在一定期限内随传随到的强制措施。根据《刑事诉讼法》第 65 条的规定,取保候审的适用对象包括以下犯罪嫌疑人、被告人:(1) 可能判处管制、拘役或者适用附加刑的;(2) 可能判处徒刑以上刑罚,采取取保候审不致发生社会危险性的;(3) 患有严重疾病、生活不能自理,怀孕或者正在哺乳自己婴儿的妇女,采取取保候审不致发生社会危险性的;(4) 羁押期限届满,案件尚未办结,需要采取取保候审的。

(二) 取保候审的种类

根据《刑事诉讼法》第 66 条之规定,我国取保候审分为保证人保证和保证金保证两种方式,前者通常由称为"人保",后者通常称为"财产保"。(1) 保证人保证是指公安机关、人民检察院或者人民法院责令犯罪嫌疑人、被告人提出保证人并出具保证书,保证被保证人在取保候审期间不逃避或妨碍侦查、起诉和审判,并随传随到的一种保证方式。(2) 保证金保证是指公安机关、人民检察院和人民法院责令犯罪嫌疑人、被告人交纳保证金并出具保证书,保证在取保候审期

---

① 详见《华商报》2000 年 11 月 28 日报道。

间不逃避和妨碍侦查、起诉和审判,并随传随到的一种保证方式。

✦ (三) 被取保候审人的义务

根据《刑事诉讼法》第 69 条之规定,被取保候审的犯罪嫌疑人、被告人应当遵守以下义务:(1) 未经执行机关批准不得离开所居住的市、县;(2) 住址、工作单位和联系方式发生变动的,在 24 小时内向执行机关报告;(3) 在传讯的时候及时到案;(4) 不得以任何形式干扰证人作证;(5) 不得毁灭、伪造证据或者串供。

除此以外,公安机关、人民检察院和人民法院还可以根据案件情况,责令被取保候审人遵守以下一项或多项规定:(1) 不得进入特定的场所;(2) 不得与特定人员会见或通信;(3) 不得从事特定活动;(4) 将护照等出入境证件、驾驶证件交执行机关保存。

被取保候审的犯罪嫌疑人、被告人违反上述义务,已交纳保证金的,没收保证金,并且区别情形,责令犯罪嫌疑人、被告人具结悔过,重新交纳保证金、提出保证人或者监视居住、予以逮捕。对违反取保候审规定需要逮捕的,可以先行拘留。犯罪嫌疑人、被告人在取保候审期间未违反上述义务的,取保候审结束的时候,应当退还保证金。

✦ (四) 保证人的条件与义务

根据《刑事诉讼法》第 67 条的规定,保证人应当符合以下条件:(1) 与本案无牵连;(2) 有能力履行保证义务;(3) 享有政治权利,人身自由未受到限制;(4) 有固定的住处和收入。根据《刑事诉讼法》第 68 条之规定,保证人应当履行以下义务:(1) 监督被保证人遵守《刑事诉讼法》第 69 条关于被取保候审人义务的规定;(2) 发现被保证人可能发生或者已经发生违反《刑事诉讼法》第 69 条规定的行为的,应当及时向执行机关报告。被保证人有违反《刑事诉讼法》第 69 条规定的行为,保证人未履行保证义务的,对保证人处以罚款;构成犯罪的,依法追究刑事责任。

✦ (五) 取保候审的决定

根据《刑事诉讼法》、最高人民法院、最高人民检察院、公安部、国家安全部发布的《关于取保候审若干问题的规定》(1999 年 8 月 4 日) 及相关法律解释的规定,公检法三机关既可依职权主动采取取保候审,也可根据犯罪嫌疑人及其委托的人的申请采取取保候审。根据《公安部规定》第 79 条规定,需要对犯罪嫌疑人取保候审的,应当制作《呈请取保候审报告书》,说明取保候审的理由及采取的保证方式,经县级以上公安机关负责人批准,并签发《取保候审决定书》。《取保候审决定书》应当向犯罪嫌疑人宣读,由犯罪嫌疑人签名(盖章)、捺指印。根据《公安部规定》第 80 条,对犯罪嫌疑人取保候审的,应当责令犯罪嫌疑人提出保证人或者交纳保证金。对同一犯罪嫌疑人,不得同时责令其提出保证人和交纳保证金。符合取保候审条件的犯罪嫌疑人既不交纳保证金,又无保证人担保的,可以监视居住。

✦ (六) 取保候审的执行

公安机关、人民检察院、人民法院决定取保候审的,由公安机关执行。国家安全机关决定取保候审的,以及人民检察院、人民法院在办理国家安全机关移送的犯罪案件时决定取保候审的,由国家安全机关执行。取保候审保证金由县级以上执行机关统一收取和管理。没收保证金的决定、退还保证金的决定、对保证人的罚款决定等,应当由县级以上公安机关作出。县级以上执行机关应当在指定的银行设立取保候审保证金专户,委托银行代为收取和保管保证金,并将制定银行的名称通知人民法院和人民检察院。决定机关作出取保候审收取保证金的决定后,应当及时将《取保候审决定书》送达被取保候审人和为其提供保证金的单位和个人,责令其向执行机关指定的银行一次性交纳保证金。执行机关在执行取保候审时,应当告知被取保候审人必须遵守《刑事诉讼法》第69条的规定以及违反规定或者在取保候审期间重新犯罪应当承担的后果。

✦ (七) 保证金的没收程序

被取保候审人违反《刑事诉讼法》第69条规定,依法应当没收保证金的,由县级以上执行机关作出没收部分或者全部保证金的决定,并通知决定机关;对需要变更强制措施的,应当同时提出变更强制措施的意见,连同有关材料一并送交县级以上执行机关。该执行机关应当根据决定机关的意见,及时作出没收保证金的决定,并通知执行机关。决定机关收到执行机关已没收保证金的书面通知,或者变更强制措施的意见后,应当在5日内作出变更强制措施或者责令犯罪嫌疑人重新交纳保证金、提出保证人的决定,并通知执行机关。执行机关应当向被取保候审人宣布没收保证金的决定,并告知其如不服本决定,可以在收到《没收保证金决定书》后的5日以内,向执行机关的上一级主管机关申请复核一次。上一级主管机关收到复核申请后,应当在7日内作出复核决定。

✦ (八) 对保证人的处罚程序

采取保证人形式取保候审的,被取保候审人违反《刑事诉讼法》第69条的规定,保证人未及时报告的,经查证属实后,由县级以上执行机关对保证人处1000元以上20000元以下罚款,并将有关情况及时通知决定机关。执行机关决定罚款应当向保证人宣布,并告知其如不服本决定,可以在收到《对保证人罚款决定书》后的5日以内,向执行机关的上一级主管机关申请复核一次。上一级主管机关收到复核申请后,应当在7日内作出复核决定。

没收取保候审保证金和对保证人罚款均系刑事司法行为,不能提起行政诉讼。当事人如不服复核决定,可以依法向有关机关提出申诉。

✦ (九) 保证金的退还程序

被取保候审人没有违反《刑事诉讼法》第69条的规定,但在取保候审期间涉嫌重新犯罪被司法机关立案侦查的,执行机关应当暂扣其交纳的保证金,待人民法院判决生效后,决定是否没收保证金。对故意犯罪的,应当没收保证金;对过失重新犯罪或者不构成犯罪的,应当退还保证金。被取保候审人在取保候审期间没有违反相关规定,也没有重新故意犯罪的,在解除取保候审、变更强制措施或者执行刑罚的同时,县级以上执行机关应当制作《退还保证金决定书》,通知银行如数退还保证金,并书面通知决定机关。执行机关应当及时向被取保候审人宣布退还保证金的决定,并书面通知其到银行领取退还的保证金。

二、监视居住

✦ (一) 监视居住的法律性质

监视居住是指公安机关、人民检察院和人民法院责令未被逮捕的犯罪嫌疑人、被告人在诉讼过程中,未经批准不得离开住处或指定的居所,并对其行动加以监视的一种方法。从1979年《刑事诉讼法》开始,监视居住就是介于取保候审和逮捕之间的一种强制措施。但在1979年和1996年的《刑事诉讼法》中,并没有对取保候审和监视居住的对象进行区分,因此总让人感觉到监视居住和取保候审似乎没有区别。1996年《刑事诉讼法》分别为取保候审和监视居住规定了12个月和6个月的期限,使监视居住的严厉性略显突出。但是由于科技手段应用的缺乏,实践中监视居住适用仍然比较少,使得监视居住成为一种不大受到重视的强制措施。2012年修改《刑事诉讼法》,进一步将监视居住与取保候审区别开来,使监视居住成为一种具有准羁押性质的措施,同时真正成为逮捕的替代措施。

✦ (二) 监视居住的适用对象

根据《刑事诉讼法》第72条第1款的规定,监视居住的适用对象为符合逮捕条件,且具有下列情形之一的犯罪嫌疑人、被告人:(1) 患有严重疾病、生活不能自理的;(2) 怀孕或正在哺乳自己婴儿的妇女;(3) 系生活不能自理的人的唯一扶养人;(4) 因为案件的特殊情况或者办理案件的需要,采取监视居住措施更为适宜的;(5) 羁押期限届满,案件尚未办结,需要采取监视居住措施的。第72条第2款还规定,对符合取保候审条件,但提不出保证人,也不交纳保证金的犯罪嫌疑人、被告人,也可以监视居住。

✦ (三) 监视居住的决定与执行

根据《刑事诉讼法》第72条的规定,有权决定监视居住的机关为公安机关、人民检察院和人民法院。有权执行监视居住的机关为公安机关。对于监视居住的执行场所,《刑事诉讼法》第73条第1款规定:"监视居住应当在犯罪嫌疑人、被告人的住处执行;无固定住处的,可以在指定的居所执行。对于涉嫌危害国家安全犯罪、恐怖活动犯罪、特别重大贿赂犯罪,在住处执行可能有碍侦查的,经上一级人民检察院或者公安机关批准,也可以在指定的居所执行。但是,不得在羁押场所、专门的办案场所执行。"根据这一规定,监视居住的执行场所分为犯罪嫌疑人、被告人的住处和指定的居所两种情况。从法律的本意来看,通常情况下,只有在犯罪嫌疑人、被告人没有固定住处的情况下,才能在指定的居所执行监视居住。但是对于涉嫌危害国家安全的犯罪、恐怖活动犯罪、特别重大贿赂犯罪,即便犯罪嫌疑人、被告人有固定的住所,在经过上一级人民检察院或者公安机关批准之后,也可以在指定的居所执行。值得注意的是,无论是哪种情况下的指定居所监视居住,都不能在羁押场所或专门的办案场所执行。法律如此规定的目的,就是希望将指定居所监视居住与逮捕羁押加以区别,防止监视居住在实践中演变为变相羁押。《刑事诉讼法》第73条第4款还规定,人民检察院对指定居所监视居住的决定和执行是否合法实行监督。该规定有助于防止公安机关将监视居住演变为变相羁押,但是其效果应当并不乐观。

《刑事诉讼法》第76条规定,执行机关对被监视居住人可以采取电子监控、不定期检查等方法对其遵守监视居住规定的情况进行监督;在监视居住期间,可以对被监视居住人的通信进行监控。这是2012年修正后的《刑事诉讼法》对监视居住手段增加的规定。根据上述规定,监视居住的执行增加了电子技术手段,这也是科技日益发达的必然结果。

(四) 被监视居住人应遵守的义务

根据《刑事诉讼法》第75条第1款之规定,被监视居住的犯罪嫌疑人、被告人应当遵守以下义务:(1) 未经执行机关批准不得离开执行监视居住的处所。(2) 未经执行机关批准不得会见他人或者通信。(3) 在传讯的时候及时到案。(4) 不得以任何形式干扰证人作证。(5) 不得毁灭、伪造证据或者串供。(6) 将护照等出入境证件、身份证件、驾驶证件交执行机关保存。

根据《公安部规定》第108条第1款,《刑事诉讼法》第73条所称之"固定住处",是指犯罪嫌疑人在办案机关所在的市、县内生活的合法住处;指定的居所,是指公安机关根据案件情况,在办案机关所在的市、县内指定的生活的居所。公安机关不得建立专门的监视居住场所,对犯罪嫌疑人变相羁押。此外,亦不得在看守所、行政拘留所、留置室或者公安机关其他场所执行监视居住。

实践中,执行机关更经常地对被监视居住人指定居所,而更少在被监视居住人的固定住处执行监视居住。出现这种情况主要是因为执法机关对法律规定存在着误解。《刑事诉讼法》规定的住处和指定的居所不是一种选择关系,而是住处优于指定的居所,只有在没有住处的时候才能指定居所。《刑事诉讼法》规定监视居住这种强制措施的目的就是要使其区别于羁押;它同羁押的最大区别在于,被监视居住人只要不违反有关规定,是可以正常生活的。因此,按照《刑事诉讼法》规定的精神,监视居住的主要内容应当是被监视居住人不得离开其固定住处,而不是执法机关指定的居所。

根据《刑事诉讼法》第75条第2款规定,被监视居住的犯罪嫌疑人、被告人违反上述义务,情节严重的,予以逮捕。所谓"情节严重",通常是指:(1)在监视居住期间逃跑的;(2)以暴力、威胁方法干扰证人作证的;(3)毁灭、伪造证据或者串供的;(4)在监视居住期间又进行犯罪活动的;(5)实施其他违反《刑事诉讼法》第75条规定的行为,情节严重的。

(五)监视居住的期限与刑期折抵

《刑事诉讼法》第77条规定,监视居住的最长期限不得超过6个月。与取保候审的期限比起来,监视居住的期限短了6个月。这也是由于监视居住对犯罪嫌疑人、被告人的人身自由限制更为严厉的结果。《刑事诉讼法》第74条规定,指定居所监视居住的期限应当折抵刑期。具体的折抵方法为,被判处管制的,监视居住一日折抵刑期一日;被判处拘役、有期徒刑的,监视居住二日折抵刑期一日。

第8章　附带民事诉讼

【本章要义】　附带民事诉讼制度是基于对被害人提供更加周到的保护而设置的一种制度。其根本意义是让刑事案件的被害人能够倚靠在政府这座庞大的靠山身上，依法维护其因犯罪嫌疑人、被告人的犯罪行为而遭受的民事损害赔偿利益。被害人参与刑事诉讼有利于其在民事赔偿方面与被告人讨价还价。政府应当为其获得合理的赔偿提供便利。对附带民事诉讼所有规范的解释，都应当遵循这一思路，而不应当为刑事案件被害人提起附带民事诉讼设置法律障碍。

第一节　概念与范围

一、概念

我国刑事诉讼中的附带民事诉讼是指公安机关、人民检察院、人民法院在追究被告人刑事责任的同时，附带解决由于被告人的犯罪行为而引起的经济损害赔偿而进行的诉讼。

二、范围

《刑事诉讼法》第99条规定，被害人由于被告人的犯罪行为而遭受物质损失的，在刑事诉讼过程中，有权提起附带民事诉讼。据此规定，提起附带民事诉讼以遭受犯罪行为带来的物质损失为前提。所谓物质损失，通常是指被害人的人身、财产遭受犯罪行为侵害而遭受的损失。最高人民法院《关于刑事附带民事诉讼范围问题的规定》(2000年12月13日)对附带民事诉讼赔偿范围作出了规定，具体可归纳如下：(1)因人身权利受到犯罪分子侵犯而遭受的物质损失或者因财物被犯罪分子破坏而遭受物质损失的，可以提起附带民事诉讼。对于被害人因犯罪行为遭受精神损失而提起附带民事诉讼的,人民法院不予受理。
（2）物质损失包括已经遭受的损失和必然遭受的损失。前者是指积极意义上的损失,即已经拥有而失去;后者则是指消极意义上的损失,即应当获得而没有获得。

2012年《最高法解释》第138条第2款规定,因受到犯罪侵犯,提起附带民事诉讼或者单独提起民事诉讼要求赔偿精神损失的,人民法院不予受理。第139条规定,被告人非法占有、处置被害人财产的,应当依法予以追缴或者责令退赔。被害人提起附带民事诉讼的,人民法院不予受理。追缴、退赔的情况,可以作为量刑情节考虑。第140条规定,国家机关工作人员在行使职权时侵犯他人人身、财产权利构成犯罪,被害人或者其法定代理人、近亲属提起附带民事诉讼的,人民法院不予受理,但应告知其可以依法申请国家赔偿。

第二节 当事人

附带民事诉讼当事人,是指附带民事诉讼中的原告人和被告人。《刑事诉讼法》及相关司法解释对有权提起附带民事诉讼的主体和负有赔偿责任的主体均作出了规定。

一、附带民事诉讼原告人

附带民事诉讼原告人是指以自己的名义向公安机关、人民检察院和人民法院提起附带民事诉讼的人。

《刑事诉讼法》第99条规定:"被害人由于被告人的犯罪行为而遭受物质损失的,在刑事诉讼过程中,有权提起附带民事诉讼。被害人死亡或者丧失行为能力的,被害人的法定代理人、近亲属有权提起附带民事诉讼。如果是国家财产、集体财产遭受损失的,人民检察院在提起公诉的时候,可以提起附带民事诉讼。"根据上述规定以及相关司法解释之规定,有权提起附带民事诉讼的个人和范围包括:(1)被害人。即实体权利遭受犯罪行为直接侵害的当事人。(2)已死亡被害人或丧失行为能力被害人的法定代理人、近亲属。(3)人民检察院。在国家、集体财产遭受损失,受害单位未提起附带民事诉讼的情况下,人民检察院在提起公诉的时候,可以提起附带民事诉讼。人民检察院提起附带民事诉讼的,应当列为附带民事诉讼原告人。

二、附带民事诉讼被告人

附带民事诉讼被告人,是指由于被告人实施犯罪行为而对他人造成之损失负有赔偿责任的人。

通常情况下,附带民事诉讼被告人就是刑事被告人本人,但也可以是其他依法负有赔偿责任的人。根据《最高法解释》第143条第1款的规定,附带民事诉讼被告人包括:(1)刑事被告人以及未被追究刑事责任的其他共同侵害人;(2)刑事被告人的监护人;(3)死刑罪犯的遗产继承人;(4)共同犯罪案件中,案件审结前已死亡被告人的遗产继承人;(5)其他对刑事被告人的犯罪行为依法应当承担民事赔偿责任的单位和个人。

根据《最高法解释》第143条第2款的规定,附带民事诉讼被告人应当承担赔偿责任的,如果其亲属自愿代为承担,应当准许。因此,刑事被告人的亲属也可以赔偿主体,但不是附带民事诉讼被告人。

根据《最高法解释》第144条的规定,被害人或者其法定代理人、近亲属仅对部分共同侵害人提起附带民事诉讼的,人民法院应当告知其可以对其他共同侵害人,包括没有被追究刑事责任的共同侵害人,一并提起附带民事诉讼,但共同犯罪案件中同案犯在逃的除外。被害人或者其法定代理人、近亲属放弃对其他共同侵害人的诉讼权利的,人民法院应当告知其相应法律后果,并在裁判文书中说明其放弃诉讼请求的情况。

根据《最高法解释》第146条的规定,共同犯罪案件,同案犯在逃的,不应列为附带民事诉讼被告人。逃跑的同案犯到案后,被害人或者其法定代理人、近亲属可以对其提起附带民事诉讼,但已经从其他共同犯罪人处获得足额赔偿的除外。

第三节 提起与审判

一、附带民事诉讼的提起

根据《刑事诉讼法》及《最高法解释》之规定,附带民事诉讼的提起程序可概括如下:(1)附带民事诉讼应当在刑事案件立案后及时提起。提起附带民事诉讼应当提交附带民事起诉状。(2)在侦查、审查起诉期间,有权提起附带民事诉讼的人提出赔偿要求,经公安机关、人民检察院调解,当事人双方达成协议并全部履行,被害人又坚持向法院提起附带民事诉讼的,人民法院不予受理,但有证据证明调解违反自愿、合法原则的除外。(3)人民法院收到附带民事起诉状后,应当进行审查,并在7日以内决定是否立案。符合《刑事诉讼法》第99条第1、2款以及《最高法解释》规定的,应当受理;不符合规定的,应当裁定驳回起诉。

附带民事诉讼必须在刑事诉讼过程中提起。一般而言,附带民事诉讼可以在侦查、起诉和审判阶段提起。立案以前不能提起附带民事诉讼,因为此时刑事诉讼尚未开始;在第一审程序法庭调查、法庭辩论活动中,亦可提起附带民事诉讼;在审判阶段,通常应当在第一审法庭调查结束前提起附带民事诉讼,至迟也必须在第一审判决宣告前提出;一旦第一审判决作出宣告,已经不再适合提起附带民事诉讼。根据《最高法解释》第 161 条之规定,有权提起附带民事诉讼的人在第一审期间没有提起附带民事诉讼,在第二审期间提起的,第二审人民法院可以依法进行调解;调解不成的,告知当事人可以在刑事判决、裁定生效后另行提起民事诉讼。根据《最高法解释》第 164 条之规定,被害人或者其法定代理人、近亲属在刑事诉讼过程中未提起附带民事诉讼,另行提起民事诉讼的,人民法院可以进行调解,或者根据物质损失情况作出判决。

二、附带民事诉讼的审判

根据《刑事诉讼法》及《最高法解释》的规定,附带民事诉讼的审判程序要点可概括如下:

(一) 附带民事诉讼的审判

根据《刑事诉讼法》第 102 条的规定,附带民事诉讼应当同刑事案件一并审判,只有为了防止刑事案件审判的过分迟延,才可以在刑事案件审判后,由同一审判组织继续审理附带民事诉讼。

对于被害人遭受的物质损失或者被告人的赔偿能力一时难以确定,以及附带民事诉讼当事人因故不能到庭等案件,为了防止刑事案件审判的过分迟延,附带民事诉讼可以在刑事案件审判后,由同一审判组织继续审理。如果同一审判组织的成员确实无法继续参加审判的,可以更换审判组织成员。

人民法院认定公诉案件被告人的行为不构成犯罪的,对已经提起的附带民事诉讼,经调解不能达成协议的,应当一并作出刑事附带民事判决。

(二) 附带民事诉讼适用民事诉讼法的有关规定

人民法院受理附带民事诉讼后,应当在 5 日内向附带民事诉讼的被告人送达附带民事起诉状副本,或者将口头起诉的内容及时通知附带民事诉讼的被告人,并制作笔录。被告人是未成年人的,应当将附带民事起诉状副本送达他的法定代理人。人民法院送达附带民事起诉状副本时,根据刑事案件审理的期限,确定被告人或者其法定代理人提交民事答辩状的时间。附带民事诉讼当事人对自己提出的主张,有责任提供证据。

(三) 附带民事诉讼中可以进行财产保全

人民法院对可能因被告人的行为或者其他原因,使附带民事判决难以执行的案件,根据附带民事诉讼原告人的申请,可以裁定采取保全措施,查封、扣押或者冻结被告人的财产;附带民事诉讼原告人未提出申请的,必要时,人民法院也可以采取保全措施。

有权提起附带民事诉讼的人因情况紧急,不立即申请保全将会使其合法权益受到难以弥补的损害的,可以在提起附带民事诉讼前,向被保全财产所在地、被申请人居住地或者对案件有管辖权的人民法院申请采取保全措施。申请人在人民法院受理刑事案件后 15 日内未提起附带民事诉讼的,人民法院应当解除保全措施。

人民法院采取保全措施,适用《民事诉讼法》第 100 条至第 105 条的有关规定,但《民事诉讼法》第 101 条第 3 款的规定除外。

✦ (四)附带民事诉讼可以调解与和解

《刑事诉讼法》第 101 条规定,人民法院审理附带民事诉讼案件,可以进行调解,或者根据物质损失情况作出判决、裁定。

根据上述规定,人民法院在审理附带民事诉讼案件时,可以调解。调解应当在自愿合法的基础上进行。经调解达成协议的,审判人员应当及时制作调解书。调解书经双方当事人签收后即发生法律效力。调解达成协议并当庭执行完毕的,可以不制作调解书,但应当记入笔录,经双方当事人、审判人员、书记员签名或者盖章即发生法律效力。经调解无法达成协议或者调解书签收前当事人反悔的,附带民事诉讼应当同刑事诉讼一并判决。附带民事诉讼的原告人经人民法院传票传唤,无正当理由拒不到庭,或者未经法庭许可中途退庭的,应当按自行撤诉处理。

✦ (五)附带民事诉讼可以缺席判决

附带民事诉讼原告人经传唤,无正当理由拒不到庭,或者未经法庭许可中途退庭的,应当按撤诉处理。刑事被告人以外的附带民事诉讼被告人经传唤,无正当理由拒不到庭,或者未经法庭许可中途退庭的,附带民事部分可以缺席判决。

✦ (六)附带民事诉讼中的诉讼费用

根据《最高法解释》第 162 条的规定,人民法院审理公诉刑事附带民事诉讼案件,不收取诉讼费。

三、附带民事诉讼的处理

✦ (一)附带民事诉讼的赔偿范围

《最高法解释》第 155 条第 1 款规定,对附带民事诉讼作出判决,应当根据犯罪行为造成的物质损失,结合案件具体情况,确定被告人应当赔偿的数额。第 2 款规定,犯罪行为造成被害人人身损害的,应当赔偿医疗费、护理费、交通费等为治疗和康复支付的合理费用,以及因误工减少的收入。造成被害人残疾的,还应当赔偿残疾生活辅助具费等费用;造成被害人死亡的,还应当赔偿丧葬费等费用。第 3 款规定,驾驶机动车致人伤亡或者造成公私财产重大损失,构成犯罪的,依照《中华人民共和国道路交通安全法》第 76 条的规定确定赔偿责任。

该条第 4 款规定,附带民事诉讼当事人就民事赔偿问题达成调解、和解协议的,赔偿范围、数额不受该条第 2 款、第 3 款规定的限制。

(二) 人民检察院作为附带民事诉讼原告人的处理

根据《最高法解释》第 156 条之规定,人民检察院提起附带民事诉讼的,人民法院经审理,认为附带民事诉讼被告人依法应当承担赔偿责任的,应当判令附带民事诉讼被告人直接向遭受损失的单位作出赔偿;遭受损失的单位已经终止,有权利义务继受人的,应当判令其向继受人作出赔偿;没有权利义务继受人的,应当判令其向人民检察院交付赔偿款,由人民检察院上缴国库。

(三) 附带民事诉讼赔偿情况对量刑的影响

根据《最高法解释》第 157 条的规定,审理刑事附带民事诉讼案件,人民法院应当结合被告人赔偿被害人物质损失的情况认定其悔罪表现,并在量刑时予以考虑。

第 9 章　期间与送达

【本章要义】　期间与送达主要属于技术性规范,但也会涉及当事人权利的保护和实现。期间包括法定期间与指定期间。期日则通常由刑事诉讼中的国家机关指定,而不存在法定期日之说。期间以时、日、月为计算单位。期间开始的时和日不计算在内。期间不包括在途的时间。期间届满前交邮的,以交邮的邮戳日期为准。期间包括节假日在内,但期间届满前最后一日为节假日的向后顺延一日,羁押期间除外。在特定情况下,期间可以恢复。送达的主体包括公检法机关。送达的内容是诉讼文件。送达的程序必须严格依照法律规定,否则将不发生送达的法律效力。

第一节　期间

一、期间与期日

刑事诉讼期间,是指公安机关、人民检察院、人民法院进行刑事诉讼以及当事人及其他诉讼参与人参加刑事诉讼必须遵守的时间期限。刑事诉讼期间一般由法律明确规定,称作法定期间;个别情况下可以由公安机关、司法机关指定,称作指定期间。法律规定的刑事诉讼期间包含两大部分:一部分是公、检、法三机关应当遵守的期间;另一部分是当事人及其他诉讼参与人应当遵守的期间。

在刑事诉讼中,除期间以外,还有期日。期日是指公、检、法三机关、诉讼参与人共同进行刑事诉讼活动的特定时间。我国《刑事诉讼法》对期日未作具体规定,司法实践中,由公、检、法三机关根据案件的具体情况和法律关于期间的一般规定予以指定。期日和期间关系紧密,同为诉讼中规范时间的重要概念,但两者有很大区别,主要为:(1) 期日是一个特定的单位时间,如某日、某时;期间指一定期限内的时间,即始于某期日又止于某期日的一段时间。(2) 期日是公、检、法三机关和诉讼参与人共同进行某项刑事诉讼活动的时间;期间则是公、检、法三机关或诉讼当事人及其他诉讼参与人各自单独进行某项诉讼活动的时间。(3) 期日由公安机关、检察机关或审判机关指定,遇有重大理由时可以变更;期间一般由法律明确加以规定,不得任意变更。(4) 期日只规定开始的时间,不规定终止的时间;期间则以规定的起、止时间为始期和终期。

根据法律的规定,我国刑事诉讼期间制度的内容主要有期间的计算和期间的恢复以及各种诉讼活动的法定期间。

二、期间的计算

(一) 计算单位

我国刑事诉讼的期间以时、日、月为计算单位。

(二) 计算方法

对于期间的计算主要应遵循以下规则:

(1) 期间开始的时和日不计算在期间以内。例如,不服判决的上诉和抗诉的期限为 10 日,这 10 日的期间应当从接到判决书的第二日起计算。

(2) 对于法定期间的计算,不包括路途上的时间。这一规则不仅适用于路途较远的当事人,而且也适用于公、检、法三机关,例如,公安机关在异地执行拘留后带回本地,则返回途中所需的时间不能计算在拘留后应在 24 小时以内对被拘留人进行讯问的期间内。

(3) 上诉状或者其他诉讼文件在期满前已经交邮的,应当以交邮的时间即当地邮局盖印邮戳的时间为准,而不能以邮件到达的时间为准。

(4) 为了保证诉讼活动的及时进行,节假日应当计算在期间以内。期间届满之日如果是法定节假日的,应当顺延至法定节假日后的第一个工作日,但对于被告人或者罪犯的在押期间,应当至期间届满之日为止,不得因节假日而延长在押期限。

三、期间的恢复

刑事诉讼期间的恢复,是指诉讼当事人因某种特殊的原因未能在法定期间内进行特定的诉讼活动,经人民法院许可,可以继续进行这种诉讼活动。设立期间恢复制度,是为了解决诉讼过程中可能发生的特殊情况,维护当事人的合法权益,保证诉讼活动的顺序进行。《刑事诉讼法》第 104 条规定:"当事人由于不能抗拒的原因或者有其他正当理由而耽误期限的,在障碍消除后 5 日以内,可以申请继续进行应当在期满以前完成的诉讼活动。前款申请是否准许,由人民法院裁定。"

根据这一规定,期间恢复的条件是:(1)只有当事人才可以提出恢复诉讼期间的申请,其他诉讼参与人无权提出这种申请。(2)当事人未能在法定期间完成特定的诉讼行为,是由于不能抗拒的原因或者有其他正当理由。例如,遭受水灾、火灾、地震、车祸,患有严重疾病,未收到诉讼文书,等等。(3)当事人的申请应当在妨碍其遵守法定期间的原因消除后5日以内,向审判本案的人民法院提出。(4)必须经人民法院裁定允许。人民法院在接到当事人的申请后,经过审查,认为当事人申请中所述情况真实,超过法定期间确实具有不可抗拒的原因或者其他正当理由,应当裁定允许其继续进行在原期间内未完成的诉讼活动。如果认为当事人不是因为不能抗拒的原因或者具有其他正当理由而耽误期限的,则裁定驳回。

四、法定期间

法定期间是指法律明确规定的诉讼时间期限。这种期间的开始是基于某种诉讼行为的实施或法律事实的发生。《刑事诉讼法》关于各种诉讼活动的期间有具体而明确的规定。概括起来主要有:

(一)强制措施期间

对犯罪嫌疑人、被告人拘传持续的时间最长不得超过12小时。对犯罪嫌疑人、被告人取保候审最长不得超过12个月;监视居住最长不得超过6个月。拘留或逮捕犯罪嫌疑人、被告人后,除有碍侦查或者无法通知的情形以外,拘留或逮捕机关应当在24小时以内把拘留或逮捕的原因和羁押处所通知被拘留人或被逮捕人的家属或所在单位;应当在24小时内对被拘留人或被逮捕人进行讯问。公安机关对被拘留的人认为需要逮捕的,应当在拘留后的3日内提请人民检察院审查批准,特殊情况下可以将提请审查批准的时间延长1—4日;对于流窜作案、结伙作案、多次作案的重大嫌疑分子,提请审查批准逮捕的时间可以延长至30日。人民检察院在接到公安机关提请批准逮捕书后,应当在7日以内作出批准或不批准逮捕的决定。人民检察院自行侦查的案件中,对被拘留的人需要逮捕的,应当在拘留后14日内作出决定;特殊情况下,决定逮捕的时间可以延长1—3日。

(二)与聘请律师、委托辩护人、诉讼代理人有关的期间

犯罪嫌疑人在被侦查机关第一次讯问或者采取强制措施之日起,有权委托辩护人;在侦查期间,只能委托律师作为辩护人。被告人有权限时委托辩护人。公诉案件被害人及其法定代理人或近亲属、附带民事诉讼当事人及其法定代理人自案件移送审查起诉之日起,有权委托诉讼代理人;侦查机关在第一次讯问犯

罪嫌疑人或者对犯罪嫌疑人采取强制措施的时候,应当告知犯罪嫌疑人有权委托辩护人;人民检察院自收到移送审查起诉的材料之日起3日以内,应当告知犯罪嫌疑人有权委托辩护人;应当告知被害人及其法定代理人或近亲属有权委托诉讼代理人。自诉案件的被告人有权随时委托辩护人;自诉人及其法定代理人、附带民事诉讼的当事人及其法定代理人有权随时委托诉讼代理人。人民法院自受理自诉案件之日起3日以内,应当告知被告人有权委托辩护人;应当告知自诉人及其法定代理人、附带民事诉讼的当事人及其法定代理人有权委托诉讼代理人。

✦（三）侦查羁押期间

对犯罪嫌疑人逮捕后的侦查羁押期限不得超过2个月。案情复杂、期限届满不能终结的案件,可以经上一级人民检察院批准延长1个月。对交通十分不便的边远地区的重大复杂案件、重大的犯罪集团案件、流窜作案的重大复杂案件,由于犯罪涉及面广且取证困难的重大复杂案件,在上述期限内不能侦查终结的,经省、自治区、直辖市人民检察院批准或者决定,可以再延长2个月。对犯罪嫌疑人可能判处10年有期徒刑以上刑罚,按照前述规定延长2个月期限届满仍不能侦查终结的,经省、自治区、直辖市人民检察院批准或者决定,可以再延长2个月。因为特殊原因,在较长时间内不宜交付审判的特别重大复杂的案件,由最高人民检察院报请全国人民代表大会常务委员会批准延期审理。

✦（四）审查起诉期间

人民检察院对公安机关移送审查起诉的案件,应当在1个月以内作出决定;重大复杂的案件,可以延长半个月。根据《最高检规则》第382条和第383条规定,对于退回公安机关补充侦查的案件,应当在一个月以内补充侦查完毕,补充侦查以两次为限;人民检察院在审查起诉中决定自行侦查的,应当在审查起诉期限内侦查完毕。

✦（五）对不起诉决定的申诉期间

被害人如果不服人民检察院作出的不起诉决定,可以在收到决定书后7日以内向上一级人民检察院提出申诉。被不起诉人如果对于人民检察院因"犯罪情节轻微,依照刑法规定不需要判处刑罚或者免除刑罚"而作出的不起诉决定不服,可以自收到决定书后7日以内向人民检察院申诉。

✦（六）一审程序期间

人民法院应当在开庭10日以前将人民检察院的起诉书副本送达被告人;应当在开庭3日以前将开庭时间、地点通知人民检察院;将传票、通知书最迟在开庭3日以前送达当事人、辩护人、诉讼代理人、证人、鉴定人和翻译人员。公开审判的案件,在开庭3日以前先期公布案由、被告人姓名、开庭时间和地点。在法庭审判过程中,检察人员发现提起公诉的案件需要补充侦查,提出建议经法庭同意延期审理的,人民检察院应当在1个月以内补充侦查完毕。人民法院当庭宣告判决的,应当在5日以内将判决书送达当事人和提起公诉的人民检察院;定期宣告判决的,应当在宣告后立即将判决书送达当事人和提起公诉的人民检察院。人民法院审理公诉案件,应当在受理后2个月内宣判,最迟不得超过3个月。对可能判处死刑的案件或者附带民事诉讼案件以及有《刑事诉讼法》第156条规定情形之一的案件,经上一级人民法院批准,可以延长3个月。因特殊情况还需要延长的,报请最高人民法院批准。

适用普通程序审理的被告人被羁押的自诉案件,适用与公诉案件相同的审判期限。适用普通程序审理的被告人未被羁押的自诉案件,应当在受理后6个月内宣判。

适用简易程序审理的案件,应当在受理后20日内审结;对可能判处的有期徒刑超过3年的,可以延长至一个半月。

✦ (七) 上诉抗诉期间

不服第一审判决的上诉和抗诉的期限为10日;不服第一审裁定的上诉和抗诉的期限为5日。被害人及其法定代理人不服地方各级人民法院第一审判决的,自收到判决书后5日以内,有权请求人民检察院提出抗诉。人民检察院自收到被害人及其法定代理人的请求后5日以内,应当作出是否抗诉的决定,并且答复请求人。

✦ (八) 二审程序期间

上诉人通过原审人民法院提出上诉的,原审人民法院在3日以内将上诉状连同案卷、证据移送上一级人民法院,同时将上诉状副本送交同级人民检察院和对方当事人。上诉人直接向第二审人民法院提出上诉的,第二审人民法院应在3日以内将上诉状交原审人民法院送交同级人民检察院和对方当事人。第二审人民法院对于人民检察院依照上诉程序提出抗诉的案件或者开庭审理的公诉案件,必须在开庭10日以前通知人民检察院查阅案卷。第二审人民法院受理上诉、抗诉案件,应当在两个月以内审结。对可能判处死刑的案件或者附带民事诉讼的案件,以及有《刑事诉讼法》第156条规定情形的案件,经省、自治区、直辖市高级人民法院批准或决定,可以延长2个月;因特殊情况还需要延长的,报请最高人民法院批准。

最高人民法院受理上诉、抗诉案件的审理期限,由最高人民法院决定。

✦ (九) 再审程序期间

人民法院按照审判监督程序重新审判的案件,应当在作出提审、再审决定之日起3个月以内审结。需要延长期限的,不得超过6个月。接受抗诉的人民法院按照审判监督程序审判抗诉的案件,审理期限适用上述规定;对需要指令下级人民法院再审的,应当自接受抗诉之日起 1 个月内作出决定,下级人民法院审理案件的期限适用上述规定。

(十) 死刑执行期间

下级人民法院接到最高人民法院或者高级人民法院执行死刑的命令后,应当在 7 日以内交付执行。

(十一) 变更执行的监督期间

人民检察院认为暂予监外执行不当的,应当自接到通知之日起 1 个月以内将书面意见送交批准暂予监外执行的机关;批准暂予监外执行的机关接到人民检察院的书面意见后,应当立即对该决定进行重新核查。人民检察院认为人民法院减刑、假释的裁定不当,应当自收到裁定书副本后 20 日以内,向人民法院提出书面纠正意见。人民法院应当在收到纠正意见后 1 个月以内重新组成合议庭进行审理,作出最终裁决。

(十二) 申请恢复期间的期间

当事人由于不能抗拒的原因或者有其他正当理由而耽误期限的,在障碍消除后 5 日以内,可以申请继续进行应当在期满以前完成的诉讼活动。

(十三) 特殊情况的期间的计算

针对诉讼过程中可能出现的一些特殊情况,《刑事诉讼法》规定了特殊情况下诉讼期间的计算:(1) 在侦查期间,发现犯罪嫌疑人另有重要罪行的,自发现之日起依照《刑事诉讼法》第 154 条的规定重新计算侦查羁押期限。犯罪嫌疑人不讲真实姓名、住址,身份不明的,侦查羁押期限自查清身份之日起计算,但是不得停止对其犯罪行为的侦查取证。(2) 对于补充侦查的案件,补充侦查完毕移送人民检察院后,人民检察院重新计算审查起诉期限。(3) 人民检察院审查起诉的案件,改变管辖的,从改变后的人民检察院收到案件之日起计算审查起诉期限。(4) 人民法院改变管辖的案件,从改变后的人民法院收到案件之日起计算审理期限。(5) 人民法院审判案件过程中,人民检察院补充侦查的案件,补充侦查完毕移送人民法院后,人民法院重新计算审理期限。(6) 适用简易程序转为普通程序审理的案件,审理期限应当从决定转为普通程序之日起计算。

第二节 送达

一、送达的概念及特点

刑事诉讼中的送达,是指公、检、法三机关按照法定程序和方式将诉讼文件

送交收件人的诉讼活动。送达作为一项诉讼行为,具有以下特点:

首先,送达的主体只能是公、检、法三机关。送达是发生在送达主体与送达对象之间的一种法律关系,在这一法律关系中,发件人只能是公安机关、人民检察院和人民法院。收件人可以是诉讼参与人,也可以是有关的机关或单位。因此,诉讼参与人向公、检、法三机关递交诉讼文书或者其相互之间传递诉讼文书的行为,不是刑事诉讼中的送达。

其次,送达的内容是诉讼文件。其中公、检、法三机关制作的诉讼文件是送达的主要内容,例如,传票、通知书、起诉书、不起诉决定书、判决书、裁定书、调解书等。此外,自诉状副本、附带民事诉状和答辩状的副本、上诉状的副本等由当事人制作的诉讼文书,也是通过人民法院送达的。

最后,对送达的程序和方式法律有明确规定。实施送达行为,必须严格依照法律规定的程序和方式进行,否则不能产生送达的法律效力。

二、送达回证

送达回证,又称送达证、送达证书,是指公、检、法三机关制作的用以证明送达行为及其结果的诉讼文件。送达回证的内容包括:送达机关和送达文件的名称;被送达人姓名(名称)、职业职务、住所地或者经常居住地;送达方式;送达人和被送达人签名、盖章;签收日期等。

送达回证是送达人完成送达任务的凭证,也是被送达人接收或者拒收所送达的诉讼文件的证明,同时也是检查公、检、法三机关是否按照法定程序和方式送达诉讼文件、认定当事人及其他诉讼参与人的诉讼行为是否有效的依据。

三、送达程序

根据《刑事诉讼法》第 105 条的规定,诉讼文件的送达应遵循下列程序:

1. 传票、通知书和其他诉讼文件的送达,应当交给收件人本人;如果本人不在,可以交给他的成年家属或者所在单位的负责人代收。

2. 收件人本人或者代收人拒绝接收或者拒绝签名、盖章的时候,送达人可以邀请他的邻居或者其他见证人到场,说明情况,把文件留在其住处,在送达证上注明拒绝的事由、送达的日期,由送达人签名,即认为已经送达。

3. 根据最高人民法院的规定,直接送达诉讼文件有困难的,可以委托收件人所在地的人民法院代为送达,或者邮寄送达。委托送达的,应当将委托函、委托送达的诉讼文件及送达回证,寄送收件人所在地的人民法院。受委托的人民法院收到委托送达的诉讼文件,应当登记,并由专人及时送交收件人,然后将送达回证及时退回原人民法院。受委托的人民法院无法送达时,应将无法送达的原因及时告知原人民法院,并将诉讼文件及送达回证退回。

4. 邮寄送达的,应当将诉讼文件、送达回证挂号邮寄给收件人。挂号回执上注明的日期为送达的日期。

5. 诉讼文件的收件人是军人的,可以通过所在部队团级以上单位的政治部门转交。收件人正在服刑的,可以通过所在监狱或者其他执行机关转交;收件人正在劳动教养的,可以通过劳动教养单位转交。代为转交的部门、单位收到诉讼文件后,应当立即交收件人签收,并将送达回证及时退回送达的人民法院。

6. 送达人不按法律要求送达,致使诉讼活动不能顺利进行的,应当由送达人负责。如果已经合法送达,收件人本人不按文件的要求执行,由此产生的法律后果,应由收件人本人负责。

第三编

分论

第10章 立 案

【本章要义】 立案是中国刑事诉讼的第一个阶段。它是指公安机关、人民检察院和人民法院等机关,对报案、控告、举报和犯罪嫌疑人自首的材料进行审查,根据事实和法律,决定是否作为一个案件进行侦查或审判的诉讼活动。

刑事诉讼中的立案,涵盖了公安机关、人民检察院和人民法院对报案、控告、举报、自首等开启刑事诉讼程序的行为进行审查、处理的活动,而不仅仅包括公安机关的活动。但就其实质而言,这些活动无非都是围绕侦查与审判的启动而进行,并且由于人民法院直接受理自诉案件之数量远较其受理审判之公诉案件为少,因此,上述活动亦可以认为主要是围绕侦查的启动而进行。本章内容主要就是关于侦查启动的内容。为照顾我国现行法律之规定,行文仍然以"立案"来称呼,对审判之启动亦有所兼顾。

第一节 立案的材料来源与立案的条件

一、立案的材料来源

立案的材料来源,就是立案阶段案件线索来源和有关案件的证据来源。根据《刑事诉讼法》第107条、第108条、第109条、第112条之规定及有关的司法实践,立案材料主要来源于以下方面:

(一)公安机关、检察机关直接发现的犯罪事实或犯罪嫌疑人

公安机关在刑事诉讼中是负责侦查的机关,人民检察院对于属其直接受理的案件亦负有侦查之责,因此,上述两机关处于同犯罪作斗争的第一线,他们在履行职责过程中直接发现的犯罪线索及有关犯罪的证据,是立案材料的主要来

源之一。从理论上说,人民法院之所以不是直接发现犯罪事实或犯罪嫌疑人的主体,是因为人民法院的职责主要是审判;打击犯罪并非其直接追求之目标,而是其在审判过程中附带产生之效果。传统的观念认为人民法院亦负有打击犯罪、保护社会秩序之责,从程序正义角度来看,这种观点忽略了刑事诉讼程序之公平价值与法官之中立地位,而且将目的与效果混为一谈,在经济社会日益多元化的今天,应当逐步淡化人民法院的专政职能。

(二) 单位或个人的报案或举报

《刑事诉讼法》第108条第1款规定:"任何单位和个人发现有犯罪事实或者犯罪嫌疑人,有权利也有义务向公安机关、人民检察院或者人民法院报案或者举报。"报案是指机关、团体、企事业单位或者普通公民包括被害人向负责侦查、起诉和审判的机关报告案件情况的行为。举报则是指被害人以外的机关、团体、企事业单位或者普通公民向负责侦查、起诉和审判的机关揭露犯罪事实以及犯罪嫌疑人、被告人的行为。报案和举报都是立案的重要材料来源。

如前所述,人民法院的职责主要是负责审判,对侦查、起诉等事项概不负责;抽象地说,人民法院还要负责维护社会正义,其中亦包含实现被告人所要求之正义,因此,程序上的正当性对人民法院之审判而言为第一要义。因此,从理论上看,应当将接受报案、举报、自首的机关统一规定为公安机关和人民检察院,以便人民法院能够全力以赴负责审判。

(三) 被害人的报案或控告

《刑事诉讼法》第108条第2款规定:"被害人对侵犯其人身、财产权利的犯罪事实或者犯罪嫌疑人,有权向公安机关、人民检察院或者人民法院报案或者控告。"控告和举报既有联系又有区别。控告主要是指被害人通过书面或口头方式对犯罪嫌疑人及其犯罪事实进行的指控或告发,举报则不限于被害人的指控或告发,其形式也更为多样。控告、举报也不同于报案。控告和举报一般都有明确的指控对象,而报案往往可能是报案人只了解案件的发生情况,而不了解犯罪事实系何人所为。

(四) 自诉

《刑事诉讼法》第112条规定:"对于自诉案件,被害人有权向人民法院直接起诉。被害人死亡或者丧失行为能力的,被害人的法定代理人、近亲属有权向人民法院起诉。人民法院应当依法受理。"据此,自诉人的自诉也是人民法院立案的材料来源之一。

(五) 自首

《刑事诉讼法》第108条第4款规定,犯罪人向公安机关、人民检察院或者人民法院自首的,公安机关、人民检察院或人民法院都应当接受,并应当按照有关管辖的规定进行处理。根据《刑法》第 67 条之规定,自首是指犯罪分子"犯罪以后自动投案,如实供述自己的罪行"的行为。它包括自动投案和如实供述自己的罪行两个要件。由于自首通常都引起刑事诉讼程序之发动,因此也被视为立案的重要来源之一。

二、立案的条件

(一) 立案条件的法律界定

《刑事诉讼法》第 110 条规定:"人民法院、人民检察院或者公安机关对于报案、控告、举报和自首的材料,应当按照管辖范围,迅速进行审查,认为有犯罪事实需要追究刑事责任的时候,应当立案;认为没有犯罪事实,或者犯罪事实显著轻微,不需要追究刑事责任的时候,不予立案,并且将不立案的原因通知控告人。控告人如果不服,可以申请复议。"另据《刑事诉讼法》第 108 条第 3 款、第 4 款之规定,公安机关、人民检察院、人民法院对于并不属于自己管辖的案件,应当移送有管辖权的机关处理,以及《刑事诉讼法》第 107 条之规定,公安机关或者人民检察院发现犯罪事实或者犯罪嫌疑人,应当按照管辖范围立案侦查。因此,立案必须同时具备实体上"有犯罪事实发生"、"需要追究刑事责任"这两个要件和程序上有管辖权之要件。

(二) 立案条件的理论解说

根据法律规定,立案的第一个条件是"认为有犯罪事实发生",对此理论上有称之为"事实要件"者。其实从该要件来看,称其为"犯罪事实",实际上已经包含了对行为的法律判断,因此,单纯以"事实要件"来概括,难免片面之嫌。值得注意的是,此处法律规定的是"认为有犯罪事实",并未规定立案的证明标准,因此,此要件实为非常宽松之要件。

立案的第二个要件是需要追究刑事责任。从实体法的角度而言,有些犯罪虽具有犯罪性质,但不需要追究刑事责任。例如,对十分轻微之犯罪,立法上就明确不需要追究刑事责任;《刑事诉讼法》第 15 条规定的诸项情形,也属于不追究刑事责任的情形。因此,不立案实际上包括三种情形:第一,认为没有犯罪事实;第二,认为有犯罪事实,但犯罪事实显著轻微,因而不需要追究刑事责任;第三,犯罪事实不轻微,但不需要追究刑事责任。

立案的第三个条件是属于作出立案决定之机关管辖。我国《刑事诉讼法》对"管辖"这一概念使用了两个词汇,一个是"管辖"这一章中的"管辖",另一个是"立案"这一章中的"主管"。"主管"指的是公检法三机关在受理刑事案件方面的权限分工,相当于"管辖"当中的"立案管辖"。立案在程序上的要件,就是立案的案件必须属于作出立案决定的机关主管或管辖案件范围之内。

> **案例10-1**
>
> **女子粗心误转治病钱,警方拒绝立案**
>
> 2012年10月19日中午,因为家人生病需治疗费用,王女士通过自己的民生银行网上银行,将8万元转到自己工商银行的私人账户。第一次转账王女士顺利转了5万元。在进行第二笔3万元转账后,王女士查询自己的账户,结果发现第二笔钱转到了自己以前的一个客户账户。王某与该客户以前曾有过资金往来,其网银记忆了对方的银行账号。王在操作时,粗心地按下了这个记忆账号,错转到别人的账上。户主姓叶,并不熟识,因时间太长,相关信息已经找不到了。最后通过朋友,他们辗转找到对方电话,结果发现处于关机状态。银行答复:必须先到公安部门报案,然后携公安部门开具的公函,才能冻结账户并告知客户的个人信息。王随后又立即到当地派出所报案,但派出所的民警说因为是他自己转错账,因而无法立案,更无法出具公函。①
>
> **解说与点评**:在上述案例中,王的转账行为导致叶不当得利,叶并未实施任何违法犯罪行为。因此公安机关不立案的决定是正确的,王的财产利益应当通过与银行协商或提起民事诉讼等途径解决。

第二节 对立案材料的接受与审查

一、对立案材料的接受

(一) 对立案材料均必须予以接受

《刑事诉讼法》第108条第3款规定:"公安机关、人民检察院或者人民法院对于报案、控告、举报,都应当接受。对于不属于自己管辖的,应当移送主管机关处理,并且通知报案人、控告人、举报人;对于不属于自己管辖而又必须采取紧急措施的,应当先采取紧急措施,然后移送主管机关。"第4款规定:"犯罪人向公安机关、人民检察院或者人民法院自首的,适用第3款规定。"因此,对于报案、举报、控告、自首等立案的材料来源,公安机关、人民检察院、人民法院首先都应当接受并进行登记。接受并不等于立案,立案是接受材料之后的一种决定,接受

---

① 原始资料来源:http://news.sohu.com/20121021/n355340485.shtml,最后访问时间:2012年10月21日。有改编。

是在立案之前对立案材料来源的受理。接受以后对于不属于自己直接受理的案件范围的,应当移送主管机关处理,并且通知报案人、控告人和举报人;对于属于自己管辖,但根据案情需要采取紧急措施的,应当先采取紧急措施,然后再移送主管机关处理。

✦ (二) 对报案、控告与举报的程序保障

《刑事诉讼法》第109条第1款规定:报案、控告、举报可以用书面或者口头提出;接受口头报案、控告、举报的工作人员,应当写成笔录,经宣读无误后,由报案人、控告人、举报人签名或者盖章。第2款规定:接受控告、举报的工作人员,应当向控告人、举报人说明诬告应负的法律责任;但是,只要不是捏造事实,伪造证据,即使控告、举报的事实有出入,甚至是错告的,也要和诬告严格加以区别。第3款规定:公安机关、人民检察院或者人民法院应当保障报案人、控告人、举报人及其近亲属的安全;报案人、控告人、举报人如果不愿公开自己的姓名和报案、控告、举报的行为,应当为他保守秘密。

二、对立案材料的审查与处理

✦ (一) 对立案材料的审查

对立案材料的审查,是指对报案、控告、举报、自首等立案材料进行调查、分析与判断,以决定是否存在犯罪行为、需要追究刑事责任,从而作出是否立案之决定的行为。

根据《最高检规则》第168条之规定,人民检察院侦查部门对举报中心移交举报的线索进行审查后,认为需要初查的,应当报检察长或者检察委员会决定是否进行初查。举报线索的初查由侦查部门进行。但性质不明,难以归口处理的案件线索可以由举报中心进行初查。该《规则》第173条规定,在举报线索的初查过程中,可以进行询问、查询、勘验、鉴定、调取证据材料等不限制被查对象人身、财产权利的措施。不得对被查对象采取强制措施,不得查封、扣押、冻结被查对象的财产,不得采用技术侦查措施。由此可见,初查是人民检察院对立案材料进行审查的一个重要方式。此方式实际上亦适用于公安机关对立案材料进行的审查,因此《公安部规定》对初查程序作了大体相同的规定。

对于自诉案件,如果立案审查人员与案件实际审判人员不分,则容易滋生先定后审之弊端;因立案之实体条件就是"认为有犯罪事实发生需要追究刑事责任",人民法院在立案时当然必须满足这一条件,因此,若立案人员与审判人员同一,势必出现先定后审之结果,对于被告人实为不公,因此如何建立自诉案件的立案审查程序,殊有探讨之必要。但人民法院在立案阶段不宜采取"初查"这一类手段进行审查,应当是一目了然。

(二) 对立案材料审查后的处理

对立案材料审查后的处理,是指公安机关、人民检察院、人民法院对立案材料进行审查后作出是否立案的决定。《刑事诉讼法》第110条规定:"人民法院、人民检察院或者公安机关对于报案、控告、举报和自首的材料,应当按照管辖范围,迅速进行审查,认为有犯罪事实需要追究刑事责任的时候,应当立案;认为没有犯罪事实,或者犯罪事实显著轻微,不需要追究刑事责任的时候,不予立案,并且将不立案的原因通知控告人。控告人如果不服,可以申请复议。"因此,审查后的处理或者为立案,或者为不立案。

一般而言,如果报案、控告、举报指向的是公安机关,公安机关受理案件后,经过审查,认为有犯罪事实需要追究刑事责任,且属于自己管辖的,由接受单位制作"刑事案件立案报告书",经县级以上公安机关负责人批准,予以立案,并制作"立案决定书"。认为没有犯罪事实,或者犯罪情节显著轻微不需要追究刑事责任,或者具有其他依法不追究刑事责任情形的,接受单位应当制作"呈请不予立案报告书",经县级以上公安机关负责人批准,不予立案。

人民检察院侦查部门经过初查后认为应当立案的,应当制作审查结论报告,由检察长决定,并报上一级人民检察院备案。决定立案侦查的,应当制作"立案决定书"。人民检察院对于未构成犯罪,决定不予立案,但需要追究党纪、政纪责任的被举报人,应当移送有关主管机关处理。

对于自诉案件,人民法院应当在收到自诉状或者口头告诉第二日起15日以内作出是否立案的决定,并书面通知自诉人或者代为告诉人。对于附带民事诉讼,人民法院收到附带民事诉状后,应当进行审查,并在7日以内决定是否立案。符合《刑事诉讼法》第99条以及《最高法解释》第145条规定的,应当受理;不符合规定的,应当裁定不予受理。

三、对不立案决定的救济

(一) 控告人申请原决定机关复议

对于有控告人的案件,决定不予立案的,公安机关应当制作"不予立案通知书",在7日内送达控告人。控告人对不立案决定不服的,可以在收到"不予立案通知书"后7日内向原决定的公安机关申请复议。原决定的公安机关应当在收到复议申请后10日内作出决定,并书面通知控告人。人民检察院决定不予立案的,如果是被害人控告的,应当制作"不立案通知书",写明案由和案件来源、决定不立案的原因和法律依据,在7日以内送达控告人。控告人如果不服,可以在收到不立案通知书后10日以内申请复议。人民检察院应当在收到复议申请后15日以内作出答复。对不立案的复议,由人民检察院负责初查工作的部门办理。

(二) 人民检察院进行立案监督

《刑事诉讼法》第 111 条规定:"人民检察院认为公安机关对应当立案侦查的案件而不立案侦查的,或者被害人认为公安机关对应当立案侦查的案件而不立案侦查,向人民检察院提出的,人民检察院应当要求公安机关说明不立案的理由。人民检察院认为公安机关不立案理由不能成立的,应当通知公安机关立案,公安机关接到通知后应当立案。"根据上述规定及六机关《规定》,公安机关在收到人民检察院"要求说明不立案理由通知书"后 7 日内应当将说明情况书面答复人民检察院。人民检察院认为公安机关不立案理由不能成立,发出"通知立案书"时,应当将有关证明应该立案的材料同时移送公安机关。公安机关在收到"通知立案书"后,应当在 15 日内决定立案,并将立案决定书送达人民检察院。

(三) 向人民法院提起自诉

根据《刑事诉讼法》第 204 条第 3 项之规定,被害人对有证据证明对被告人侵犯自己人身、财产权利的行为应当依法追究刑事责任,而公安机关或者人民检察院不予追究被告人刑事责任的案件,可以向人民法院提起自诉。因此,对公安机关、人民检察院作出的不立案决定,被害人可以通过向人民法院提起自诉的方式获得救济。

第 11 章 侦 查

【本章要义】 侦查是刑事诉讼审前程序中最重要的阶段。它在很多方面会涉及对公民基本权利的侵犯。如何对侦查行为进行有效的规制，历来是各国刑事诉讼法规范的重点。我国《刑事诉讼法》规定了八种侦查措施，其中既有授权性规范，也有约束性规范，学习时应以约束性规范为重。

第一节 概述

一、侦查的概念和原则

(一) 侦查的概念

《刑事诉讼法》第 106 条第 1 项规定："侦查是指公安机关、人民检察院在办理案件过程中，依照法律进行的专门调查工作和有关的强制性措施。"结合该法第 4 条（国家安全机关办理危害国家安全案件行使与公安机关相同的职权）、第 290 条（监狱、军队保卫部门负责侦查监狱、军队内部犯罪的案件）的规定，侦查是指特定的国家机关（包括公安机关、人民检察院、国家安全机关、军队保卫部门和监狱）为收集证据、查明案件事实、查获犯罪分子而进行的专门调查工作和依法采取的强制性措施。

(二) 侦查的原则

根据《刑事诉讼法》第 113 条的规定，侦查工作应当遵循客观全面的原则，既要收集犯罪嫌疑人有罪、罪重的证据材料，也要收集犯罪嫌疑人无罪或者罪轻的材料。《刑事诉讼法》如此规定的目的，一是保证侦查过程中搜集的信息全面，从而为确定正确的侦查方向奠定基础；二是保证无辜者不受错误追究，保证打击犯罪的准确性，保证不枉不纵，实现《刑法》和《刑事诉讼法》的目的和任务。

二、侦查的目的与方法

(一) 侦查的目的

刑事诉讼中,保证被告人到庭接受审判乃是诉讼顺利进行之第一要务;为实现此目的,必须先将被告人予以保全;欲保全被告人,必须先找到被告人。因此,侦查之第一个目标,就是寻找被告人,或确定犯罪嫌疑人。在犯罪嫌疑人、被告人确定之后,法庭审判尚需证据证明犯罪行为系该被告人所为,因此,侦查之第二个目标,就是搜集、保全证据。以上两大目标,是各国刑事诉讼侦查所追求之基本目标,且二者相辅相成、密不可分:如无充分证据,极可能使真正的犯罪分子逃脱法网;若不能及时将犯罪分子缉拿归案,即使费尽心力搜集到足够之证据,亦属无用之功。因此,两个目标可说同等重要,在侦查中皆不能加以忽视。

(二) 侦查的方法

侦查行为是为揭露犯罪、证实犯罪、查明案件真实情况、查获犯罪嫌疑人等目的而进行的专门调查工作和有关的强制性措施。其内容包括讯问犯罪嫌疑人、询问证人、勘验、检查、扣押物证、书证、鉴定和通缉等活动。这些活动中有些内容不具有强制性,有些内容则具有强制性。因此,有论者将具有强制性之侦查行为称为"强制侦查",而将不具有强制性之侦查行为称为"任意侦查"。① 在西方很多国家,强制措施分为对人的强制措施和对物的强制措施两种,搜查、扣押物证、书证等行为,均被视为对物的强制措施。在我国,《刑事诉讼法》规定的强制措施仅指对人的强制措施,而将对物的强制措施规定为侦查行为。

三、侦查工作的种类

《刑事诉讼法》以专章对侦查进行规定,并分节对各种侦查措施加以规范。1996年《刑事诉讼法》一共规定了7种侦查措施,分别是:(1) 讯问犯罪嫌疑人;(2) 询问证人和被害人;(3) 勘验、检查;(4) 搜查;(5) 查封、扣押物证、书证;(6) 鉴定;(7) 通缉。2012年《刑事诉讼法》修改时增加了技术侦查这种侦查手段。实践中,除上述侦查措施以外,辨认也是比较常用的侦查手段,但是《刑事诉讼法》本身并没有规定。因此,按《刑事诉讼法》规定,一共是8种侦查措施。按司法实践,一共是9种侦查措施。实践中的侦查措施实际上还要丰富,但是以上9种侦查措施最有可能、实际上也最经常导致对公民基本权利的侵犯,因此也

---

① 如黄东熊认为:"侦查在方法上,可分为'任意侦查'与'强制侦查'。前者为不使用强制力或强制处分而为之侦查;后者则以强制力或强制处分所为之侦查。同时,后者只限于有狭义之成文法依据,始得为之;而前者因不涉及人民之自由、权利,故不必有成文法之依据亦得为之。"参见黄东熊、吴景芳著:《刑事诉讼法论》,台湾三民书局2002年版,第132页。

最需要对这些侦查措施进行法律规制。以下对这些侦查措施分别予以阐述。

第二节 侦查行为及其规制

一、讯问犯罪嫌疑人

(一) 讯问主体

《刑事诉讼法》第116条第1款规定："讯问犯罪嫌疑人必须由人民检察院或者公安机关的侦查人员负责进行。讯问的时候,侦查人员不得少于二人。"因人民检察院、国家安全机关、军队、监狱保卫部门及走私犯罪侦查局均有侦查权,因此,此处之侦查人员不限于公安机关之侦查人员。但普遍存在于各地之治安联防人员是否亦属于"侦查人员"之列？笔者以为,为维护国家法律能得到严格执行,此处之"侦查人员"应当仅指各有权之侦查机关具有警衔之正式在编警察。如讯问之主体不适格,其所获得犯罪嫌疑人之口供是否具有证据效力？本书认为,实践中很难将此类证据排除。最可能的做法,是要求适格之侦查人员重新讯问。

(二) 讯问场所

《刑事诉讼法》第116条第2款规定："犯罪嫌疑人被送交看守所羁押以后,侦查人员对其进行讯问,应当在看守所内进行。"该款规定是2012年《刑事诉讼法》修改时增加的规定,其目的是保证侦查人员对犯罪嫌疑人的讯问在规则比较严格的看守所进行,防止犯罪嫌疑人在其他场所讯问时受到刑讯逼供。根据《刑事诉讼法》第83条的规定,公安机关拘留人以后,应当立即将被拘留人送看守所羁押,至迟不得超过24小时。这一规定的目的,也主要是防止犯罪嫌疑人在其他场所遭受刑讯逼供。

《刑事诉讼法》第117条第1款规定："对于不需要逮捕、拘留的犯罪嫌疑人,可以传唤到犯罪嫌疑人所在的市、县内的指定地点或者到他的住处进行讯问,但是应当出示人民检察院或者公安机关的证明文件。对在现场发现的犯罪嫌疑人,经出示工作证件,可以口头传唤,但应当在讯问笔录中注明。"据此规定,讯问实际上可以分为监禁性讯问和非监禁性讯问。所谓监禁性讯问,是指犯罪嫌疑人被采取拘留、逮捕措施从而处于监禁状态、其人身自由受到剥夺情况下进行的讯问。所谓非监禁性讯问,就是指犯罪嫌疑人的人身自由未受到剥夺的情况下进行的讯问。在刑事诉讼中,被拘留、逮捕的犯罪嫌疑人在被拘留、逮捕期间遭受的讯问,均属于监禁性讯问;被拘传的犯罪嫌疑人,其人身自由暂时处于被剥夺状态,也应当属于监禁性讯问。被传唤而遭受讯问的犯罪嫌疑人,其讯问一般属于非监禁性讯问。理论上,对于未被逮捕、拘留之犯罪嫌疑人、被告人进行传唤讯问,或者侦查人员到该犯罪嫌疑人家中进行讯问时,因该讯问实际上属于任意侦查行为而非强制侦查行为,该被讯问之犯罪嫌疑人得拒绝讯问。但如系拘传、逮捕、拘留等措施,则犯罪嫌疑人不得拒绝讯问。

《刑事诉讼法》第 117 条第 2 款规定:"传唤、拘传持续的时间不得超过 12 小时;案情特别重大、复杂,需要采取拘留、逮捕措施的,传唤、拘传持续的时间不得超过 24 小时。"按 1996 年《刑事诉讼法》的规定,传唤、拘传的最长时间为 12 小时。2012 年《刑事诉讼法》将这一期限延长为 24 小时,但将案件范围限定为"案情特别重大、复杂,需要采取拘留、逮捕措施"的案件。尽管有这一限定,但这些限定语本身比较模糊。《最高检规则》与《公安部规定》对何为"案情重大、复杂"均未作界定,其意图显然在于维持法律规定的模糊性,加强自身执法权力的灵活性。因此其实践状况如何,还有待观察。

《刑事诉讼法》第 117 条第 3 款规定:"不得以连续传唤、拘传的形式变相拘禁犯罪嫌疑人。传唤、拘传犯罪嫌疑人,应当保证犯罪嫌疑人的饮食和必要的休息时间。"保证犯罪嫌疑人饮食和必要的休息时间,是随着传唤、拘传时间的延长而新增的规定。如将传唤、拘传的期限限定在 12 小时以内,则饮食、休息等相对不那么重要。但在 24 小时的期限之下,为防止疲劳讯问、饥饿讯问等不人道询问方法的使用,就有必要增加饮食和休息时间的规定。依照立法者的这一思路,则在犯罪嫌疑人被拘留、逮捕的场合,均应当保证犯罪嫌疑人日常饮食和必要的休息时间。

✦ **(三) 讯问同案嫌疑人应分别进行**

讯问同案的犯罪嫌疑人,应当个别进行(《公安部规定》第 197 条第 2 款)。讯问同案犯罪嫌疑人应当分别进行,乃是出于防止被讯问人互相串通,或者互相揣测对方意图,影响讯问效果,及所获得供述之真实性。在有些案件中,侦查人员为促使同案犯罪嫌疑人招供,可能会以优惠之条件为许诺;若讯问犯罪嫌疑人时同时同地进行,则此种许诺或者归于无效,或者会由于同案犯罪嫌疑人均在场而提高许诺之条件,从而增加侦查之成本。因此之故,法律通常要求讯问犯罪嫌疑人时必须分别进行。也正因有此规则,乃产生经济学上著名之"囚徒困境"理论。

案例 11-1

侦查讯问规则与囚徒困境理论

甲乙二人因共同犯罪而被逮捕,侦查人员对每个囚犯单独讯问,讯问时说:"我已经有足够的证据判处你们两人每人至少 1 年有期徒刑。如果你单独坦白交代本应该被判处 10 年有期徒刑的罪行,我就可以与你达成一笔交易,请求法官只对你判处3个月拘役,而你的同伙要被判处10年有期徒刑。但是,如果你两人都坦白交代,那么,两人均要判处5年有期徒刑。"在这一情境下,甲乙均处于两难选择,而且其选择均将基于对对方将如何选择的猜测。甲如果知道乙不会坦白,那么对他来说坦白是最划算的,因为那样他将可以只被判3个月拘役;但是他并不知道乙是否会坦白;如果乙也坦白,那么两人均要入狱5年;最好的办法也许是都不坦白,但是如果乙坦白而甲却不坦白,则甲就将被判处10年有期徒刑……所以,要是能知道乙会作出何种选择就好了。同样,乙也在想:要是知道甲如何选择就好了。

　　这就是经济学上著名的囚徒困境。其在经济学上之原理与意义,可参阅:〔美〕保罗·A. 萨缪尔森、威廉·D. 诺德豪斯著:《经济学(第12版)》,高鸿业译,中国发展出版社1992年版,第924—925页。

✦ **(四)讯问前应告知权利**

　　根据《公安部规定》第198条第3款,第一次讯问,应当问明犯罪嫌疑人的姓名、别名、曾用名、出生年月日、户籍所在地、现住地、籍贯、出生地、民族、职业、文化程度、家庭情况、社会经历、是否受过刑事处罚或者行政处理等情况。根据《刑事诉讼法》第118条第1款及《公安部规定》第198条第1款的规定,侦查人员在讯问犯罪嫌疑人的时候,应当首先讯问犯罪嫌疑人是否有犯罪行为,让他陈述有罪的情节或者无罪的辩解,然后向他提出问题。

✦ **(五)反对自我归罪与如实回答义务**

　　《刑事诉讼法》第118条第1款规定:"……犯罪嫌疑人对侦查人员的提问,应当如实回答。但是对与本案无关的问题,有拒绝回答的权利。"第2款规定:"侦查人员在讯问犯罪嫌疑人的时候,应当告知犯罪嫌疑人如实供述自己罪行可以从宽处理的法律规定。"据此规定,似乎《刑事诉讼法》赋予了犯罪嫌疑人如实回答与本案有关的问题的普遍义务。但根据《刑事诉讼法》第50条的规定,不得强迫任何人证实他自己有罪。由于第50条的规定属于总则性规范,第118条的规定属于分则性规范,因此第50条的适用应当优于第118条的适用。因此,对于第118条的规定应当这样理解:当犯罪嫌疑人愿意回答侦查人员提问时,其对侦查人员的提问应当如实回答;当犯罪嫌疑人不愿意回答侦查人员的提问时,侦查人员不得强迫犯罪嫌疑人回答;但可以告知犯罪嫌疑人如实回答可以从宽处理的法律规定。

✦ （六）特殊对象讯问规则

根据《刑事诉讼法》第 119 条的规定，讯问聋、哑的犯罪嫌疑人，应当有通晓聋、哑手势的人参加，并且将这种情况记明笔录。讯问不通晓当地语言文字的犯罪嫌疑人，应当配备翻译人员。

✦ （七）笔录核对规则

根据《刑事诉讼法》第 120 条的规定，讯问笔录应当交犯罪嫌疑人核对，对于没有阅读能力的，应当向他宣读。如果记载有遗漏或者差错，犯罪嫌疑人可以提出补充或者改正。犯罪嫌疑人承认笔录没有错误后，应当签名或者盖章。侦查人员也应当在笔录上签名。犯罪嫌疑人请求自行书写供述的，应当准许。必要的时候，侦查人员也可以要犯罪嫌疑人亲笔书写供词。我国《刑事诉讼法》并未赋予犯罪嫌疑人要求获得讯问笔录副本之权利。但从辩护之观点出发，获得讯问笔录副本有助于辩护人寻求有利于提出辩护意见之材料，因此如有讯问笔录副本之帮助，对于实现辩护权将提供便利。

✦ （八）录音录像规则

《刑事诉讼法》第 121 条规定："侦查人员在讯问犯罪嫌疑人的时候，可以对讯问过程进行录音或者录像；对于可能判处无期徒刑、死刑的案件或者其他重大犯罪案件，应当对讯问过程进行录音或者录像。录音或者录像应当全程进行，保持完整性。"该条属 2012 年《刑事诉讼法》修订时新增的规定。据此规定，对于可能判处无期徒刑、死刑的案件或者其他重大犯罪案件，应当对讯问过程进行全程录音录像；对于其他犯罪案件，可以选择性地进行全程录音录像。该规定的目的，是保证犯罪嫌疑人在讯问时不受刑讯逼供。同时，全程录音录像的做法也可以在一定程度上防止被告人在庭审时翻供；录音录像证据可以发挥证明讯问程序合法的功效。

案例 11-2

受害人讲述牢狱噩梦

被告一：第二次提审时，有人把我铐在墙上。警察对我讲他们几个人都承认了，不相信的话可以把他们的口供拿给我看。我就表示要看口供，谁知那个警察就冲过来打我嘴巴，打得相当重。我在墙上大概被铐了两个多小时后，这个警察拿了一份口供给我看，并用手把上面和下面蒙着。我因为连续几天没睡觉，精神实在支持不住，再加上心里害怕，不知道怎么回事就开始瞎编,说是我们干的。我讲的大概跟现场情况不符合,审我的人就开始提示我,我就根据他的提示一步步编了事情经过。2005年10月26日晚上,我又从含山县看守所被带到巢湖。这一次他们连续审了我4天4夜,没让睡觉。其中有一天,我从早上被铐在墙上站着,一直站到晚上,两条腿都站肿了,跟他们讲也没人理睬我。

被告二:有人把我带到审讯室,铐在椅子上,开始审问我,一直审了一天,中间换了几批人,我始终坚持讲我没干。第二次提审,我还是没承认,磨了一天,到了晚上,一名警察跟我说要再不承认就把我废掉,然后就把我铐在门后面,罚我跪着,并说你什么时候把事情讲清楚什么时候站起来。我就这样在地上跪了1个多小时后,实在受不住了,就开始胡编。他说我讲得不对,并说你跪着再想想,想起来了再站起来。从11月2日开始,一直审到7日,他们都没让我睡觉。我被他们用两个手铐铐在铁栅栏上,他们叫我赶快承认,否则就把我家里人都逮起来。

被告三:他们跟我说,我家里人都承认了,我根本不相信。就这样,他们一连审了我好几天都不让睡觉,最后我实在支持不住了,就开始胡编。这时就有人提示我,还有人画图给我看。11月的一次,也是连续五六天不让睡觉,在审讯过程中不断有人吓唬我,还讲要找人打我,把我打成残废。

被告四:我第一次被带到审讯室就被铐在墙上,一直站到第二天早上。开始审讯时,一个自称姓王的走到我跟前,用拳头使劲往我胸口打,非常痛。还有一个自称姓项的把皮带拿出来,在桌子上打得啪啪响,并说再不招就打我。审讯时他们还跟我讲,有一个案子里面的人态度好,承认得快,他们公安局就到法院去讲情,结果那个人判得很轻。由于我很害怕,就承认是我干的,并胡编了过程。公安人员不断地提示,我就根据他们的提示讲。后来,他们又重新做了一份笔录,让我签了字。①

以上是同一个案件中的四名犯罪嫌疑人讲述自己在侦查讯问过程中遭遇的非人待遇。请思考:我国现有的制度能够有效地遏制上述材料中提到的这些行为吗?有没有能够遏制这些行为的有效方法?

---

① 以上资料摘自《中国青年报》2006年9月11日,原文标题为《受害人讲述牢狱噩梦:4天4夜没让睡觉》。

二、询问证人、被害人

根据《刑事诉讼法》第125条的规定,询问被害人适用询问证人的规定。因此,询问被害人应当遵循与询问证人相同的程序。以下引用的条文虽然都是针对询问证人所作的规范,但也都适用于询问被害人。

(一) 询问证人、被害人的场所

《刑事诉讼法》第122条第1款规定,侦查人员询问证人,可以在现场进行,也可以到证人的所在单位、住处或者证人提出的地点进行;在必要的时候,可以通知证人到人民检察院或者公安机关提供证言。在现场询问证人,应当出示工作证件;到证人所在单位、住处或者证人提出的地点询问证人,应当出示人民检察院或者公安机关的证明文件。

根据上述规定,询问证人、被害人的场所分三种情况:(1) 现场进行;现场进行询问时应当出示工作证。(2) 到证人所在单位、住处或证人提出的地点进行;此场合下的询问,应当出示人民检察院或者公安机关的证明文件。(3) 在必要的时候通知证人到人民检察院或者公安机关提供证言。

(二) 询问证人、被害人应当个别进行并告知法律责任

《刑事诉讼法》第122条第2款规定,询问证人应当个别进行。因此,询问证人、被害人均应当个别进行。其意义在于,防止证人、被害人之间相互影响,从而削弱证人证言、被害人陈述等证据的真实性、可靠性。

《刑事诉讼法》第123条规定,询问证人,应当告知他应当如实提供证据、证言和有意作伪证要负的法律责任。据此规定,询问证人、被害人时,应当告知他如实提供证据、证言的义务,以及违反该义务、有意作伪证可能面临的法律后果。告知的意义是促使证人、被害人如实作证,提高证人证言、被害人陈述等证据的真实性、可靠性;防止证人、被害人作伪证。

(三) 证言笔录核对规则

《刑事诉讼法》第124条规定:"本法第120条的规定,也适用于询问证人。"这是一个指引性规定。《刑事诉讼法》第120条规定的内容,是讯问笔录的核对规则。该规则适用于询问证人和被害人。因此,对证人、被害人询问结束后,应当将询问笔录交证人、被害人核对;对于没有阅读能力的,应当向他宣读;如果记载有遗漏或者差错,证人、被害人可以提出补充或改正;证人、被害人承认笔录没有错误后,应当签名或盖章;侦查人员也应当在证人证言笔录、被害人陈述笔录上签名;证人、被害人请求自行书写证词、陈述的,应当准许;必要的时候,可以让证人、被害人亲笔书写证人证言、被害人陈述。

三、勘验、检查

勘验、检查是指侦查人员对犯罪现场有关的场所、物品、尸体、人身等进行勘查和检验,以发现、收集和固定犯罪活动遗留下来的各种痕迹和物品的侦查行为。根据《刑事诉讼法》的规定,勘验、检查可以分为现场勘验、尸体检验、人身检查和侦查实验四种类型。

(一) 现场勘验

刑事案件的犯罪现场是指犯罪分子实施犯罪的地点或其他遗留有与犯罪有关的痕迹和物品的场所。所谓现场勘验就是对发生刑事案件的地点和留有犯罪痕迹的场所进行专门调查的侦查活动。根据《刑事诉讼法》第126条、第127条、第128条的规定,侦查人员对于与犯罪有关的场所、物品、人身、尸体应当进行勘验或者检查。在必要的时候,可以指派或者聘请具有专门知识的人,在侦查人员的主持下进行勘验、检查。任何单位和个人,都有义务保护犯罪现场,并且立即通知公安机关派员勘验。侦查人员执行勘验、检查,必须持有人民检察院或者公安机关的证明文件。

(二) 尸体检验

尸体检验是通过尸表检验和尸体解剖等方法确定或判断死亡时间、原因等,为侦破案件提供线索并为查明案情提供依据的侦查活动。《刑事诉讼法》第129条规定,对于死因不明的尸体,公安机关有权决定解剖,并且通知死者家属到场。《最高检规则》第212条亦规定,人民检察院决定解剖死因不明的尸体时,应当通知死者家属到场,并让其在解剖通知书上签名或者盖章。死者家属无正当理由拒不到场或者拒绝签名、盖章的,不影响解剖的进行,但是应当在解剖通知书上记明,对于身份不明的尸体,无法通知死者家属的,应当记明笔录。

(三) 人身检查

人身检查是指侦查人员为了确定被害人、犯罪嫌疑人的某些特征、伤害情况或者生理状态而对其人身进行检查的侦查活动。《刑事诉讼法》第130条第1款规定:"为了确定被害人、犯罪嫌疑人的某些特征、伤害情况或者生理状态,可以对人身进行检查,可以提取指纹信息,采集血液、尿液等生物样本。"据此规定,人身检查的内容除了对体表进行检查以外,还可以提取指纹,采集血液、尿液等生物样本。犯罪嫌疑人如果拒绝检查,侦查人员认为必要的时候,可以强制检查。检查妇女的身体,应当由女工作人员或者医师进行。

(四) 侦查实验

侦查实验是指为了确定和判明与案件有关的某些事实或行为在某种特定情况下能否发生改变以及怎样发生改变而按照案发当时条件进行实验的一种侦查

行为。《刑事诉讼法》第133条规定：为了查明案情，在必要的时候，经公安机关负责人批准，可以进行侦查实验。侦查实验，禁止一切足以造成危险、侮辱人格或者有伤风化的行为。

另据《刑事诉讼法》第131条之规定，勘验、检查的情况都应当写成笔录，由参加勘验、检查的人和见证人签名或者盖章。据《刑事诉讼法》第132条之规定，人民检察院审查案件的时候，对公安机关的勘验、检查，认为需要复验、复查时，可以要求公安机关复验、复查，并且可以派检察人员参加。

四、搜查

(一) 搜查的目的与对象

《刑事诉讼法》第134条规定："为了收集犯罪证据、查获犯罪人，侦查人员可以对犯罪嫌疑人以及可能隐藏罪犯或者犯罪证据的人的身体、物品、住处和其他有关的地方进行搜查。"因此，刑事诉讼中搜查的目的，一是收集犯罪证据，二是查获犯罪嫌疑人。不具备此目的的搜查，都不属于刑事诉讼中的搜查。搜查的对象，包括犯罪嫌疑人的人身、物品、住处以及可能隐藏罪犯或者犯罪证据的人的人身、物品、住处和其他有关地方。可见，我国刑事诉讼中搜查的对象，并不限于犯罪嫌疑人的人身、住宅和物品，而是包括一切可能隐藏罪犯或犯罪证据的场所。

(二) 相关人员的缴证义务

根据《刑事诉讼法》第135条的规定，任何单位和个人，有义务按照人民检察院和公安机关的要求，交出可以证明犯罪嫌疑人有罪或者无罪的物证、书证、视听资料等证据。注意此处规定属于《刑事诉讼法》第二章第五节"搜查"的内容，因此此处的任何单位和个人的义务仅限于在公安机关和人民检察院进行搜查的过程中。义务主体既包括犯罪嫌疑人，也可以不是犯罪嫌疑人。义务的内容是按照公安机关和人民检察院的要求，交出可以证明犯罪嫌疑人有罪或者无罪的物证、书证、视听资料等证据。

(三) 令状要求

《刑事诉讼法》第136条规定："进行搜查，必须向被搜查人出示搜查证。""在执行逮捕、拘留的时候，遇有紧急情况，不另用搜查证也可以进行搜查。"其中第1款规定的是一般原则：搜查时必须向被搜查人出示搜查证。公安机关侦查人员进行的搜查，由县级以上公安机关负责人签发搜查证；人民检察院进行的搜查，由检察长签发搜查证。尽管我国《刑事诉讼法》明文规定搜查必须出示搜查证，但是并未规定搜查证的签发主体，实践中均是由公安机关、检察机关签发搜查证。这与西方国家普遍由法官签发搜查证的做法还是存在明显的区别。

第 2 款规定的是搜查证的例外，例外必须同时满足两个条件：（1）在执行拘留、逮捕的过程中，也就是拘留、逮捕附带的搜查；（2）必须是遇有紧急情况。所谓紧急情况，通常是指被执行拘留、逮捕的人有携带凶器、剧毒物品，可能自杀、危害他人人身安全或公共安全的情形，或者有毁灭、转移罪证等危险。在上述情形下，来不及办理搜查证，侦查人员可以凭拘留证、逮捕证进行搜查。

根据《刑事诉讼法》第 136 条第 2 款的规定，侦查人员在执行拘留、逮捕的时候，如果不是遇有紧急情况，需要实施搜查的，除了出示拘留证、逮捕证以外，还必须同时出示搜查证，否则不得进行搜查。

✦（四）见证人要求

《刑事诉讼法》第 137 条第 1 款规定，在搜查的时候，应当有被搜查人或者他的家属，邻居或者其他见证人在场。这一规定的目的，一是为了保证搜查程序能够以合法、文明的方式进行；二是为了保护被搜查人的合法的财产权利，防止侦查人员在搜查过程中将被搜查人的财物据为己有，中饱私囊；三是为了确保侦查程序中获得的证据的合法性、可靠性。

✦（五）对妇女的特别保护

《刑事诉讼法》第 137 条第 2 款规定，搜查妇女的身体，应当由女工作人员进行。由男工作人员搜查妇女的身体，可能构成对妇女人格和隐私的双重侵犯，也会给刑事诉讼程序的正当性带来损害。因此，法律规定搜查妇女的身体，应当由女工作人员进行。

✦（六）笔录要求

《刑事诉讼法》第 138 条规定："搜查的情况应当写成笔录，由侦查人员和被搜查人或者他的家属，邻居或者其他见证人签名或者盖章。如果被搜查人或者他的家属在逃或者拒绝签名、盖章，应当在笔录上注明。"搜查笔录本身也是一种证据，这种证据虽然不在《刑事诉讼法》第 48 条所规定的法定证据种类之列，但是可用于证明搜查过程的合法性，以及搜查所获得的证据的合法性。因此，法律要求将搜查的情况写成笔录，自有其证据价值。同时，为保证搜查笔录的真实性、可靠性，还要求侦查人员、被搜查人或者他的家属以及见证人签名或盖章。一个有三方签名或盖章的搜查笔录，才是一个完整的搜查笔录。但是，如果被搜查人或者他的家属在逃或者拒绝签名盖章，则有着侦查人员和见证人两方签名的搜查笔录，也具有证据能力。

五、查封、扣押物证、书证

查封、扣押物证、书证是指侦查人员在侦查过程中对与案件有关的物品、文件、款项、邮件、电报等进行查封、扣留或冻结的行为。查封、扣押的对象包括财物、文件、邮件、电报、存款、汇款、债券、股票、基金份额等。《刑事诉讼法》以四个条文对不同对象分别予以了规定。

(一) 查封、扣押财物、文件

《刑事诉讼法》第139条第1款规定："在侦查活动中发现的可以用于证明犯罪嫌疑人有罪或者无罪的各种财物、文件，应当查封、扣押；与案件无关的财物、文件，不得查封、扣押。"根据这一规定，只要是可以用来证明犯罪嫌疑人有罪或无罪的财物、文件，都可以进行查封、扣押。但是与案件无关的财物、文件，不得查封、扣押。

第139条第2款规定："对查封、扣押的财物、文件，要妥善保管或者封存，不得使用、调换或者损毁。"该规定可概括为"妥善保管原则"，其目的是为了保证侦查机关和侦查人员的查封、扣押财物、文件的行为能够得到很好的约束，保证对财物、文件的查封、扣押是为了实现《刑事诉讼法》设定的搜集犯罪证据的目的，防止公权私用，防止犯罪嫌疑人的财产利益受到恣意侵犯和无端损害。

《刑事诉讼法》第140条规定："对查封、扣押的财物、文件，应当会同在场见证人和被查封、扣押财物、文件持有人查点清楚，当场开列清单一式二份，由侦查人员、见证人和持有人签名或者盖章，一份交给持有人，另一份附卷备查。"根据该规定，查封、扣押财物可以分节为四个步骤：(1) 查点。即由侦查人员会同见证人、被查封、扣押财物、文件的持有人将被查封、扣押的财物查点清楚。(2) 开列清单。侦查人员应当在查点清楚的基础上，当场开列清单一式二份，去清单上写明查封、扣押文件的名称、规格、特征、质量、数量、文件编号、发现文件、财物的地点、查封、扣押的时间、实施查封、扣押的侦查人员的姓名等。(3) 签名或者盖章。查封、扣押清单上必须有侦查人员、见证人和被查封、扣押财物、文件的持有人三方签名或者盖章。(4) 留存。查封、扣押清单一份交给被查封、扣押财物、文件的持有人，另一份附卷备查。

(二) 扣押邮件、电报

根据《刑事诉讼法》第141条的规定，侦查人员认为需要扣押犯罪嫌疑人的邮件、电报的时候，经公安机关或者人民检察院批准，即可通知邮电机关将有关的邮件、电报检交扣押。不需要继续扣押的时候，应即通知邮电机关。根据《刑事诉讼法》第143条的规定，扣押邮件、电报必须满足相关性条件，与所侦查的犯罪无关的邮件、电报，不得进行扣押。

(三) 查询、冻结存款、汇款、债券、股票、基金

根据《刑事诉讼法》第142条的规定，人民检察院、公安机关根据侦查犯罪的需要，可以依照规定查询、冻结犯罪嫌疑人的存款、汇款、债券、股票、基金份额等财产；有关单位和个人应当配合。犯罪嫌疑人的存款、汇款、债券、股票、基金

份额等财产已经被冻结的,不得重复冻结。

✦ (四) 对查封、扣押的与本案无关财物、文件的退还

根据《刑事诉讼法》第143条的规定,对查封、扣押的财物、文件、邮件、电报或者冻结的存款、汇款、债券、股票、基金份额等财产,经查明确实与案件无关的,应当在三日以内解除查封、扣押、冻结,予以退还。

六、鉴定

✦ (一) 对专门性问题进行鉴定

《刑事诉讼法》第144条规定:"为了查明案情,需要解决案件中某些专门性问题的时候,应当指派、聘请有专门知识的人进行鉴定。"因此,刑事诉讼中的鉴定是指侦查机关指派或聘请具有专门知识的人,就案件中某些专门性问题进行科学鉴别和判断并作出鉴定结论的一种侦查手段。所谓专门性问题,应当是指一般不为外行人所掌握的知识、技术或经验。

域外法制

英美的专家证言制度

在英美法系,通常将证人作证的领域区分为专业领域和常识领域,所谓常识领域就是不需要专门知识、技能或经验、普通外行人即可理解和领悟的领域。所谓专业领域通常是指需要专门知识、技能或经验的辅助才能理解、掌握和领悟的领域。在常识领域,所有证人凭借其亲身感知的案件事实,均可以向法庭作证。在专业领域,只有专家可以向法庭提供专家证言。专家证言属于意见证据规则的例外,专家不必然需要凭借其亲身感知的案件事实,而是可以凭借第二手的资料,向法庭提供专家证言。通常,在医疗事故案件中,法律规定必须有专家证言,法庭审理才会继续向前推进;如果原告没有专家证言,法庭通常会直接判决原告败诉。当然,专业领域和常识领域的区分也不是绝对的,例如在笔迹的同一性认定的问题上,就允许普通人例如被告人的近亲属等对被告的笔迹和被认定为被告书写的书证笔迹的同一性进行认定,也可以由笔迹鉴定专家对笔迹的同一性进行认定。在另一些领域,却不允许提供专家证言,例如本国法究竟应当如何解释的问题上,就不允许当事人提供专家证言。但在外国法究竟如何的问题上,却允许专家证言。

在我国,法律并未明确常识领域和专业领域的区分。刑事诉讼中常见的鉴定通常包括法医鉴定、刑事科学技术鉴定、司法精神病学鉴定、文物鉴定、会计鉴

定和一般技术鉴定等。

✦ (二) 鉴定人的资格与鉴定意见

如前所述,根据《刑事诉讼法》第144条的规定,在解决专门性问题而需要鉴定的时候,应当由侦查机关指定有专门知识的人进行鉴定。《刑事诉讼法》并未就"专门知识"作出相应的规定。但在实践中,各级侦查机关都设有自己的鉴定机构,并配备了相应的鉴定人员。

根据全国人大常委会于2005年颁布的《关于司法鉴定管理问题的决定》第7条的规定,侦查机关根据侦查工作的需要设立的鉴定机构,不得面向社会接受委托从事司法鉴定业务;人民法院和司法行政部门不得设立鉴定机构。根据该法律文件第2条的规定,省级人民政府司法行政部门负责对鉴定人和鉴定机构的登记、名册编制和公告,申请从事司法鉴定业务的个人、法人或者其他组织,由省级人民政府司法行政部门审核,对符合条件的予以登记,便如鉴定人和鉴定机构名册并公告。据此规定,凡不符合上述条件、未经省级人民政府司法行政部门登记、公告的,均不具有鉴定人资格,不得出具鉴定意见。

根据《刑事诉讼法》第145条的规定,鉴定人进行鉴定后,应当写出鉴定意见,并签名。鉴定人故意作虚假鉴定的,应当承担法律责任。根据这一规定,对鉴定意见负责人的实际上是鉴定人个人,而不是被指派、聘请的鉴定机构。

✦ (三) 犯罪嫌疑人的权利

《刑事诉讼法》第146条规定,侦查机关应当将用作证据的鉴定意见告知犯罪嫌疑人、被害人。如果犯罪嫌疑人、被害人提出申请,可以补充鉴定或者重新鉴定。该规定赋予了犯罪嫌疑人两项权利:一是被告知鉴定意见的权利,侦查机关应当将用作证据的鉴定意见告知犯罪嫌疑人;二是申请重新鉴定的权利,但是否重新鉴定由侦查机关决定。

七、辨认

《刑事诉讼法》对辨认的程序未作规定。《最高检规则》和《公安部规定》对此作了补充。其主要程序内容包括:(1) 公安机关、人民检察院在办理各自案件的侦查过程中,需要辨认犯罪嫌疑人时,应当分别经办案部门负责人或人民检察院检察长批准。(2) 辨认的目的是为了查明案情,方法是让被害人、犯罪嫌疑人或者证人对与犯罪有关的物品、文件、尸体、场所或者犯罪嫌疑人进行辨认。(3) 辨认应当在侦查人员的主持下进行。主持辨认的侦查人员不得少于2人。组织辨认前,应当向辨认人详细询问辨认对象的具体特征,避免辨认人见到辨认对象。(4) 几名辨认人对同一辨认对象进行辨认时,应当由辨认人个别进行。(5) 辨认时,应当将辨认对象混杂在其他对象中,不得给辨认人任何暗示。

(6) 辨认犯罪嫌疑人时,被辨认的人数不得少于 7 人;对犯罪嫌疑人照片进行辨认的,不得少于 10 人的照片;辨认物品时,混杂的同类物品不得少于 5 件。
(7) 对犯罪嫌疑人的辨认,辨认人不愿意公开进行时,可以在不暴露辨认人的情况下进行,侦查人员应当为其保守秘密。(8) 辨认经过和结果,应当制作《辨认笔录》,由侦查人员签名,辨认人、见证人签字或者盖章。

八、技术侦查

(一) 概念与适用范围

所谓技术侦查措施,主要是指利用科技手段以查获犯罪嫌疑人、收集犯罪证据的措施,最常见的技术侦查措施包括监听、窃听、利用针孔摄像头摄像、观察等。

《刑事诉讼法》第 148 条规定:"公安机关在立案后,对于危害国家安全犯罪、恐怖活动犯罪、黑社会性质的组织犯罪、重大毒品犯罪或者其他严重危害社会的犯罪案件,根据侦查犯罪的需要,经过严格的批准手续,可以采取技术侦查措施。人民检察院在立案后,对于重大的贪污、贿赂犯罪案件以及利用职权实施的严重侵犯公民人身权利的重大犯罪案件,根据侦查犯罪的需要,经过严格的批准手续,可以采取技术侦查措施,按照规定交有关机关执行。追捕被通缉或者批准、决定逮捕的在逃的犯罪嫌疑人、被告人,经过批准,可以采取追捕所必需的技术侦查措施。"

根据上述规定,技术侦查措施的适用分三种情况。

1. 公安机关侦查的案件

公安机关侦查的案件,适用技术侦查措施的案件为危害国家安全犯罪。"危害国家安全犯罪"这一概念,既可以解释为仅指《刑法》分则第一章规定的危害国家安全罪;也可以解释为不仅包括危害国家安全罪,而且包括所有可能危及国家安全的犯罪,例如,《刑法》分则第七章规定的危害国防利益罪,第九章渎职罪中规定的玩忽职守罪、故意泄露国家秘密罪、过失泄露国家秘密罪,第十章规定的军人违反职责罪当中的各种犯罪;甚至还可以进一步扩张解释为《刑法》分则规定的所有犯罪种类。

 法理研析

"危害国家安全犯罪"概念的界定

本书认为,对于《刑事诉讼法》规定的"危害国家安全犯罪"既不宜做过于狭隘的解释,也不宜作过于宽泛的解释。过于狭隘的解释,不符合立法原意。因为,同一个立法机关,在《刑法》中使用了"危害国家安全罪"这个概念,如果在《刑事诉讼法》中的立法原意是"危害国家安全罪",它就不会使用"危害国家安全犯罪"这个概念,而是直接使用"危害国家安全罪"这个概念。过于宽泛的解释,也不符合立法原意。因为,立法在这里对适用技术侦查的案件范围进行了限定,既然是限定,就说明总是有一些案件不能适用技术侦查措施或者不需要适用技术侦查措施,如果作过于宽泛的解释,将《刑法》分则规定的所有犯罪都纳入"危害国家安全犯罪"的范围,就违背了立法在此处意图对适用技术侦查措施的案件范围进行限定的原意。

因此,本书赞成将"危害国家安全犯罪"的范围理解为既包括刑法分则第一章规定的危害国家安全罪,也包括《刑法》分则第七章、第九章、第十章规定的部分犯罪,例如《刑法》分则第七章规定的危害国防利益罪中的阻碍军事行动罪、煽动军人逃离部队罪、战时故意提供虚假敌情罪;《刑法》分则第九章规定的故意泄露国家秘密罪;以及《刑法》分则第十章规定的军人叛逃罪、非法窃取军事秘密罪、为境外窃取、刺探、收买、非法提供军事秘密罪、故意泄露军事秘密罪等。

2. 检察机关负责侦查的案件

检察机关负责侦查的案件,适用技术侦查措施限定于两类案件:(1)重大的贪污、贿赂犯罪案件;(2)利用职权实施的严重侵犯公民人身权利的重大犯罪案件。这两类犯罪案件的范围,关键是如何界定"重大"这一概念。限定过严,将可能导致基层检察机关实际上无权使用技术侦查措施,这不符合立法原意。限定过宽,则动不动就使用技术侦查措施,也不符合立法原意。

需要注意的是,人民检察院决定的技术侦查措施,应当由公安机关执行。

3. 对在逃犯罪嫌疑人使用技术侦查措施

对正在被通缉,或者已经被批准、决定逮捕的在逃的犯罪嫌疑人、被告人,经过批准,也可以使用技术侦查措施。这类案件实际上没有限定案件范围,所有的案件,只要符合被通缉或者已经被逮捕并且在逃这两个条件,均可以适用技术侦查措施。但在这样的案件中,技术侦查措施以采取追捕必须为限。换句话说,这类案件适用技术侦查措施,其适用的案件范围虽不受限制,但适用的技术侦查措施的范围,却是受到限制的。

★ (二)适用程序与期限

根据《刑事诉讼法》第148条的规定,所有的技术侦查措施都必须"经过严格的批准手续"方能使用。这里说的"严格的批准手续",首先是指有权批准技术侦查措施的人权范围必须严格限定,一般应当限定为县级以上公安局局长(不含副局长)、县级以上人民检察院检察长(不含副检察长)。其次是指办案人员需要适用技术侦查措施的,应当逐级上报,每一级侦查人员及其主管人员都应当进行严格审核,在认为不需要或者不应当适用技术侦查措施的,即应予以否定,改用其他侦查措施。最后,有权批准技术侦查措施的人员在审查技术侦查措施申请时应当严格把关,只要是能用其他侦查措施解决案件的,就应当用其他侦查措施;技术侦查措施应当永远作为最后的手段使用。

《刑事诉讼法》第149条规定,批准决定应当根据侦查犯罪的需要,确定采取技术侦查措施的种类和适用对象。批准决定自签发之日起3个月内有效。对于不需要继续采取技术侦查措施的,应当及时解除。对于复杂、疑难案件,期限届满仍有必要继续采取技术侦查措施的,经过批准,有效期可以延长,但每次不得超过3个月。

(三) 技术侦查措施的执行与获得证据的使用

根据《刑事诉讼法》第148条的规定,无论是公安机关还是检察机关决定的技术侦查措施,均由公安机关执行。根据《刑事诉讼法》第150条第1款的规定,采取技术侦查措施,必须严格按照批准的措施种类、适用对象和期限执行。

《刑事诉讼法》第150条第2款规定,侦查人员对采取技术侦查措施过程中知悉的国家秘密、商业秘密和个人隐私,应当保密;对采取技术侦查措施获取的与案件无关的材料,必须及时销毁。第3款规定,采取技术侦查措施获得的材料,只能用于对犯罪的侦查、起诉和审判,不得用于其他用途。第4款规定,公安机关依法采取技术侦查措施,有关单位和个人应当配合,并对有关情况予以保密。上述规定的目的,一是保证技术侦查措施只能用于实现刑事诉讼法的目的,而不能用于其他用途,尤其是不能用于刺探公民个人隐私、国家秘密、商业机密;对于技术侦查措施获得的证据材料,也只能用于侦查、起诉和审判,不得向社会公众泄露。二是保证技术侦查措施能够顺利实施而不被受技术侦查措施影响的人员发现,因此规定了有关单位的配合和保密义务。

(四) 陷阱侦查与控制下的交付

《刑事诉讼法》第151条规定:"为了查明案情,在必要的时候,经公安机关负责人决定,可以由有关人员隐匿其身份实施侦查。但是,不得诱使他人犯罪,不得采用可能危害公共安全或者发生重大人身危险的方法。""对涉及给付毒品等违禁品或者财物的犯罪活动,公安机关根据侦查犯罪的需要,可以依照规定实施控制下交付。"

上述规定中的侦查措施,一般称为"陷阱侦查"或者"卧底侦查",有时称为"诱惑侦查"。本书使用"陷阱侦查"这一概念。根据上述法律规定,陷阱侦查就是指侦查人员以隐匿身份的方法实施的侦查。陷阱侦查通常表现为侦查人员乔装成犯罪分子或者具有犯罪意图的人,对正在实施或者准备实施犯罪的人进行接触,获得其信任,必要时成为其团伙中的成员,从而实现对其犯罪案件的侦破,以及对犯罪分子的抓获。控制下的交付也属于陷阱侦查的一种,其核心是侦查机关在已经掌握了犯罪分子有给付毒品等违禁品的意图和动向,在不打草惊蛇的情况下,放任犯罪分子实施此类交付,以便放长线钓大鱼,实现将主导交付的幕后主犯一网打尽的侦查目标。

法理研析

陷阱侦查的法律界限

　　根据法律规定,陷阱侦查不得使用诱使他人犯罪的方法,不得采用可能危害公共安全或者发生重大人身危险的方法。之所以不得采用诱使他人犯罪的方法,首先是因为一个人因受诱惑而实施的犯罪,在刑法理论上欠缺可责性要件;其次是因为,诱使他人犯罪本身可能导致社会风气的败坏,这种方法的使用本身不具有正当性。之所以不得采用可能危害公共安全或者发生重大人身危险的方法,是因为这种方法本身也属于犯罪,尽管有时候相比意图侦破的犯罪而言,这类犯罪带来的危害甚至较小,但是以较小的恶为代价去侦破、惩罚较大的恶,这在伦理上也难以获得正当性。

◆ (五)技术侦查措施获得证据的可采性

　　《刑事诉讼法》第152条规定,依照法律规定采取技术侦查措施收集的材料在刑事诉讼中可以作为证据使用。如果使用该证据可能危及有关人员的人身安全,或者可能产生其他严重后果的,应当采取不暴露有关人员身份、技术方法等保护措施,必要的时候可以由审判人员在庭外对证据进行核实。

　　根据上述规定,采用技术侦查措施获得的材料可以在法庭上作为证据使用。此规定解决的是技术侦查措施获得的证据材料的证据资格问题。至于其可信度,仍然要根据法庭查明的事实相互核对,由法官自由判断,形成确信。如果使用此类证据可能危及有关人员人身安全或产生其他严重后果的,应当采取不暴露有关人员身份,或者采取技术方法等保护措施,或者采取由审判人员在庭外对证据进行核实的方法来举证。

九、通缉

　　通缉是指公安机关通令缉拿应当逮捕而在逃的犯罪嫌疑人的一种侦查活动。它是公安机关内部通力合作、协同作战的重要方式,也是刑事诉讼强制措施的一种补充,是在强制不能的时候的一种救济手段。

　　通缉的程序包括如下要点:(1)根据《刑事诉讼法》第153条的规定,通缉适用于应当逮捕而在逃的犯罪嫌疑人;根据公安部《公安部规定》,对于越狱逃跑的犯罪嫌疑人、被告人或者罪犯,也适用通缉的有关规定。因此,通缉的对象包括应当逮捕而在逃的犯罪嫌疑人以及越狱逃跑的犯罪嫌疑人、被告人或者罪犯。(2)通缉令只能由公安机关发布。人民检察院侦查直接受理的案件,应当逮捕的犯罪嫌疑人如果在逃,或者已被逮捕的犯罪嫌疑人脱逃的,经检察长批准,可以作出通缉的决定。但人民检察院应当将通缉通知书和通缉犯的照片、身份、特征、案情简况送达公安机关,由公安机关发布通缉令,追捕归案。(3)县级以上公安机关在自己管辖的地区以内,可以直接发布通缉令;超出自己管辖的地区,应当报请有权决定的上级公安机关发布。通缉令发送范围,由签发通缉令的公安机关负责人决定。各级人民检察院需要在本辖区内通缉犯罪嫌疑人的,可以直接决定通缉;需要在本辖区外通缉犯罪嫌疑人的,由有决定权的上级人民检察院决定。(4)通缉令中应当尽可能写明被通缉人的姓名、别名、曾用名、绰号、性别、年龄、民族、籍贯、出生地、户籍所在地、居住地、职业、身份证号码、衣着和体貌特征并附被通缉人近期照片,可以附指纹及其他物证的照片。除了必须保密的事项以外,应当写明发案的时间、地点和简要案情。(5)通缉令发出后,如果发现新的重要情况可以补发通报。通报必须注明原通缉令的编号和日期。(6)公安机关接到通缉令后,应当及时布置查缉。抓获犯罪嫌疑人后,应当迅速通知通缉令发布机关,并报经抓获地县级以上公安机关负责人批准后,凭通缉令羁押。原通缉令发布机关应当立即进行核实,并及时依法处理。(7)为防止犯罪嫌疑人逃往境外,需要在边防口岸采取边控措施的,应当按照有关规定制作《边控对象通知书》,经县级以上公安机关负责人审核后,层报省级公安机关批准,办理边控手续。需要在全国范围采取边控措施的,应当层报公安部批准。对需要边防检查站限制犯罪嫌疑人人身自由的,需同时出具有关法律文书。紧急情况下,县级以上公安可以出具公函,先向当地边防检查站交控,但应当在7日内补办交控手续。(8)为发现重大犯罪线索,追缴涉案财物、证据,查获犯罪嫌疑人。必要时,经县级以上公安机关负责人批准,可以发布悬赏通告。悬赏通告应当写明悬赏对象的基本情况和赏金的具体数额。通缉令、悬赏通告可以通过广播、电视、报刊、计算机网络等媒体发布。(9)犯罪嫌疑人自首、被击毙或者被抓获,并经核实后,原发布机关应当在原通缉、通知、通告范围内,撤销通缉令、边控通知、悬赏通告。

第三节 侦查终结与补充侦查

一、侦查终结

侦查终结是指侦查机关在法定条件下决定结束侦查并对案件依法作出处理

的一种诉讼活动。根据《公安部规定》、《最高检规则》及《刑事诉讼法》的相关规定，侦查终结应当分别不同情况予以处理。

✦ **（一）侦查终结前听取辩护律师意见**

《刑事诉讼法》第159条规定，在案件侦查终结前，辩护律师提出要求的，侦查机关应当听取辩护律师的意见，并记录在案。辩护律师提出书面意见的，应当附卷。该规定的目的，一是保证犯罪嫌疑人的辩护权在侦查阶段能够得到充分尊重和实现；二是保证侦查机关在充分听取辩护律师意见的基础上对案件的进一步处理作出正确的决定。为实现上述目标，侦查机关应当充分尊重并保障辩护律师在侦查终结前发表意见；辩护律师提出要求与侦查人员会见、当面陈述意见的，应当及时安排会见；不得以提出书面意见为由拒绝会见。只有在辩护律师主动提出书面意见时，才能以书面方式听取意见。

✦ **（二）提出起诉意见书或不起诉意见书**

《刑事诉讼法》第160条规定："公安机关侦查终结的案件，应当做到犯罪事实清楚，证据确实、充分，并且写出起诉意见书，连同案卷材料、证据一并移送同级人民检察院审查决定。"《公安部规定》第274条规定："侦查终结的案件，应当同时符合以下条件：(1)案件事实清楚；(2)证据确实、充分；(3)犯罪性和罪名认定正确；(4)法律手续完备；(5)依法应当追究刑事责任。"第279条规定："对侦查终结的案件，应当制作起诉意见书，经县级以上公安机关负责人批准后，连同全部案卷材料、证据，以及辩护律师提出的意见，一并移送同级人民检察院审查决定；同时将案件移送情况告知犯罪嫌疑人及其辩护律师。"

人民检察院经过侦查，认为犯罪事实清楚，证据确实、充分、依法应当追究刑事责任的案件，侦查人员应当写出侦查终结报告，并且制作起诉意见书。对于犯罪情节轻微，依照《刑法》规定不需要判处刑罚或者免除刑罚的案件，侦查人员应当写出侦查终结报告，并且制作不起诉意见书。侦查终结报告和起诉意见书或者不起诉意见书由侦查部门负责人审核，检察长决定。提出提起公诉意见或者不起诉意见的，侦查部门应当将侦查终结报告和起诉意见书或者不起诉意见书以及其他案卷材料，一并移送审查起诉部门审查。国家或者集体财产遭受损失的，在提出提起公诉意见的同时，可以提出提起附带民事诉讼的意见。

✦ **（三）撤销案件或作其他处理**

《刑事诉讼法》第161条规定："在侦查过程中，发现不应对犯罪嫌疑人追究刑事责任的，应当撤销案件；犯罪嫌疑人已被逮捕的，应当立即释放，发给释放证明，并且通知原批准逮捕的人民检察院。"发现不应对犯罪嫌疑人追究刑事责任的，应当撤销案件；犯罪嫌疑人已被逮捕的，应当立即释放，发给释放证明，并且通知原批准逮捕的人民检察院。在侦查过程中，发现犯罪嫌疑人不够刑事处罚需要行政处理的,经县级以上公安机关批准,对犯罪嫌疑人依法予以行政处理或者移交其他有关部门处理。

人民检察院在侦查过程中,发现具有下列情形之一的,应当由侦查人员写出撤销案件意见书,经侦查部门负责人审核,报请检察长或者检察委员会决定撤销案件:(1) 具有《刑事诉讼法》第15条规定情形之一的;(2) 没有犯罪事实的,或者依照刑法规定不负刑事责任或者不认为是犯罪的;(3) 虽有犯罪事实,但不是犯罪嫌疑人所为的。撤销案件的决定,应当分别送达犯罪嫌疑人所在单位和犯罪嫌疑人。犯罪嫌疑人死亡的,应当送达犯罪嫌疑人原所在单位。如果犯罪嫌疑人在押,应当制作决定释放通知书,送达公安机关,依法释放。

人民检察院直接立案侦查的共同犯罪案件,如果同案犯罪嫌疑人在逃,但在案犯罪嫌疑人犯罪事实清楚、证据确实充分的,对在案犯罪嫌疑人应当分别移送审查起诉或者移送审查不起诉。由于同案犯罪嫌疑人在逃,在案犯罪嫌疑人的犯罪事实无法查清的,对在案犯罪嫌疑人应当根据案件的不同情况分别报请延长侦查羁押期限、变更强制措施或者解除强制措施。

人民检察院撤销案件时,对犯罪嫌疑人的违法所得应当区分不同情形,作出相应处理:(1) 因犯罪嫌疑人死亡而撤销案件的,如果被冻结的犯罪嫌疑人的存款、汇款应当予以没收或者返还被害人,可以申请人民法院裁定,通知冻结机关上缴国库或者返还被害人;(2) 对扣押在人民检察院的犯罪嫌疑人的违法所得需要没收的,应当提出检察建议,移送有关主管机关处理;需要返还被害人的,直接决定返还被害人。

侦查过程中,犯罪嫌疑人长期潜逃,采取有效追捕措施仍不能缉拿归案的,或者犯罪嫌疑人患有精神病及其他严重疾病不能接受讯问,丧失诉讼行为能力的,经检察长决定,中止侦查。中止侦查的理由和条件消失后,经检察长决定,应当恢复侦查。中止侦查期间,如果犯罪嫌疑人在押,对符合延长羁押期限条件的,应当依法延长侦查羁押期限;对侦查羁押期限届满的,应当依法变更为取保候审或者监视居住措施。

二、补充侦查

根据诉讼阶段的不同,刑事诉讼中的补充侦查可以划分为侦查阶段的补充侦查、审查起诉阶段的补充侦查和审判阶段的补充侦查三种;又,根据补充侦查的提出主体不同,可以将其划分为退回补充侦查和自行补充侦查两种。以下按诉讼阶段之不同加以论述。

(一) 侦查阶段的补充侦查

《刑事诉讼法》第88条规定:"人民检察院对于公安机关提请批准逮捕的案

件进行审查后……对于不批准逮捕的,人民检察院应当说明理由,需要补充侦查的,应当同时通知公安机关。"在这一阶段,人民检察院在决定补充侦查时应当由公安机关进行侦查,不得自行侦查。根据《公安部规定》第134条,对人民检察院不批准逮捕并通知公安机关补充侦查的,公安机关应当按照人民检察院补充侦查提纲的要求补充侦查;公安机关补充侦查完毕,认为符合逮捕条件的,应当重新提请批准逮捕。对侦查阶段补充侦查的次数,法律没有加以限制。

(二) 审查起诉阶段的补充侦查

《刑事诉讼法》第171条第2款、第3款分别规定:"人民检察院审查案件,对于需要补充侦查的,可以退回公安机关补充侦查,也可以自行侦查。对于补充侦查的案件,应当在一个月以内补充侦查完毕。补充侦查以二次为限。"因此,这一阶段的补充侦查,由人民检察院决定,既可由公安机关进行,也可由人民检察院自行补充侦查。

(三) 审判阶段的补充侦查

《刑事诉讼法》第198条规定:"在法庭审判过程中,遇有下列情形之一,影响审判进行的,可以延期审理:(一)需要通知新的证人到庭,调取新的物证,重新鉴定或者勘验的;(二)检察人员发现提起公诉的案件需要补充侦查,提出建议的;(三)由于申请回避而不能进行审判的。"第199条规定:"依照本法第198条第2项的规定延期审理的案件,人民检察院应当在一个月以内补充侦查完毕。"因此,这一阶段的补充侦查公安机关不再参与,但是必要时可以为人民检察院的补充侦查提供帮助。审判阶段补充侦查的次数,《刑事诉讼法》没有明确。根据《最高法解释》的规定,庭审过程中人民检察院建议补充侦查的次数不得超过两次。

第 12 章 起 诉

【本章要义】 起诉包括公诉与自诉。在公诉案件中,审查起诉是刑事诉讼中一个独立的阶段,审查之后的结果通常包括提起公诉与不起诉。因自诉案件起诉程序比较简单,且本书在"第一审程序"一章对自诉案件辟有专节加以论述,因此,本章仅对公诉案件的起诉程序进行介绍,具体包括审查起诉、提起公诉和不起诉。

第一节 审查起诉

一、审查起诉的概念与内容

(一)审查起诉的概念

《刑事诉讼法》第 167 条规定,凡需要提起公诉的案件,一律由人民检察院审查决定。据此,审查起诉是指人民检察院对公安机关以及人民检察院侦查部门侦查终结移送起诉的案件进行审查以决定是否向人民法院提起公诉的诉讼活动。

(二)审查起诉的内容

根据《刑事诉讼法》第 168 条的规定,人民检察院对需要提起公诉的案件进行审查时,应当查明以下情况:(1)犯罪事实、情节是否清楚,证据是否确实、充分,犯罪性质和罪名的认定是否正确;(2)有无遗漏罪行和其他应当追究刑事责任的人;(3)是否属于不应追究刑事责任的;(4)有无附带民事诉讼;(5)侦查活动是否合法。

二、审查起诉的程序与期限

(一)审阅案卷材料

根据《最高检规则》第 360 条的规定,人民检察院受理移送审查起诉的案件,应当指定检察员或者经检察长批准代行检察员职务的助理检察员办理,也可以由检察长办理。办案人员接到案件后,应当阅卷审查,制作阅卷笔录。

✦ (二) 讯问犯罪嫌疑人

根据《刑事诉讼法》第170条的规定,人民检察院审查案件,应当讯问犯罪嫌疑人。因此,讯问犯罪嫌疑人是人民检察院审查起诉的必经程序。讯问的目的,一是核对证据,二是听取犯罪嫌疑人对指控的事实和罪名的意见。

✦ (三) 听取辩护人、被害人及其诉讼代理人的意见

根据《刑事诉讼法》第170条的规定,人民检察院审查案件,应当听取辩护人、被害人及其诉讼代理人的意见;辩护人、被害人及其诉讼代理人提出书面意见的,应当附卷。对此,《最高检规则》第365条进一步规定:"直接听取辩护人、被害人及其诉讼代理人的意见有困难的,可以通知辩护人、被害人及其诉讼代理人提出书面意见,在指定期限内未提出意见的,应当记录在案。"

✦ (四) 通知公安机关补充证据或补充侦查

《刑事诉讼法》第171条第1款规定,人民检察院审查案件,可以要求公安机关提供法庭审判所必需的证据材料;第2款规定,人民检察院审查案件,对于需要补充侦查的,可以退回公安机关补充侦查,也可以自行侦查。因此,人民检察院在审查起诉过程中可以要求公安机关提供证据材料,或者进行补充侦查。此阶段的补充侦查既可由公安机关进行,也可由人民检察院进行。

✦ (五) 对证据的合法性进行审查

《刑事诉讼法》第171条第1款还规定,人民检察院在审查起诉过程中,认为可能存在《刑事诉讼法》第54条规定的以非法方法收集证据情形的,可以要求公安机关对证据收集的合法性作出说明。这是2012年《刑事诉讼法》修改时增加的规定。该规定的目的一是确立人民检察院在审查起诉阶段对证据合法性的审查权,二是规定人民检察院审查证据合法性的方式和方法。根据该规定,人民检察院认为证据可能为非法时,可以要求公安机关对证据收集的合法性作出说明。如不能排除证据为非法获得的嫌疑的,应当排除该非法证据的证据资格。

✦ (六) 审查起诉的期限

根据《刑事诉讼法》第169条之规定,人民检察院对于公安机关移送起诉的案件,应当在1个月以内作出决定,重大、复杂的案件,可以延长半个月。人民检察院审查起诉的案件,改变管辖的,从改变后的人民检察院收到案件之日起计算审查起诉期限。《刑事诉讼法》第171条第3款规定,对于补充侦查的案件,应当在一个月以内补充侦查完毕;补充侦查以二次为限;补充侦查完毕移送人民检

察院后,人民检察院重新计算审查起诉期限。因此,人民检察院审查起诉的期限一般为1个月,重大复杂的案件最长为1.5个月,对需要补充侦查的案件,经过2次补充侦查,3次审查起诉的时间最长可以达到6.5个月(以需要补充侦查的案件均为重大复杂案件为前提进行的计算)。

三、审查起诉后的处理

根据《刑事诉讼法》第171条、第172条、第173条之规定,人民检察院审查起诉后可以作出三种决定:补充侦查、起诉、不起诉。若去掉补充侦查这种决定(因此种决定并非最终决定),则人民检察院审查起诉后能够作出的决定仅有两种:起诉和不起诉。对公安机关侦查的案件,撤销案件仅限于侦查阶段,在审查起诉阶段是不能撤销案件的。但根据《最高检规则》第402条之规定,公诉部门对于本院侦查部门移送审查起诉的案件,发现犯罪嫌疑人没有犯罪事实,或者符合《刑事诉讼法》第15条规定的情形之一的,应当退回本院侦查部门,建议作出撤销案件的处理。

《最高检规则》第401条第1款规定:"人民检察院对于公安机关移送审查起诉的案件,发现犯罪嫌疑人没有犯罪事实,或者符合刑事诉讼法第15条规定的情形之一的,经检察长或者检察委员会决定,应当作出不起诉决定。"第2款规定:"对于犯罪事实并非犯罪嫌疑人所为,需要重新侦查的,应当在作出不起诉决定后书面说明理由,将案卷材料退回公安机关并建议公安机关重新侦查。"根据上述规定,无论是犯罪嫌疑人没有犯罪事实(根本就没有犯罪事实发生),还是犯罪事实并非犯罪嫌疑人所为(有犯罪事实发生但非犯罪嫌疑人所为),均应当作出不起诉决定;只是在后一种情形下,还应当建议公安机关重新侦查。由于这两种情形均不属《刑事诉讼法》第171、172、173条规定明文界定,《最高检规则》的上述规定乃是依据《刑事诉讼法》的规定所作的恰当解释,这一解释具有很强的现实针对性,也符合《刑事诉讼法》的立法精神。

第二节 提起公诉

一、提起公诉的条件

《刑事诉讼法》第172条规定:"人民检察院认为犯罪嫌疑人的犯罪事实已经查清,证据确实、充分,依法应当追究刑事责任的,应当作出起诉决定,按照审判管辖的规定,向人民法院提起公诉,并将案卷材料、证据移送人民法院。"据此,人民检察院决定提起公诉的条件是:

(一) 事实条件与证据条件

提起公诉的事实条件是犯罪事实已经查清,证据条件是证据确实充分。根据《最高检规则》第390条第2款,所谓犯罪事实已经查清包括以下情形:(1) 属于单一罪行的案件,与定罪量刑有关的事实已经查清,不影响定罪量刑的事实无法查清的;(2) 属于数个罪行的案件,部分罪行已经查清并符合起诉条件,其他罪行无法查清的;对于此项情形,应当以已经查清的罪行起诉;(3) 无法查清作案工具、赃物去向,但有其他证据足以对被告人定罪量刑的;(4) 证人证言、犯罪嫌疑人供述和辩解、被害人陈述的内容中主要情节一致,只有个别情节不一致且不影响定罪的。

(二) 刑责条件

提起公诉的第二个条件是依法应当追究刑事责任。这是指犯罪嫌疑人不属于《刑事诉讼法》第15条规定的情形,也不属于犯罪情节轻微依照《刑法》不需要判处刑罚或者免除刑罚的情形。根据《最高检规则》第391条之规定,人民检察院在办理公安机关移送起诉的案件中,发现遗漏罪行或者依法应当移送审查起诉同案犯罪嫌疑人的,应当要求公安机关补充移送审查起诉;对于犯罪事实清楚,证据确实、充分的,人民检察院也可以直接提起公诉。

二、提起公诉的程序

(一) 起诉书的制作

根据《最高检规则》第393条之规定,人民检察院作出起诉决定后,应当制作起诉书。起诉书的主要内容包括:(1) 被告人的基本情况,包括姓名、性别、出生年月日、出生地和户籍地、身份证号码、民族、文化程度、职业、工作单位及职务、住址,是否受过刑事处分及处分的种类和时间,采取强制措施的情况等;如果是单位犯罪,应当写明犯罪单位的名称和组织机构代码、所在地址、联系方式,法定代表人和诉讼代表人的姓名、职务、联系方式;如果还有应当负刑事责任的直接负责的主管人员或其他直接责任人员,应当按上述被告人基本情况的内容叙写。(2) 案由和案件来源。(3) 案件事实,包括犯罪的时间、地点、经过、手段、动机、目的、危害后果等与定罪量刑有关的事实要素;起诉书叙述的指控犯罪事实的必备要素应当明晰、准确;被告人被控有多项犯罪事实的,应当逐一列举,对于犯罪手段相同的同一犯罪可以概括叙写。(4) 起诉的根据和理由,包括被告人触犯的刑法条款、犯罪的性质及认定的罪名、处罚条款、法定从轻、减轻或者从重处罚的情节,共同犯罪各被告人应负的罪责等。

(二) 起诉书、案卷材料和证据的移送

根据《刑事诉讼法》第172条之规定,人民检察院认为犯罪嫌疑人的犯罪事

实已经查清、证据确实、充分、依法应当追究刑事责任的,应当作出起诉决定,按照审判管辖的规定,向人民法院提起公诉,并将案卷材料、证据移送人民法院。根据《最高检规则》的规定,移送材料应注意以下事项:(1)起诉书应当一式八份,每增加一名被告人增加起诉书五份。关于被害人姓名、住址、联系方式、被告人被采取强制措施的种类、是否在案及羁押处所等问题,人民检察院应当在起诉书中列明,不再单独移送材料;对于涉及被害人隐私或者为保护证人、鉴定人、被害人姓名、住址、工作单位和联系方式等个人信息,可以在起诉书中使用化名替代证人、鉴定人、被害人的个人信息,但是应当另行书面说明使用化名等情况,并标明密级。(2)人民检察院对犯罪嫌疑人、被告人、证人等翻供、翻证的材料以及对犯罪嫌疑人、被告人有利的其他证据材料,应当移送人民法院。(3)审查起诉期间,人民检察院可以根据辩护人的申请,向公安机关调取在侦查期间收集的证明犯罪嫌疑人、被告人无罪或罪轻的证据材料。(4)人民法院认为移送的有关材料不符合《刑事诉讼法》规定的条件,向人民检察院提出书面意见要求补充提供的,人民检察院应当补充提供。(5)对提起公诉后,在人民法院开庭审判前,人民检察院自行补充收集的证据材料,应当根据《刑事诉讼法》的规定向人民法院移送。

(三)建议或同意适用简易程序

《刑事诉讼法》第208条第1项规定,对依法可能判处3年以下有期徒刑、拘役、管制、单处罚金的公诉案件,事实清楚、证据充分,人民检察院可以建议或同意适用简易程序。因此,人民检察院决定提起公诉时,对于符合该条规定的案件,应当向人民法院提出建议。其程序如下:(1)人民法院向人民检察院提出适用简易程序建议的,是否同意由检察长决定。(2)人民法院认为案件需要适用简易程序,向人民检察院提出书面建议的,人民检察院应当在10日内答复是否同意。(3)人民检察院对建议或同意适用简易程序审理的公诉案件,应当向人民法院移送全部案卷和证据材料。

第三节 不起诉

一、不起诉的分类

我国《刑事诉讼法》第171条第4款规定:"对于二次补充侦查的案件,人民检察院仍然认为证据不足,不符合起诉条件的,应当作出不起诉的决定。"第173条第1款规定:"犯罪嫌疑人没有犯罪事实,或者有本法第15条规定的情形之一的,人民检察院应当作出不起诉决定。"第2款规定:"对于犯罪情节轻微,依照刑法规定不需要判处刑罚或者免除刑罚的,人民检察院可以作出不起诉决定。"其中,第174条第4款、第173条第1款规定的不起诉,都可称之为"法定不起诉";第 173 条第 2 款规定的不起诉,则可称之为"酌定不起诉"。

✦ (一) 法定不起诉

法定不起诉包括两种情形:(1)《刑事诉讼法》第 173 条第 1 款规定的"犯罪嫌疑人没有犯罪事实,或者有本法第 15 条规定的情形之一,人民检察院应当作出不起诉决定。"(2)《刑事诉讼法》第 171 条第 4 款规定的"对于二次补充侦查的案件,人民检察院仍然认为证据不足,不符合起诉条件的,应当作出不起诉的决定。"根据此条款之规定,人民检察院在认为证据不足不符合起诉条件时,可退回侦查机关补充侦查;第一次补充侦查后如果仍然证据不足,可以作出不起诉决定,也可以退回侦查机关进行第二次补充侦查;第二次补充侦查完毕仍然证据不足不符合起诉条件的,人民检察院应当作出不起诉决定。

✦ (二) 酌定不起诉

酌定不起诉仅指《刑事诉讼法》第 173 条第 2 款所规定的"对于犯罪情节轻微,依照刑法规定不需要判处刑罚或者免除刑罚的,人民检察院可以作出不起诉决定"这一种情形。

法理研析

酌定不起诉的理论基础

本书认为,概括而言,酌定不起诉制度存在的价值与功能主要体现在以下几个方面:

第一,公共利益之考量。这种"公共利益"也应当包括被害人的意愿和其他公民的意愿。田口守一在说到起诉裁量主义的根据时指出:"检察官不能受社会声音的摆布,但也不能无视社会的声音,尤其是应重视不予追诉的声音,即使认为犯罪嫌疑人有罪,如加害人与被害人之间和解成立,被害人表示宽宥,也可以不予追诉,不课以刑罚。"①在有些案件中,由于一些特殊的原因,被害人本身不愿意将侵犯其权利或利益的犯罪嫌疑人绳之以法,或者已经与嫌疑人达成和解,而公众也出于人类一般道德感情的需要而不愿意看到某些实施犯罪行为的人被投进监狱——在这种情况下,毫无例外地将嫌疑人一律交付法庭进行审判,很难说真正符合法律规定的原意,也与法律所追求之最高目标——公平正义原则相去甚远。

第二,打击犯罪之需要。酌定不起诉制度可以对共同犯罪的犯罪分子起到分化、瓦解的作用。共同犯罪的案件,在不得到部分犯罪分子配合案件就很难侦

---

① 〔日〕田口守一著:《刑事诉讼法》,刘迪、张凌、穆津译,法律出版社 2000 年版,第 103 页。

破的情况下,对那些具有自首、立功表现的共同作案人,采取比较宽大的政策,将有助于鼓励共同犯罪人走上悔过自新的道路,有助于孤立其他共同犯罪人,有助于整个案件的及时、准确、全面的侦破。

第三,诉讼经济之体现。波斯纳曾经指出:公正在法律中的第二个意义是指效率;稍微思考,即可得出在资源稀少的世界,浪费是不道德的结论。既然如此,在即使提起公诉也很可能对被告人不判处刑罚的情况下,再作出这种决定实际上就是对司法资源的一种浪费。

案例 12-1

决定不起诉可基于案件的各种因素

2011年,民警通过对犯罪嫌疑人徐某发出的邮包追查,发现徐某曾邮寄快件给长沙市宁乡县玉潭镇沙河市场,徐某供认,快件中的物品是气枪铅弹。购买铅弹的是宁乡某大药房的老板刘军。民警数了数铅弹,共有1670颗,其中370颗是4.5毫米,1300颗是5.5毫米,威力足以杀人。刘军也向警方供述,自己确实买了枪,还通过"爱好者"QQ群找到联系方式买了铅弹。他说,自己2011年买了把枪,在煤炭坝的家中练习射击砧板。打着打着发现弹药不够了,于是上网加群邮购。他知道这是犯法,但不以为意,以为会没事。

出乎意料的是,刘军所在当地综治办寄来材料为他求情。原来刘军从小得了小儿麻痹症,靠双拐走路。1986年,刘军开始创业,先自学电器维修,当学徒,修理家用电器挣钱。后转行做药品销售,名气越做越大,后来自己开药房。2012年,他在宁乡拥有三家药房。当地综治办、社区,称他为"身残志坚的成功人士"。日子好过了,刘军想锻炼身体,但无法打球、游泳、散步,就买气枪射击砧板锻炼,没想到被长沙缉私局通报,面临起诉。刘军成为犯罪嫌疑人后,宁乡县残联、综治办、工商局、沙子坡社区向宁乡县检察院都寄来了材料,为刘军求情。事后,刘军写来一封信表示抱歉:我犯了个低级错误;我对不起关心支持我的各级领导,对不起所有帮助我的人,对不起我的父母和妻儿。国庆前,宁乡县检察院检察官考虑到刘军的情节:残疾人、奋斗、创业,且平时表现好,同时购买弹药没有造成社会危害。综合各方意见,检察院依法对刘军作出不起诉处理。刘军摆脱了嫌疑人身份,放松心情和家人过国庆。[①]

[①] 本案例系根据《潇湘晨报》报道改编,原始资料来源:http://news.sohu.com/20121004/n354305864.shtml,最后访问时间2012年10月4日。

二、不起诉的程序

根据《刑事诉讼法》及《最高检规则》之相关规定,不起诉的程序包含以下内容:(1) 人民检察院对于《刑事诉讼法》第171条第4款规定的证据不足而认为不符合起诉条件的,应当作出不起诉决定。另根据《最高检规则》第405条之规定,人民检察院因证据不足作出不起诉决定,在发现新的证据,符合起诉条件时,可以提起公诉。(2) 人民检察院对于犯罪情节轻微,依照刑法规定不需要判处刑罚或者免除刑罚的,经检察委员会讨论决定,可以作出不起诉决定。(3) 人民检察院对于犯罪嫌疑人没有犯罪事实,或者符合《刑事诉讼法》第15条规定情形之一的案件,经检察长或者检察委员会决定,应当作出不起诉决定。(4) 省级以下人民检察院办理直接受理立案侦查的案件拟作不起诉决定的,应当报请上一级人民检察院批准。(5) 不起诉的决定,由人民检察院公开宣布。公开宣布不起诉决定的活动应当记明笔录。被不起诉人在押的,应当立即释放;被采取其他强制措施的,应当通知执行机关解除。(6) 人民检察院作出不起诉决定后,应当制作不起诉决定书。不起诉决定书的主要内容包括:① 被不起诉人的基本情况,包括姓名、出生年月日、出生地和户籍地、民族、文化程度、职业、工作单位及职务、住址、身份证号码,是否受过刑事处分,采取强制措施的情况以及羁押处所等;如果是单位犯罪,应当写明犯罪单位的名称和组织机构代码、所在地址、联系方式,法定代表人和诉讼代表人的姓名、职务、联系方式。② 案由和案件来源。③ 案件事实,包括否定或者指控被不起诉人构成犯罪的事实以及作为不起诉决定根据的事实。④ 不起诉的法律根据和理由,写明作出不起诉决定适用的法律条款。⑤ 查封、扣押、冻结的涉案款物的处理情况。⑥ 有关告知事项等。(7) 不起诉决定书应当送达被害人、被不起诉人以及被不起诉人的所在单位。送达时,应当告知被害人如果对不起诉决定不服,可以向人民检察院申诉或者向人民法院起诉;告知被不起诉人如果对不起诉决定不服,可以向人民检察院申诉。对于公安机关移送审查起诉的案件,人民检察院决定不起诉的,不起诉决定书应当送达公安机关。

三、相关事项的处理

根据《刑事诉讼法》及《最高检规则》的规定,人民检察院作出不起诉决定,应当对有关事项进行以下处理:(1) 人民检察院决定不起诉的案件,可以根据案件的不同情况,对被不起诉人予以训诫或者责令具结悔过、赔礼道歉、赔偿损失;(2) 对被不起诉人需要给予行政处罚、行政处分或者需要没收其违法所得的,人民检察院应当提出检察意见,连同不起诉决定书一并移送有关主管机关处理;(3) 人民检察院决定不起诉的案件,需要对侦查中扣押、冻结的财物解除扣押、冻结的,应当书面通知作出扣押、冻结决定的机关或者执行扣押、冻结决定的机关解除扣押、冻结。

四、对不起诉决定的救济

✦ (一) 对公安机关的救济

公安机关认为不起诉决定有错误,要求复议的,人民检察院审查起诉部门应当另行指定检察人员进行审查并提出审查意见,经公诉部门负责人审核,报请检察长或者检察委员会决定。人民检察院应当在收到要求复议意见书后的 30 日内作出复议决定,通知公安机关。

上一级人民检察院收到公安机关提请复核的意见书后,应当交由公诉部门办理。公诉部门指定检察人员进行审查并提出审查意见,经公诉部门负责人审核,报请检察长或者检察委员会决定。

人民检察院应当在收到提请复核意见后的 30 日内作出决定,通知下级人民检察院和公安机关。改变下级人民检察院的决定的,应当撤销下级人民检察院作出的不起诉决定,交由下级人民检察院执行。

✦ (二) 对被害人的救济

被害人对人民检察院作出不起诉决定不服的,可以自收到决定书后 7 日内向作出不起诉决定的人民检察院的上一级人民检察院申诉,由申诉检察部门办理。被害人向作出不起诉决定的人民检察院提出申诉的,作出决定的人民检察院应当报送上一级人民检察院受理。上一级人民检察院对不起诉决定进行复查后,应当作出复查决定。复查决定书应当送达被害人和作出不起诉决定的人民检察院。上级人民检察院经复查作出起诉决定的,应当撤销下级人民检察院的不起诉决定,交由下级人民检察院提起公诉,并将复查决定抄送移送审查起诉的公安机关。被害人对人民检察院不起诉的决定不服,收到决定书超过 7 日后提出申诉的,由作出不起诉决定的人民检察院控告申诉部门受理。被害人对不起诉决定不服,提出申诉的,应当递交申诉书,写明申诉理由。被害人没有书写能力的,也可以口头提出申诉,人民检察院应当根据其口头提出的申诉制作笔录。此要求同样适用于被不起诉人。

被害人不服人民检察院作出的不起诉决定,可以在申诉后向人民法院提起自诉,也可以不经申诉,直接向人民法院起诉。人民检察院接到人民法院受理被害人对被不起诉人起诉的通知后,人民检察院应当终止复查,将作出不起诉决定的有关案件材料移送人民法院。

✦ (三) 对被不起诉人的救济

被不起诉人对人民检察院依照《刑事诉讼法》第 173 条第 2 款规定作出的

不起诉决定不服,在收到决定书后7日内向人民检察院提出申诉的,由作出决定的人民检察院刑事申诉检察部门办理,超过7日提出申诉的,由刑事申诉检察部门审查后决定是否立案复查。

人民检察院刑事申诉检察部门复查后应当提出复查意见,认为应当维持不起诉决定的,报请检察长作出复查决定;认为应当变更不起诉决定,或认为应当撤销不起诉决定并提起公诉的,报请检察长或者检察委员会决定。

复查决定书应当送达被不起诉人,撤销不起诉决定或者变更不起诉的事实或者法律根据的,应当同时抄送移送审查起诉的公安机关和本院有关部门。人民检察院作出撤销不起诉决定并提起公诉的复查决定后,应当将案件交由公诉部门提起公诉。

第13章 一 审

【本章要义】 第一审程序包括公诉案件第一审程序和自诉案件第一审程序。第一审程序又可以分为第一审普通程序和第一审简易程序。本章第一至三节阐述公诉案件第一审普通程序；第四节阐述自诉案件第一审普通程序；第五节阐述第一审简易程序；第六节对判决、裁定和决定进行论述。

第一节 公诉案件庭前审查

一、公诉审查的概念与分类

对公诉案件的审查，即公诉审查，是指人民法院收到人民检察院提起公诉的案件后，对有关材料进行审查是否符合起诉的要求以及是否符合法定的形式，以决定是否将该案被告人交付法庭审判的诉讼活动。

对公诉案件的审查，有实体性审查和程序性审查两种。实体性审查是对案件实行全案移送，开庭前由法官对案件的事实、证据、法律的适用等进行全面审查，当然也包括案件的侦查、起诉、交付审判的程序是否合法。程序性审查是指起诉机关移送和法院审查的内容，仅仅围绕是否将被告人交付法庭审判，亦即是否符合开庭审判的条件，不从实体上解决案件的定性处理。程序性审查的具体内容应包括案件的管辖、侦查、起诉程序是否合法，各种诉讼文书是否完备齐全；起诉书的指控是否有明确的犯罪事实，并附有相应的证据目录说明等。至于案件事实是否清楚，罪名是否成立，证据是否充分、确实，均由开庭审判加以解决。

二、对公诉案件进行审查的内容

我国1979年颁布的《刑事诉讼法》第108条的规定属于实体审查，审查的范围与内容包括案件是否属本院管辖、起诉书指控的犯罪事实是否清楚、认定犯罪的事实、情节是否有足够的证据予以证明、被告人是否构成犯罪、认定犯罪的性质和罪名是否符合刑法规定、起诉书中有无遗漏被告人的罪行和应当追究刑事责任的同案人、被告人有无责任能力、有无法定不予追究刑事责任的情形、有无附带民事诉讼、有无法定从重、从轻、减轻或者应当免除刑事处罚的情节、有无需要重新勘验、检查、搜查、扣押、查封和鉴定的情形、侦查、起诉程序是否合法、各种法律手续和诉讼文书是否完备、齐全等内容。1996年修正的《刑事诉讼法》规定的庭前审查程序在本质上是一种程序性审查。其法律性质是对案件的接受、审查，而不是审判。其任务则是审查案件是否符合开庭审判的条件，从而决定是否将被告人交付法庭审判，而不是确定被告人是否有罪。

2012年《刑事诉讼法》第181条规定：人民法院对提起公诉的案件进行审查后，对于起诉书中有明确的指控犯罪事实的，应当决定开庭审判。根据这一规定，对公诉案件的审查，主要围绕起诉书是否有明确的指控犯罪事实进行，不再审查是否提附有证据目录、证人名单和主要证据复印件。但是这并不表明人民法院在进行公诉审查时就只审查起诉书的形式。相反，根据2012年《刑事诉讼法》第172条的规定，人民检察院向人民法院提起公诉时，应当将案卷材料和证据一并移送人民法院。因此，人民法院在进行公诉案件庭前审查时，除对起诉书进行审查以外，也要对案卷材料和证据进行审查。

其具体内容，根据《最高法解释》第180条的规定，对公诉案件的审查包括：(1)是否属于本院管辖。(2)起诉书是否写明被告人的身份，是否受过或者正在接受刑事处罚，被采取强制措施的种类、羁押地点、犯罪的时间、地点、手段、后果以及其他可能影响定罪量刑的情节。(3)是否移送证明指控犯罪事实的证据材料，包括采取技术侦查措施的批准决定和所收集的证据材料。(4)是否查封、扣押、冻结被告人的违法所得或者其他涉案财物，并附证明相关财物依法应当追缴的证据材料。(5)是否列明被害人的姓名、住址、联系方式；是否附有证人、鉴定人名单；是否申请法庭通知证人、鉴定人、有专门知识的人出庭，并列明有关人员的姓名、性别、年龄、职业、住址、联系方式；是否附有需要保护的证人、鉴定人、被害人名单。(6)当事人已委托辩护人、诉讼代理人，或者已接受法律援助的，是否列明辩护人、诉讼代理人的姓名、住址、联系方式。(7)是否提起附带民事诉讼；提起附带民事诉讼的，是否列明附带民事诉讼当事人的姓名、住址、联系方式，是否附有相关证据材料。(8)侦查、审查起诉程序的各种法律手续和诉讼文书是否齐全。(9)有无《刑事诉讼法》第15条第(2)项至第(6)项规定的不追究刑事责任的情形。

三、审查后的处理

根据《刑事诉讼法》第181条的规定，人民法院对提起公诉的案件进行审查后,对于起诉书中有明确的指控犯罪事实的,应当决定开庭审判。

根据《最高法解释》第 181 条第 1 款的规定,案件经审查后,应当根据不同情况分别处理:(1) 属于告诉才处理的案件,应当退回人民检察院,并告知被害人有权提起自诉;(2) 不属于本院管辖或者被告人不在案的,应当退回人民检察院;(3) 不符合《最高法解释》第 180 条第(2)项至第(8)项规定之一,需要补充材料的,应当通知人民检察院在 3 日内补送;(4) 依照《刑事诉讼法》第 195 条第(3)项规定宣告被告人无罪后,人民检察院根据新的事实、证据重新起诉的,应当依法受理;(5) 依照《最高法解释》第 242 条规定裁定准许撤诉的案件,没有新的事实、证据,重新起诉的,应当退回人民检察院;(6) 符合《刑事诉讼法》第 15 条第(2)项至第(6)项规定情形的,应当裁定终止审理或者退回人民检察院;(7) 被告人真实身份不明,但符合《刑事诉讼法》第 158 条第 2 款规定的,应当依法受理。

对于决定开庭审判的案件,人民法院应当适用决定书。决定书一旦作出,案件即进入开庭前的准备阶段。

第二节 庭前准备与庭前会议

一、庭前准备

根据《刑事诉讼法》第 182 条的规定以及审判工作的实际需要,人民法院决定开庭后,须进行下列准备工作:(1) 确定合议庭的组成人员。根据《刑事诉讼法》第 182 条的规定,人民法院适用普通程序审判第一审案件,应当组成合议庭进行。因此,决定开庭审判后,对于适用普通程序的案件,应当首先确定合议庭的组成人员。合议庭设审判长 1 人。审判长是审判活动的具体组织者和指挥者,由院长或庭长指定审判员 1 人担任。院长或庭长自己参加审判案件时,由院长或庭长自己担任审判长。人民陪审员一般未受过专业法律训练,而且也不具备法庭审判的经验,所以不能担任审判长。在组成合议庭的同时,还应当确定法庭的书记员,负责审判的记录工作,并办理与审判有关的其他事项。(2) 将人民检察院的起诉书副本至迟在开庭 10 日以前送达被告人及其辩护人;对于被告人未委托辩护人的,告知被告人可以委托辩护人,或者在必要的时候指定承担法律援助义务的律师为其提供辩护。(3) 将开庭的时间、地点在开庭 3 日以前通知人民检察院。根据《刑事诉讼法》规定,人民法院审判公诉案件,除适用简易程序外,人民检察院均应派员出席法庭支持公诉。将开庭的时间、地点在开庭 3 日以前通知人民检察院,有利于承办案件的检察员做好出庭支持公诉的准备。(4) 传唤、通知当事人、诉讼参与人参加诉讼。传唤当事人,通知辩护人、诉代理人、证人、鉴定人和翻译人员,传票和通知书至迟在开庭 3 日以前送达。
(5) 公告案由,保障公开审判。公开审判的案件,在开庭 3 日以前先期公布案由、被告人姓名、开庭时间和地点。

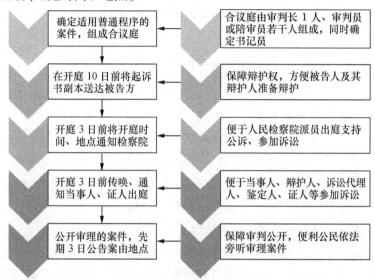

图 13.1　公诉案件庭前准备

上述活动情形应当写入笔录,由审判人员和书记员签名。

二、庭前会议

《刑事诉讼法》第 182 条第 2 款规定:"在开庭以前,审判人员可以召集公诉人、当事人和辩护人、诉讼代理人,对回避、出庭证人名单、非法证据排除等与审判相关的问题,了解情况,听取意见。"这是 2012 年《刑事诉讼法》修改时新增的规定。根据该规定,人民法院在正式开庭之前,可以召开有公诉人、当事人和辩护人、诉讼代理人参加的庭前会议,对回避、出庭证人名单、非法证据排除等与审判相关的问题,让控辩双方交换意见,也让法官了解双方的意见。《最高法解释》第 184 条第 2 款规定,审判人员可以在庭前会议上询问控辩双方对证据材料有无异议,对有异议的证据,应当在庭审时重点调查;无异议的,庭审时举证、质证可以简化。因此,庭前会议的目的在于通过庭前对相关庭审问题充分交换意见,便于法官确定庭审重点,保证庭审质量。

该规定并未提到在庭前会议上法官是否应当就相关事项作出决定。但是,庭前会议显然是法官就一些重大程序性事项作出决定的基本依据。根据《最高法解释》第 184 条的规定,审判人员可以在庭前会议上就下列问题向控辩双方了解情况,听取意见:(1) 是否对案件管辖有异议;(2) 是否申请有关人员回避;(3) 是否申请调取在侦查、审查起诉期间公安机关、人民检察院收集但未随案移送的证明被告人无罪或者罪轻的证据材料;(4)是否提供新的证据;(5)是否对出庭证人、鉴定人、有专门知识的人的名单有异议;(6)是否申请排除非法证据;(7)是否申请不公开审理;(8)与审判相关的其他问题。对上述事项的了解和听取意见,正是庭审中对上述事项作出裁决的基础。

第三节 公诉案件法庭审判

根据《刑事诉讼法》的规定,法庭审判程序分为开庭、法庭调查、法庭辩论、被告人最后陈述、评议和宣判五个阶段。

一、开庭

开庭是法庭审理的开始,其任务是为实体审理做好程序上的准备。根据《刑事诉讼法》第185条的规定,开庭阶段应当进行下列活动:

(一)书记员的工作

开庭审理前,书记员应当依次进行下列工作:查明公诉人、当事人、证人及其他诉讼参与人是否已经到庭;宣读法庭规则;请公诉人、辩护人入庭;请审判长、审判员(人民陪审员)入庭;审判人员就座后,当庭向审判长报告开庭前的准备工作已经就绪。

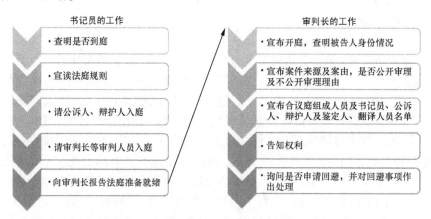

图13.2 开庭阶段书记员和审判长的准备工作

(二)审判长的工作

(1)审判长宣布开庭,传被告人到庭后,应当查明被告人的下列情况:姓名、出生年月、民族、出生地、文化程度、职业、住址、是否曾受到过法律处分及处分的种类、时间;是否被采取强制措施及强制措施的种类、时间;是否收到人民检察院起诉书副本及收到的日期;有附带民事诉讼的,附带民事诉讼被告人收到民事诉状的日期。（2）审判长宣布案件的来源、起诉的案由、附带民事诉讼原告人和被告人的姓名（名称）及是否公开审理。对于不公开审理的案件,应当当庭宣布不公开审理的理由。（3）审判长宣布合议庭组成人员、书记员、公诉人、辩护人、鉴定人和翻译人员的名单。（4）审判长应当告知当事人、法定代理人在法庭审理过程中依法享有下列诉讼权利；可以申请合议庭组成人员、书记员、公诉人、鉴定人和翻译人员回避；可以提出证据，申请通知新的证人到庭、调取新的证据、重新鉴定或者勘验、检查；被告人可以自行辩护；被告人可以在法庭辩论终结后作最后的陈述。（5）审判长分别询问当事人、法定代理人是否申请回避，申请何人回避和申请回避的理由。如果当事人、法定代理人申请审判人员、出庭支持公诉的检察人员回避，合议庭认为符合法定情形的，应当依照有关回避的规定处理；认为不符合法定情形的，应当当庭驳回，继续法庭审理。如果申请回避人当庭申请复议，合议庭应当宣布休庭，待作出复议决定后，决定是否继续法庭审理。同意或者驳回回避申请的决定及复议决定，由审判长宣布，并说明理由。必要时，也可以由院长到庭宣布。

二、法庭调查

法庭调查是法庭审判的核心阶段。在这一阶段，合议庭要在公诉人、当事人、辩护人和其他诉讼参与人的参加下，通过提出证据和对证据进行质证，当庭调查证据，全面查明案件事实真相，为法庭作出正确的裁判提供事实根据。根据《刑事诉讼法》第186—192条的规定，法庭调查应按以下顺序依次进行。

（一）宣读起诉书与听取被告人、被害人陈述

审判长宣布进行法庭调查后，首先由公诉人宣读起诉书。有附带民事诉讼的，再由附带民事诉讼原告人或其法定代理人、诉讼代理人宣读附带民事起诉状。通过宣读起诉书，一方面，向法庭阐明公诉犯罪事实即法庭调查的范围和被告人应负刑事责任的事实根据和法律依据；另一方面，也可以使旁听群众了解案情，更深入地观察法庭审判的过程。如果一案有数名被告人，宣读起诉书时应同时在场。

公诉人宣读起诉书后，审判长应分别就指控的犯罪听取被告人、被害人的陈述。目的在于使合议庭了解当事人对指控的基本意见，为下一步深入查明案件事实作必要的准备。

（二）讯问被告人和向被告人发问

被告人、被害人就指控的犯罪事实发表意见后，由公诉人讯问被告人。公诉人通过讯问被告人，可以揭露和证实犯罪，反驳被告人的辩解。被告人犯数罪的，应当根据罪行轻重、作案时间先后逐个讯问。公诉人讯问被告人后，被害人、

附带民事诉讼的原告人和辩护人、诉讼代理人,经审判长许可,可以向被告人发问。被害人和附带民事诉讼原告人及其诉讼代理人发问的目的,一方面是证实起诉书的指控,另一方面是对公诉人未能抓住的要害问题甚至遗漏的重要事实、情节进行补充,防止被告人逃脱罪责。辩护人的发问是为辩护作准备,重点在于问清能够证明被告人无罪、罪轻或者减轻、免除其刑事责任的事实、情节。对起诉书中指控不清的事实,辩护人也可以发问,以便让被告人澄清事实。在公诉人讯问被告人之后或者其他诉讼参与人对被告人发问后,审判人员对案件事实有疑问的,也可以讯问被告人。

(三) 证人作证

《刑事诉讼法》第187条第1款规定:"公诉人、当事人或者辩护人、诉讼代理人对证人证言有异议,且该证人证言对案件定罪量刑有重大影响,人民法院认为证人有必要出庭作证的,证人应当出庭作证。"据此规定,证人应当出庭作证的情形,必须同时满足三个条件:一是诉讼中的一方或双方对证人证言有异议;二是该证人证言对案件定罪量刑有重大影响;三是人民法院认为证人有必要出庭作证。本书认为,从保障被告人对质权的角度出发,只要被告人、辩护人对证人证言提出了异议且该证人证言对定罪量刑有重大影响,人民法院就应当要求该证人出庭作证。

《刑事诉讼法》第187条第2款规定:"人民警察就其执行职务时目击的犯罪情况作为证人出庭作证,适用前款规定。"该规定最直接的涵义是:人民警察在执行职务过程中目击犯罪的,与普通证人并无区别,因此要求其出庭作证,理所应当;在此情况下,如其证言满足该条第1款规定的三个条件,自然应当出庭。值得注意的是,根据上述规定,是否可以得出人民警察出庭作证的情形,仅限于在执行职务时目击了犯罪情况的情形?换句话说,如果不是因为目击犯罪而是因为侦查犯罪而了解到犯罪情况,人民警察就不应当被要求出庭作证?

法理研析

警察作证不应仅限于目击犯罪的情形

本书认为,警察作证不应当仅限于目击犯罪的情形,理由是:首先,该条直接涉及的是警察作为目击证人时是否应当作证的问题,并不涉及其他问题,因此对于其他问题的回答,应当结合《刑事诉讼法》的其他条款来进行。其次,从法理与司法实践情况来看,普通证人也不是仅就其目击的犯罪情况来作证,在特定情况下,证人就被告人品格等问题作证,或者就与案件有关的事实,例如,被告人的身份事实、年龄事实等作证也是允许的;因此,警察的证言如果对定罪量刑有影响,就不应当与普通证人区别对待。最后,根据相关的司法解释,警察作证的范围也不仅限于目击犯罪的情况。例如,对于取证程序的合法性问题,警察在必要时也应当出庭作证。可见,从上述条文规定不能得出警察作证应当仅限于目击犯罪的情形的结论。

《刑事诉讼法》第 188 条第 1 款规定:"经人民法院通知,证人没有正当理由不出庭作证的,人民法院可以强制其到庭,但是被告人的配偶、父母、子女除外。"本规定的直接涵义包括三个方面:首先,对于应当出庭的证人,经人民法院通知,证人没有正当理由应当出庭作证。其次,证人没有正当理由拒不出庭作证的,人民法院可以强制其到庭作证。再次,被告人的配偶、父母、子女如果不愿出庭作证,即使没有正当理由,法院也不得强制其出庭作证。这一规定属于强制出庭作证的例外。

本规定是否赋予被告人近亲属拒绝作证的豁免权,理论上有不同见解。本书认为,本规定赋予了被告人近亲属拒绝作证的豁免权。换句话说,本规定不仅豁免被告人近亲属到法庭作证的义务,而且也豁免了被告人近亲属向法庭提供被告人有罪的书面证词的义务。

《刑事诉讼法》第 188 条第 2 款规定:"证人没有正当理由拒绝出庭或者出庭后拒绝作证的,予以训诫,情节严重的,经院长批准,处以 10 日以下的拘留。被处罚人对拘留决定不服的,可以向上一级人民法院申请复议。复议期间不停止执行。"这一规定赋予法院对拒不履行作证义务的证人进行处罚的权力,其实质类似于英美法系的"藐视法庭罪",但又不同于"藐视法庭罪"。其主要区别在于,英美藐视法庭罪是一种罪名,对藐视法庭罪的处罚是一种刑罚,而对证人的处罚则不属于刑事处罚。

根据《刑事诉讼法》第 189 条的规定,证人到庭后,审判人员应当先核实证人的身份、与当事人以及本案的关系,告知证人应当如实地提供证言和有意作伪证或者隐匿罪证要负的法律责任。证人作证前,应当在如实作证的保证书上签名。向证人发问,应当先由提请传唤的一方进行;发问完毕后,对方经审判长准许,也可以发问。审判长对于向证人发问的内容与本案无关或者发问的方式不当的,应当制止。对于控辩双方认为对方发问的内容与本案无关或者发问的方式不当并提出异议的,审判长应当判明情况予以支持或者驳回。审判人员认为有必要时,可以询问证人。向证人发问应当分别进行。证人经控辩双方发问或者审判人员询问后,审判长应当告其退庭。证人不得旁听对本案的审理。

✦ (四) 鉴定人作证与专家辅助人制度

《刑事诉讼法》第 187 条第 3 款规定:"公诉人、当事人或者辩护人、诉讼代理人对鉴定意见有异议,人民法院认为鉴定人有必要出庭的,鉴定人应当出庭作证。经人民法院通知,鉴定人拒不出庭作证的,鉴定意见不得作为定案的根据。"根据该款规定,鉴定人出庭作证的条件是:(1)控辩中的任何一方对鉴定意见有异议;以及(2)人民法院认为有必要。如同证人出庭问题一样,《刑事诉讼法》赋予了人民法院广泛的自由裁量权。这一自由裁量权如行使不当,会在很大程度上使刑事诉讼回复到职权主义模式,损害法院判决的正当性和可接受性。因此,本书认为,司法实践中的法官应当充分尊重控辩双方的意思,只要任何一方对鉴定意见有异议,就应当通知鉴定人出庭作证,以加强法庭审判的公正性,提升法院裁判的公信力。根据《刑事诉讼法》第189条,鉴定人作证的程序,参考证人作证程序。

《刑事诉讼法》第192条第2款规定:"公诉人、当事人和辩护人、诉讼代理人可以申请法庭通知有关专门知识的人出庭,就鉴定人作出的鉴定意见提出意见。"第3款规定:"法庭对于上述申请,应当作出是否同意的决定。"第4款规定:"第2款规定的有专门知识的人出庭,适用鉴定人的有关规定。"其中第2款、第4款都是2012年修改《刑事诉讼法》时新增加的规定,理论上称之为专家辅助人制度。根据上述规定,控辩双方均有权申请法庭通知专家出庭。这样的专家被称为"专家辅助人"。专家辅助人不同于专家证人。专家证人出庭是就案件中的专门问题提供意见,专家辅助人出庭的目的则是就专家的意见提供意见。在英美法系,专家意见都属于意见证据,作为意见证据规则的例外具有可采性。专家辅助人的意见,则属于针对意见证据提出的意见证据。该制度的目的,是为双方就对方专家提出的意见进行质证提供方便。

(五)审查核实其他证据

在讯问和发问被告人完毕之后,无论被告人是否当庭承认犯有指控的罪行,合议庭都应当要求公诉人当庭提出证明被告人有罪的其他各种证据并对这些证据当庭予以审查核实。只有经过法庭调查核实的证据,才能作为合议庭认定事实的根据。法庭调查过程中审查核实证据,主要是通过询问证人和鉴定人、辨认物证、宣读有关书面证言等方法进行的。

对指控的每一起案件事实,经审判长准许,公诉人可以提请审判长传唤证人、鉴定人和勘验、检查笔录制作人出庭作证,或者出示证据,宣读未到庭的被害人、证人、鉴定人和勘验、检查笔录制作人的书面陈述、证言、鉴定结论及勘验、检查笔录;被害人及其诉讼代理人和附带民事诉讼的原告人及其诉讼代理人经审判长准许,也可以分别提请传唤尚未出庭作证的证人、鉴定人和勘验、检查笔录制作人出庭作证,或者出示公诉人未出示的证据,宣读未宣读的书面证人证言、鉴定结论及勘验、检查笔录。

控辩双方要求证人出庭作证,向法庭出示物证、书证、视听资料等证据,应当向审判长说明拟证明的事实。审判长同意的,即传唤证人或者准许出示证据;审判长认为与案件无关或者明显重复、不必要的证据,可以不予准许。被告人、辩护人、法定代理人经审判长准许，可以在起诉一方举证后，分别传唤证人、鉴定人出庭作证，或者出示证据、宣读未到庭的证人的书面证言、鉴定人的鉴定结论。

当庭出示的物证、书证、视听资料等证据，应当先由出示证据的一方就所出示的证据的来源、特征等作必要的说明，然后由另一方进行辨认并发表意见。控辩双方可以互相质问、辩论。

在法庭调查过程中，合议庭对证据有疑问的，可以宣布休庭，对该证据进行调查核实。人民法院调查核实证据时，可以进行勘验、检查、扣押、鉴定和查询、冻结。必要时，可以通知检察人员、辩护人到场。公诉人要求出示开庭前送交人民法院的证据目录以外的证据，辩护方提出异议的，审判长如认为该证据确有出示的必要，可以准许出示。如果辩护方需要对新的证据做必要准备时，可以宣布休庭，并根据具体情况确定辩护方做必要准备的时间。确定的时间期满后，应当继续开庭审理。

当事人和辩护人申请通知新的证人到庭，调取新的证据，申请重新鉴定或者勘验的，应当提供证人的姓名、证据的存放地点，说明所要证明的案件事实，要求重新鉴定或者勘验的理由。审判人员根据具体情况，认为可能影响案件事实认定，应当同意该申请，并宣布延期审理；不同意的，应当告知理由并继续审理。

在庭审过程中，公诉人发现案件需要补充侦查，提出延期审理建议的，合议庭应当同意。但是建议延期审理的次数不得超过2次。法庭宣布延期审理后，人民检察院在补充侦查的期限内没有提请人民法院恢复法庭审理的，人民法院应当决定按人民检察院撤诉处理。

人民法院向人民检察院调取需要调查核实的证据材料，或者根据辩护人、被告人的申请，向人民检察院调取侦查、审查起诉中收集的有关被告人无罪和罪轻的证据材料，应当通知人民检察院在收到调取证据材料决定书后3日内移交。

合议庭在案件审理过程中，发现被告人可能有自首、立功等法定量刑情节，而起诉和移送的证据材料中没有这方面的证据材料的，应当通知人民检察院移送；审判期间被告人提出新的立功线索的，人民法院可以建议人民检察院补充侦查。

三、法庭辩论

《刑事诉讼法》第193条第2款规定："经审判长许可，公诉人、当事人和辩护人、诉讼代理人可以对证据和案件情况发表意见并且可以互相辩论。"法庭辩论是指控辩双方在审判长的主持之下，依据法庭调查中已经调查的证据和有关法律规定，对证据的证明力和被告人是否有罪、所犯何罪、罪责轻重、应否处刑和如何处罚等问题，在法庭上当面进行论证和反驳的诉讼活动。法庭辩论活动，既是控方揭露犯罪、证实犯罪的活动，也是辩方据理反驳控诉、维护被告人合法权益的活动。

法庭辩论依法按下列顺序进行：

✦ （一）公诉人发言

公诉人在法庭辩论中的首次发言，司法实践中称为公诉词。发表公诉词是公诉人支持公诉的主要形式之一，也是为了宣传法制、教育群众。公诉词以起诉书为基础，是起诉书内容的进一步深化。公诉词通过对犯罪事实进行深入、精辟的分析，进一步起到公诉活动揭露犯罪、证实犯罪的作用。

✦ （二）被害人及其诉讼代理人发言

被害人是犯罪活动的直接受害者，在诉讼中是控诉一方当事人，有权在法庭辩论中控诉和证实犯罪，请求法庭公正地对被告人加以处罚。犯罪如果给被害人造成了物质损失，被害人还可以成为附带民事诉讼的原告人，要求被告人赔偿损失。诉讼代理人是被害人的辅助人，被害人发言之后，可以继续为被害人发言。

✦ （三）被告人自行辩护

被告人是公诉案件的主要当事人，被告人在辩论中的发言既是被告人行使辩护权的基本形式，也是合议庭了解案件事实和被告人主观恶性的一个主要渠道。但是被告人自行辩护仅仅是被告人的辩护手段之一，被告人也可以放弃辩论中的发言权，由辩护人代为辩护。

✦ （四）辩护人辩护

辩护人在法庭辩论中的首轮发言，司法实践中称为辩护词。辩护词是辩护人辩护宗旨的集中体现，辩护活动的成败，跟所发表的辩护词质量高低有很大关系。辩护人必须以事实为根据，以法律为准绳，实事求是地进行辩护，其辩护才可能收到应有的效果。辩护人进行辩论，还应当结合法庭调查的情况进行。如果法庭调查中所提出的证据不足以证明被告人犯了罪，辩护人就当要求合议庭确认控方证据不确实、不充分；如果法庭调查中证据表明起诉书指控的犯罪事实失实或被告人的行为不构成犯罪，辩护人可以请求合议庭注意指控不成立而宣告被告人无罪；如果证据调查中提出的证据不足以认定被告人犯有重罪或者应该从轻处罚，辩护人可以据此而提出从轻、减轻或者免除刑罚的意见和理由。

✦ （五）控辩双方进行辩论

法庭辩论中，控、辩双方的发言以"轮"计。第一轮控、辩双方发言后，可以就存在分歧的地方互相辩论，进一步阐明各自的观点和理由。在辩论中双方发言机会均等，只要控诉方发言，就应当允许辩护方辩驳，每一轮发言都应当完整。

在法庭辩论中，审判长的作用是主持辩论。审判长要善于掌握辩论，使辩论始终集中在与定罪量刑有关的实质问题上。如果双方的争辩与正确处理案件无关,纠缠于枝节问题或者语言失误上,或者双方互相指责甚至进行人身攻击时,应当及时制止。在法庭辩论时,其他审判人员的作用是认真听取双方的论证和辩驳,弄清双方发言的基本宗旨,以形成自己对事实认定和法律运用的正确认识。

辩论中如果发现某些主要事实尚未查清或者提出了有关本案定罪量刑的新事实时,审判长应当宣布暂停法庭辩论,恢复法庭调查,待事实查清后再恢复法庭辩论。如果恢复调查仍未查清,需要补充侦查的,应当休庭延期审理。经过一轮或几轮辩论,合议庭认为控辩双方均已提不出新的意见,没有继续辩论必要时,审判长即终止双方发言,宣布辩论终结。

✦ (六)被告人最后陈述

《刑事诉讼法》第193条第3款规定,审判长在宣布辩论终结后,被告人有最后陈述的权利。被告人最后陈述是法律赋予被告人的一项重要权利,从程序上讲还是法庭审理的一个独立的诉讼环节。被告人是案件当事人,案件的判决关系到被告人的切身利益。在作出判决前,再给他一个陈述的机会,听取他对案件的意见,既可以让被告人独立完整地叙明自己的意见,强化合议庭对辩护的印象,也可以弥补在法庭调查和法庭辩论中辩护的不足之处,从而也就有利于保证法庭裁判的正确性。因此,审判人员应当切实保障被告人最后陈述的权利,只要被告人的陈述不超出本案范围,就要让其充分陈述。

案例 13-1

被告人最后陈述朗诵诗歌无意义

"我真的冤枉,我没有罪。请允许我用岳飞的《满江红》来表达我此刻的心情……"62岁的原中国人民保险公司辽宁省分公司副总经理兼沈阳市分公司总经理史广武,在其涉嫌贪污受贿一案再审开庭的最后陈述阶段,情绪激动地侧着身子大声地说出上面的话。他刚吟诵了两句《满江红》便因此内容与案情无关而被法庭制止。检察机关指控史广武压缩实际住房面积,将412平方米住房"缩水"为295平方米,先后收受下面公司在节日期间送的礼金约8万多元。此前,沈阳中法一审曾认为史广武犯贪污受贿罪名成立,判处有期徒刑12年,宣判后史广武提出上诉,省高法以证据不足发回重审。此次是沈阳中法再审开庭。①

---

① 《辽沈晚报》2004年6月18日,参见 http://www.sina.com.cn,最后访问时间2012年11月2日。

如果被告人在最后陈述中,提出了新的事实或新的证据,合议庭认为可能影响正确裁判的,应当恢复法庭调查;如果被告人提出新的辩解理由,合议庭认为确有必要的,可以恢复法庭辩论。无论出现哪种情况,最后陈述的权利都应当由被告人行使。

四、评议和宣判

(一) 评议

被告人最后陈述后,审判长应当宣布休庭,由合议庭进行评议。合议庭评议,就是合议庭全体成员共同对案件事实的认定和法律的适用进行全面的讨论、评判并作出处理决定的诉讼活动。评议的任务,就是根据已经提出的证据,认定案件事实和对案件作出处理决定,包括对附带民事诉讼和赃款、赃物进行处理。

评议活动应当秘密进行。即评议的过程和评议笔录对外一律不公开,不允许当事人、其他诉讼参与人和其他人旁听、查阅。评议由审判长主持,合议庭成员享有平等的权利。评议应先经过讨论,然后用投票表决的方式对认定事实和适用法律作出决定。表决以简单多数决定,但少数人的意见应记入评议笔录。合议庭应当根据已经查明的事实、证据和有关法律规定,并在充分考虑控辩双方意见的基础上,进行评议,确定被告人是否有罪,应否追究刑事责任;构成何罪,应否处以刑罚;判处何种刑罚;有无从重、从轻、减轻或者免除处罚的情节;附带民事诉讼如何解决;赃款赃物如何处理等,并依法作出判决。

根据《刑事诉讼法》第195条和《最高法解释》第241条的规定,人民法院应当根据案件的具体情况,分别作出以下裁判:(1) 起诉指控的事实清楚,证据确实、充分,依据法律认定被告人的罪名成立的,应当作出有罪判决;(2) 起诉指控的事实清楚,证据确实、充分,指控的罪名与人民法院审理认定的罪名不一致的,应当作出有罪判决;(3) 案件事实清楚,证据确实、充分,依据法律认定被告人无罪的,应当判决宣告被告人无罪;(4) 证据不足,不能认定被告人有罪的,应当以证据不足,指控的犯罪不能成立,判决宣告被告人无罪;(5) 案件事实部分清楚,证据确实、充分的,应当依法作出有罪或者无罪的判决;事实不清,证据不足部分,依法不予认定;(6) 被告人因不满16周岁,不予刑事处罚的,应当判决宣告被告人不负刑事责任;(7) 被告人是精神病人,在不能辨认或者不能控制自己行为的时候造成危害结果,不予刑事处罚的,应当判决宣告被告人不负刑事责任;(8) 犯罪已过追诉时效期限,并且不是必须追诉或者经特赦令免除刑罚的,应当裁定终止审理;(9) 被告人死亡的,应当裁定终止审理;对于根据已查明的案件事实和认定的证据材料,能够确认被告人无罪的,应当判决宣告被告人无罪。

(二) 宣判

评议结束后,进入法庭宣判阶段。在宣告判决前,人民检察院要求撤回起诉的,人民法院应当审查人民检察院撤回起诉的理由,并作出是否准许的裁定。人民法院在审理中发现新的事实,可能影响定罪的,应当建议人民检察院补充材料或者变更起诉;人民检察院不同意的,人民法院应当就起诉指控的犯罪事实,依法作出裁判。根据《刑事诉讼法》第 196 条的规定,无论是公开审判还是不公开审判的案件,宣告判决均公开进行。

宣告判决有两种方式:当庭宣判和定期宣判。当庭宣判是指合议庭评议后在继续开庭时当即宣告判决的内容。定期宣判是指当庭宣判不了,另定日期宣告判决。根据《刑事诉讼法》第 196 条第 2 款的规定,当庭宣告判决的,应当在 5 日以内将判决书送达当事人和提起公诉的人民检察院;定期宣告判决的,应当在宣告后立即将判决书送达当事人和提起公诉的人民检察院。判决书应当同时送达辩护人、诉讼代理人。此外,定期宣判的案件,还应先期公布宣判的时间、地点、案由,以方便关心本案处理的公民旁听。这是公开宣判的必要形式。

地方各级人民法院在宣告一审判决时,无论当庭宣判或者定期宣判,宣判长均应告知当事人有上诉的权利,说明上诉的法定期限、方式、程序和法院。

五、法庭秩序

法庭秩序是指人民法院开庭审判时诉讼参与人和旁听人员应当遵守的纪律和秩序。法庭是人民法院行使国家审判权的场所。法庭活动有秩序地进行,不但体现了国家审判活动的严肃性,对于保障审判活动中正确认定案件事实和适用法律也具有重要意义。因此,必须严肃审判活动,维护法庭秩序。

根据《最高法解释》第 249 条的规定:法庭审理过程中,诉讼参与人、旁听人员应当遵守的法庭纪律包括以下内容:(1) 服从法庭指挥,遵守法庭礼仪;(2) 不得鼓掌、喧哗、哄闹、随意走动;(3) 不得对庭审活动进行录音、录像、摄影,或者通过发送邮件、博客、微博客等方式传播庭审情况,但经人民法院许可的新闻记者除外;(4) 旁听人员不得发言、提问;(5) 不得实施其他扰乱法庭秩序的行为。其中以博客、微博客等形式传播法庭审理情况是近年来出现的新事物,《最高法解释》对其作出一定的规范,也是有道理的。但是,上述规定应当限定于"法庭审理过程中";法庭审理结束后,应当不受上述规则约束。

根据《刑事诉讼法》第 194 条和《最高法解释》的规定,在法庭审判过程中,如果诉讼参与人或者旁听人员违反法庭秩序,依法作如下处理:(1) 对于违反法庭秩序情节较轻的,审判长应当当庭警告制止并进行训诫。(2) 对于不听警告制止的,可以指令法警强行带出法庭。(3) 对于违反法庭秩序情节严重的,经报请院长批准后,对行为人处 1000 元以下的罚款或者 15 日以下的拘留;被处罚人对罚款、拘留决定不服的,可以向上一级人民法院申请复议,复议期间不停止执行。(4) 对聚众哄闹、冲击法庭或者侮辱、诽谤、威胁、殴打司法工作人员或者诉讼参与人,严重扰乱法庭秩序,构成犯罪的,应当依法追究刑事责任。

除上述处理处理以外,《最高法解释》第 250 条第 1 款第(4)项还规定,对于未经许可录音、录像、摄影或者通过邮件、博客、微博客等方式传播庭审情况的,可以暂扣存储介质或者相关设备。第 251 条规定,担任辩护人、诉讼代理人的律师严重扰乱法庭秩序,被强行带出法庭或者被处以罚款、拘留的,人民法院应当通报司法行政机关,并可以建议依法给予相应处罚。第 253 条规定,辩护人严重扰乱法庭秩序,被强行带出法庭或者被处以罚款、拘留,被告人自行辩护的,庭审继续进行;被告人要求另行委托辩护人,或者被告人属于应当提供法律援助情形的,应当宣布休庭。

案例 13-2

证人到法庭作证为贪官鼓掌被拘

据《大河报》报道,河南省渑池县人民法院审理原卢氏县委书记杜保乾受贿、报复陷害一案的法庭,被检察院指控向杜保乾行贿的主要人物、被法庭传到法庭作证的卢氏县公安局副局长邹某,由于扰乱法庭秩序被当庭司法拘留。当天,邹某被传到渑池县法庭所在地之后,没有被立即安排出庭作证。邹某就自行进入法庭,坐在法庭的后排旁听。当听到被告人杜保乾不顾法庭制止、大声发表与案件无关的言论时,邹某竟不顾法庭纪律,"啪啪"鼓起掌来。被当庭拘留的邹某向执行法警解释说,他听领导讲话鼓掌鼓惯了,一听杜保乾讲话,就情不自禁地鼓掌了。①

解说与点评:本书认为,当庭鼓掌属于比较轻微的违反法庭秩序行为;如果只是一次情不自禁鼓掌,警告和训诫即可;如不听制止多次鼓掌,可指令法警强行带出法庭;既不听从制止又不能带离法庭或者有其他严重违反法庭秩序行为的,可以司法拘留。

《最高法解释》第 250 条第 2 款规定:诉讼参与人、旁听人员对罚款、拘留的决定不服的,可以直接向上一级人民法院申请复议,也可以通过决定罚款、拘留的人民法院向上一级人民法院申请复议。通过决定罚款、拘留的人民法院申请复议的,该人民法院应当自收到复议申请之日起 3 日内,将复议申请、罚款或者拘留决定书和有关事实、证据材料一并报上一级人民法院复议。复议期间,不停止决定的执行。

---

① 参见:http://news.sohu.com/64/72/news203537264.shtml,最后访问时间 2012 年 11 月 2 日。

六、法庭审判笔录

法庭审判笔录,是全面记载法庭审判活动的诉讼文书。根据《刑事诉讼法》第201条的规定,法庭审判的全部活动,应当由书记员写成笔录。因此,制作法庭审判笔录,是书记员一项重要职责。书记员应按照法庭审判活动的顺序,如实地反映审判活动的全过程,对当事人、证人等的陈述,应原话记录,不失原意。

法庭审判笔录形成后,交审判长审阅后,由审判长和书记员签名。法庭笔录中的证人证言部分,应当当庭宣读或者交给证人阅读。证人在承认没有错误后,应当签名或者盖章。同时,法庭审判笔录还应当交给当事人阅读或者向他宣读。当事人认为记载有遗漏或者有差错的,可以请求补充或者改正。当事人承认没有错误后,应当签名或者盖章,当事人请求补充或改正的内容,审判长、书记员认为有必要时,可以在笔录上注明意见。

七、延期审理与中止审理

人民法院受理刑事案件之后到评议之前,可能会遇到使审判无法依照诉讼程序进行或者不能继续开庭的特定情况,根据《刑事诉讼法》的有关规定,出现这些特定情况时,可以延期审理或者中止审理。

(一) 延期审理

延期审理即推迟审理,是指人民法院在开庭审理过程中,由于遇到了某些特定情况,而决定把对案件的审理推迟,待司法人员将这些情况查明或解决后,再继续审理该案的一种诉讼上的处理。

根据《刑事诉讼法》第198条的规定,发生下列情况时,可以延期审理:(1) 需要通知新的证人到庭,调取新的物证,重新鉴定或者勘验的;(2) 检察人员发现提起公诉的案件需要补充侦查,提出建议的;(3) 由于申请回避而不能进行审判的。

另外,一般还认为,除上述法律规定的几种情形外,在审理过程中,下列情况也应当延期审理:(1) 被告人以正当理由提出更换辩护人的要求,法庭同意的;(2) 公诉人或自诉人变更指控范围,被告人及其辩护人要求重新进行辩护准备的。应当注意的是,上述情况,是发生在"法庭审判过程中"。即人民法院按原定的审理日期,把被告人和其他诉讼参与人通知、传唤到庭正式开庭审理后到合议庭评议前这一阶段中。如果没有正式开庭以前出现了某些情况,甚至是《刑事诉讼法》第198条所列情形之一,影响开庭审理的,则是推迟原定开庭日期,而不是延期审理。

延期审理的开庭日期,可以当庭确定,也可以在休庭以后另行确定。能够当庭确定的,应当当庭确定并公开宣布下次开庭的时间、地点。当庭不能确定的,另行确定并通知公诉人、当事人和其他诉讼参与人。根据《最高法解释》第222条的规定,延期审理的案件,可以报请上级人民法院批准延长审理期限。

《刑事诉讼法》第191条第1款规定:"法庭审理过程中,合议庭对证据有疑问的,可以宣布休庭,对证据进行调查核实。"在法庭审理过程中合议庭依职权主动进行证据调查,可以延期审理,也可以在审理期日内当即进行,调查完毕后继续进行开庭审理。延期审理后再行开庭时,如果中途没有更换审判人员,已经调查过的证据可以不再重新进行调查。但是开庭中的当事人、其他诉讼参与人的身份核对和必要的权利义务交代不能省略。

(二) 中止审理

中止审理即停止审理,指人民法院在审理刑事案件的过程中,由于出现了某些诉讼外的情况,使审判在一定时期内无法继续进行,而暂停审判,待这些情况消失后,再恢复审理的一种诉讼上的处理。根据《刑事诉讼法》第200条第1款的规定,中止审理适用于以下情形:(1)被告人患有严重疾病,无法出庭;(2)被告人脱逃;(3)自诉人患有严重疾病无法出庭且未委托诉讼代理人出庭;(4)其他不能抗拒的原因。

中止审理的结果虽然同延期审理一样,都是引起审判活动的暂停,但它们是两种不同的障碍处理,其区别体现在:(1)障碍原因不同。延期审理的原因,是诉讼内的障碍,该障碍的消除可以通过诉讼上的努力而实现;中止审理的原因,是诉讼外的障碍,该障碍的消除,不能通过诉讼上的努力而实现。(2)障碍产生的时间不同。延期审理的障碍,产生在开庭之后合议庭评议之前,中止审理的障碍可以出现于法庭审理过程之中,也可以出现于法庭审理之前。(3)再行审判的可预测性不同。延期审理的案件,何日再开庭审理,可以预定,甚至当庭就可以决定,但中止审理的案件,再开庭的时间往往无法确定。

第四节 自诉案件的审判

一、自诉案件的概念和范围

在我国刑事诉讼中,自诉案件是指被害人或者他的法定代理人向人民法院起诉,要求追究被告人刑事责任,由人民法院直接受理的刑事案件。

根据我国《刑事诉讼法》第204条的规定,自诉案件包括下列案件:(1)告诉才处理的案件,即《刑法》第246条第1款规定的侮辱、诽谤案;第257条第1款规定的暴力干涉婚姻自由案;第260条第1款规定的虐待案;第270条规定的侵占案。(2)被害人有证据证明的轻微刑事案件。(3)被害人有证据证明被告人侵犯自己人身、财产权利的行为应当依法追究刑事责任,而公安机关或者人民检察院不予追究被告人刑事责任的案件。第三类案件是从公诉转化为自诉的案件,就立法本意而言,它是为了解决实践中被害人告状无门、权益受侵害的问题,以达到更好地保护被害人的利益之目的;同时,也是对侦查机关、公诉机关正确行使权力的一种制约和群众监督。但为防止诉讼管辖混乱,对公诉转化成自诉必须进行一定的限制。这些限制的条件在于:第一,起诉的主体只能是自然人,被害单位或法人受害的案件不在此列;第二,仅限于被害人的人身权利、财产权利遭受损害的案件;第三,公安机关或者人民检察院已经作出不予追究的书面决定。

二、提起自诉的主体

根据《刑事诉讼法》的规定,有权提起自诉的主体包括被害人以及被害人的法定代理人和近亲属。被害人是遭受犯罪行为侵害的人,对于法律允许自诉的案件,理所当然有权向审判机关提出控诉,这在实行自诉的各个国家无一例外。为了保证在某些特殊情况下,被害人的合法权益仍能得到适当的维护,《刑事诉讼法》第112条规定,对自诉案件,被害人死亡或者丧失行为能力的,被害人的法定代理人、近亲属有权向人民法院起诉。法定代理人的范围,按照《刑事诉讼法》第106条第3项的规定,包括被代理人的父母、养父母、监护人和负有保护责任的机关、团体的代表。《刑法》第87条规定,对于告诉才处理的案件,被害人因受强制、威吓无法告诉,被害人的近亲属也可以告诉。法学界对此规定一般理解为,在此情况下被害人近亲属可以为被害人提起自诉。近亲属的范围,根据《刑事诉讼法》第106条第6项的规定,包括夫、妻、父、母、子、女、同胞兄弟姊妹。

三、提起自诉的条件

自诉虽然是由被害人个人提起,但同样是以追究被告人刑事责任为目的,同样可能引起刑事审判的发生。为防止个人滥用诉权,维护刑事审判的严肃性和被告人的合法权益,法律要求提起自诉必须符合一定的条件。这些条件包括:(1)自诉必须是由被害人及其法定代理人或近亲属提起的。这是关于自诉主体方面的条件,即原告的身份要合格。(2)提起自诉必须要有明确的被告人。提起自诉必须向法院提供确定的被告人姓名、性别、住址、工作单位等个人情况,使控诉有明确的对象,便于法院通知被告人应诉。(3)案件属于人民法院直接受理的范围。这是关于自诉范围方面的条件。(4)自诉必须在追诉时效期限内提出。这是关于自诉时间方面的条件。《刑事诉讼法》第15条规定,犯罪已过追诉时效期限的,不追究刑事责任。已经追究的,应当撤销案件。关于自诉案件的起诉时效,法律未作特殊规定,适用《刑法》第 26 条至第 28 条关于犯罪追究时效的一般规定。

四、提起自诉的方式

自诉人可以用书状或口头形式直接向有管辖权的人民法院提出,在一般情况下,自诉人应当制作并向法院呈递刑事自诉状。自诉人书写自诉状确有困难的,可以口头告诉,由法院工作人员制作 告诉笔录,向自诉人宣读,自诉人认为没有错误的,应当签名或者盖章。

自诉状或者告诉笔录应当包括以下内容:(1) 自诉人、被告人的姓名、性别、年龄、民族、籍贯、出生地、职业、文化程度、工作单位和住址等个人情况;(2) 指控被告人犯罪行为的事件、地点、手段、情节和危害后果等;(3) 具体的诉讼请求;(4) 呈送人民法院的名称及具状时间;(5) 证人的姓名、住址及其他证据的名称、件数、来源等。如果被告人是二人以上的,自诉人在告诉时需按被告人的人数提供自诉状副本。

五、对自诉案件的审查和处理

人民法院接到自诉人的刑事自诉状或者接受自诉人的口头控告后,应当认真审查,审查后分别不同情形处理。对符合立案条件的,应当在收到自诉状或口头控告后的法定期限内立案,并书面通知自诉人。对不符合立案条件的,应当在法定期限内书面通知自诉人,并说明不予受理的理由。自诉人坚持控告的,人民法院应当裁定驳回起诉。对于驳回起诉的裁定,自诉人可以上诉。

人民法院受理自诉案件,必须符合以下条件:(1) 必须属于法律规定的自诉案件范围;对于《刑事诉讼法》第 204 条第 3 项规定的自诉案件,应当符合《刑事诉讼法》第 176 条的规定,并且应当出示公安机关或检察机关不予追究被告人刑事责任(如不立案、撤销案件、不起诉)的决定。(2) 属于本法院管辖。(3) 由刑事案件的被害人告诉的,或者由其法定代理人或近亲属代为告诉的;代为告诉人应当提供与被害人关系的证明和被害人不能亲自告诉的原因证明。(4) 有明确的被告人、具体的诉讼请求和能证明被告人犯罪事实的证据。

自诉案件经人民法院审查属于下列情形之一的,应当说服自诉人撤回自诉,或者裁定驳回起诉:(1) 不符合自诉案件起诉条件的;(2) 证据不充分的;(3) 犯罪已过追诉时效期限的;(4) 被告人死亡的;(5) 被告人下落不明的;(6) 除因证据不足而撤诉外,自诉人撤诉后,就同一事实又告诉的;(7) 经人民法院调解结案后,自诉人反悔,就同一事实再行告诉的。

六、自诉案件审理程序的特点

自诉案件的第一审程序,与公诉案件基本相同。但由于自诉案件主要是直接侵害公民个人合法权益的轻微刑事案件,《刑事诉讼法》对此类案件的审判程序作了一些特殊的规定。根据《刑事诉讼法》第 206 条、第 207 条和第 212 条以及《最高法解释》的规定,自诉案件的第一审程序具有以下特点:

1. 对符合适用简易程序审理的自诉案件,可以适用简易程序,由审判员一人独任审判。不适用简易程序审理的自诉案件,审判程序可参照公诉案件第一审程序的规定进行。

2. 对告诉才处理的案件和被害人有证据证明的轻微刑事案件,在查明事实分清是非的基础上,人民法院可以通过调解方式结案,有利于及时、妥善地解决轻微的刑事案件,提高诉讼效率,防止矛盾激化,维护社会安定。调解应当在自愿、合法、不损害国家、集体以及公民利益的前提下进行。调解达成协议的,人民法院应当制作刑事调解书,由审判员和书记员署名,并加盖人民法院印章。调解书经双方当事人签收后发生法律效力。调解没有达成协议或者调解书签收前一方反悔的,人民法院应当进行判决。需要注意的是,《刑事诉讼法》第 204 条第(3)项规定的案件,法律明确规定不适用调解。

3. 自诉案件在审理过程中,宣告判决前,自诉人可以同被告人自行和解,或者撤回自诉。自行和解是刑事诉讼法赋予自诉案件当事人双方的一种诉讼权利,针对自诉案件的特点,法律允许他们自己协商达成谅解来解决争议。对于已经审理的自诉案件,当事人自行和解的应当记录在卷。对于自诉人申请撤诉的,人民法院经过审查,确属自愿的,应予准许,但要认真审查和解撤诉的原因,防止任何一方当事人或其他人可能采取威胁、引诱等非法方法促成和解撤诉。人民法院裁定准许自诉人撤诉或者当事人自行和解的案件,被告人被采取强制措施的,应当立即予以解除。凡自诉人自愿撤回的自诉案件,除有正当理由外,不得就同一案件再行起诉。此外,自诉人经两次合法传唤,无正当理由拒不到庭的,或者未经法庭许可中途退庭的,应当按撤诉处理。自诉人是二人以上的,其中部分人撤诉,不影响案件的继续审理。

4. 自诉案件的被告人在诉讼过程可以对自诉人提起反诉。所谓反诉,就是自诉案件的被告人作为被害人控告自诉人犯有与本案有联系的犯罪行为,要求人民法院追究其刑事责任。反诉相对于自诉而言,以自诉的存在为前提,是一个独立的诉讼,而不是对自诉的答辩。反诉必须具备以下条件:(1) 反诉的被告必须是本案自诉人;(2) 反诉的案件必须是与本案有关的犯罪行为;(3) 反诉的内容必须是属于人民法院直接受理的案件。

反诉适用自诉的规定。对于反诉的案件,原则上人民法院应当与自诉案件合并审理,各方当事人罪责自负,不能相互抵消刑罚。原自诉人撤诉的,不影响反诉案件继续审理。

第五节 简易程序

一、适用范围

简易程序是指人民法院审理第一审刑事案件所适用的比普通程序相对简化的审判程序。它只适用于基层人民法院,其他各级人民法院都不能采用简易程序。因此,简易程序所适用的案件,都是犯罪事实较轻并且案件事实清楚、证据充分的第一审刑事案件;第二审程序、死刑复核程序和审判监督程序所审判的案件以及各级人民法院审判的较为疑难、复杂的第一审案件,都不宜采用简易程序。根据《刑事诉讼法》第208条的规定,适用简易程序必须同时满足下列条件:(1)案件事实清楚、证据充分;(2)被告人承认自己所犯罪行,对指控的犯罪事实没有异议;(3)被告人对适用简易程序没有异议。

《刑事诉讼法》第209条还规定,下列案件不适用简易程序:(1)被告人是盲、聋、哑人,或者是尚未完全丧失辨认或控制自己行为能力的精神病人的案件;(2)有重大社会影响的案件;(3)共同犯罪中部分被告人不认罪或者对适用简易程序有异议的案件;(4)其他不宜适用简易程序审理的案件。

1996年《刑事诉讼法》将简易程序的适用范围限定为3年有期徒刑以下刑罚且事实清楚、证据充分的公诉案件以及告诉才处理的自诉案件和被害人有证据证明的轻微刑事案件。2012年《刑事诉讼法》将简易程序的适用范围扩大至所有基层法院审理的第一审刑事案件,同时进一步明确了简易程序适用的条件,将被告人认罪、对适用简易程序无异议作为简易程序适用的前提。

二、审理方式

根据简易程序的要求,《刑事诉讼法》作了一些不同于第一审普通程序的规定。人民法院适用简易程序时,不仅应当严格遵守这些规定,而且,在没有特殊规定时,仍应参照第一审程序进行。根据《刑事诉讼法》第208条至第213条的规定,简易程序的法庭审判具有以下特点:(1)对于可能判处3年有期徒刑以下刑罚的案件,可以由审判员1人独任审判。根据《刑事诉讼法》第210条的规定,对于可能判处3年有期徒刑以下刑罚的案件,由于一般都案情简单,事实清楚,情节轻微,不需要采用合议庭进行审判,可以由审判员一人独任审判。但对于可能判处的有期徒刑超过3年的案件,仍然应当组成合议庭进行审判。(2)根据《刑事诉讼法》第211条的规定,适用简易程序应当询问被告人的意见，确认被告人是否同意适用简易程序审理。（3）法庭调查、法庭辩论程序简化。《刑事诉讼法》第213条规定："适用简易程序审理案件，不受本章第一节关于送达期限、讯问被告人、询问证人、鉴定人、出示证据、法庭辩论程序规定的限制……"可见，在简易程序审判中，法律关于第一审普通程序的规定均可以从简、从略。根据案件的具体情况决定法庭调查和法庭辩论进行，其基本方针是尽可能简单、方便、高效。（4）期限较短。《刑事诉讼法》第214条规定："适用简易程序审理案件，人民法院应当在受理后20日以内审结；对可能判处的有期徒刑超过3年的，可以延长至一个半月。"在适用简易程序审理案件时，必须严格执行《刑事诉讼法》关于审理期限的规定，否则，简易程序就失去了实际意义。（5）简易程序可以变更为一审普通程序。《刑事诉讼法》第215条规定："人民法院在审理过程中，发现不宜适用简易程序的，应当按照本章第一节或者第二节的规定重新审理。"因此，人民法院在适用简易程序审理的过程中，发现不得或不宜以简易程序审判的情形，即应变更为第一审普通程序进行审判。根据《最高法解释》第298条的规定，简易程序应当重新改为普通程序审理的有下列几种情形：① 被告人的行为可能不构成犯罪的；② 被告人可能不负刑事责任的；③ 被告人当庭对起诉指控的犯罪事实予以否认的；④ 案件事实不清、证据不足的；⑤ 不应当或者不宜适用简易程序的其他情形。转为普通程序审理的案件，审理期限应当从决定转为普通程序之日起计算。

第六节 判决、裁定和决定

一、判决

（一）判决的概念和分类

判决是人民法院在诉讼终局时直接针对案件的实体问题所作的决定。起诉活动的基本内容，是诉讼主张的提出者请求人民法院支持自己的诉讼主张。人民法院在审理案件后直接针对起诉所主张的内容即案件实体问题所作出的处理决定就是判决。

判决是人民法院代表国家行使审判权的具体结果，是国家意志在具体案件中的体现，具有一定的稳定性，非依法定程序不能改变。因此，判决只能在调查案件事实后的终局阶段作出。判决一经作出，既标志着实体问题的解决，也标志着程序审理的结束。

刑事判决根据其法律适用的结果可以分为有罪判决和无罪判决。根据《刑事诉讼法》第195条的规定，有罪判决是人民法院通过对案件的审理，对案件事实清楚，证据确实、充分，依据法律认为被告人有罪时所作出的判决。有罪判决又可分为科刑判决和免刑判决。科刑判决是确认被告人有罪,决定给予适当刑事处罚的判决;免刑判决是认定被告人行为构成了犯罪,但因犯罪情节轻微不需要判处刑罚或者有其他法定免刑情节而免除对被告人刑事处罚的判决。无罪判决有两种情况:(1)依据法律认定被告人无罪的。包括查明被告人没有实施犯罪,被告人的行为在法律上不构成犯罪等。(2)证据不足,不能认定被告人有罪的,应当作出证据不足,指控犯罪不能成立的无罪判决。

(二)判决书

判决是国家法律的具体适用,是一件非常严肃的事,因此,无论是有罪判决还是无罪判决,都必须制作判决书。判决书是判决的法定表现形式,是刑事诉讼中最重要的法律文书,执行判决一律以判决书的依据。

刑事判决书由以下几部分组成:

(1)开头部分。包括:① 人民法院名称、判决书类别、案号;② 公诉机关的名称、公诉人的姓名、职务,如果是自诉案件,则应写明自诉人的情况;③ 被告人姓名、性别、年龄、籍贯、住址,是否在押;④ 辩护人、代理人的姓名、职业;⑤ 案件由来、开庭日期、审判形式,是否公开审理等。

(2)事实部分。应先写明控方指控的基本内容,被告人、辩护人对指控的看法、态度,然后写明人民法院认定的事实。作有罪判决的,人民法院认定的事实应当详细写明犯罪的时间、地点、动机、目的、手段、行为过程、结果等有关情况;被告人犯数罪的,要写清各罪的犯罪事实和情节;共同犯罪案件中,要写明各个被告人参与的犯罪事实和情节,明确主从关系。叙述事实应以法庭审理中查证属实的证据为根据,层次要清楚,主次要分明。如果事实内容涉及国家机密的,应当注意防止泄密;涉及当事人隐私的,不能叙述有关隐私的具体情况和被害人的姓名。无罪判决的事实部分,可以和理由部分合并起来写。

(3)理由部分。有罪判决应当写明认定被告人犯有指控罪行的证据,叙明具体运用证据的理由,确定犯罪性质和罪名的法律依据,判处刑罚或者免除刑罚以及从重、从轻、减轻处罚的理由和根据,这些理由和根据应当包括对辩护意见否定或者肯定的理由和根据。判决无罪的,应当写明判决无罪的具体理由或者有关的证据。

(4)判决结果部分。即判决的主文,是判决书的实质内容,是人民法院对案件所作的结论。认定被告人有罪的,这一部分应当写明被告人犯了何罪,给予的刑事处罚,赃款、赃物的处理;数罪并罚的,应写明对各罪所判的刑罚和决定执行的刑罚;被告人被羁押的日期如何折抵刑期,刑期的起止日期;有附带民事诉讼的,还应写明附带民事部分的处理。无罪判决则应写明对被告人宣告无罪的决定。如果有被扣押、封存的物品、文件等,还应写明如何处理。

(5)结尾部分。应写明对本判决不服可以上诉及上诉的法院和上诉期限;

合议庭或独任审判员、书记员署名;判决书制作日期等等。

二、裁定

(一) 裁定的概念

裁定是指人民法院在案件审理或者判决执行过程中,就某些重大程序问题和部分实体问题所作的一种决定。

裁定与判决在使用上有很大区别:(1) 判决直接针对起诉主张的内容而作,裁定则不直接针对起诉的内容本身,主要用于解决程序问题或只直接针对诉讼行为,包括起诉、上诉、抗诉、申诉行为本身而作;(2) 判决只能在案件审理终结时作出,裁定可以在诉讼的任何阶段作出;(3) 判决必须以书面形式作出,裁定则既可以用书面形式,也可以用口头形式作出;(4) 一般而言,一个案件中发生法律效力的判决只有一个,而一个案件中则可以形成多个生效裁定。此外,判决和裁定的上诉和抗诉期限也不相同。

(二) 裁定的分类和性质

裁定按其性质可以分为程序性裁定和实体性裁定。一般而言,撤销原判决发回重审的裁定和有关是否恢复诉讼期限的裁定,属于程序性裁定;驳回上诉、抗诉和申诉的裁定,以及决定减刑、假释的裁定和核准死刑的裁定,属于实体性裁定。

裁定按审判程序可以分为第一审裁定、第二审裁定、死刑复核裁定和再审裁定。第一审裁定即第一审人民法院作出的裁定,除最高人民法院作出的以外,都可以上诉或抗诉,第一审裁定都是程序性裁定。

三、决定

决定是人民法院在办理案件过程中对某些程序性问题进行处理的一种形式。决定的对象,都是法庭审理中的程序性问题或人民法院自己行使权力的问题,前者需要及时处理,后者并不直接与诉讼参与人的权利相联系。因此,决定作出后,除对驳回回避申请的决定,当事人及其法定代理人可以申请复议一次外,其余的决定均立即生效,不允许上诉或抗诉。

决定既可以是口头的,也可以是书面的。口头决定应当记录在案,以备核查。

第14章 二 审

【本章要义】 第二审程序是指第一审人民法院的上一级人民法院对不服一审未生效的判决或裁定而提起上诉或抗诉的案件，依法进行重新审判的诉讼程序。第二审程序是审级制度的一部分。启动第二审程序的诉讼行为包括上诉与抗诉。上诉权人包括自诉人及其法定代理人、被告人及其法定代理人以及经被告人同意的辩护人和近亲属。抗诉权人为人民检察院。第二审程序实行全面审查原则。为鼓励被告人行使上诉权，同时实行上诉不加刑原则。学习本章应注重第二审程序的启动、上诉与抗诉案件的审理以及对上诉不加刑原则的理解。

第一节 上诉与抗诉

一、上诉人与抗诉机关

第二审程序是由合法的上诉或抗诉而引起的，一个案件是否经过二审，取决于上诉人是否上诉或检察机关是否抗诉。如果依法享有上诉权的人没有在法定期限内提出上诉，一审法院的同级人民检察院也没有在法定期限内提出抗诉，就不会产生二审程序。根据我国刑事诉讼法的规定，提起二审程序的主体包括上诉权人和抗诉机关。

(一) 上诉权人（上诉人）

上诉是产生第二审程序的重要途径。所谓上诉，是指自诉人、被告人及其法定代理人，以及经被告人同意的辩护人和近亲属，附带民事诉讼的当事人及其法定代理人不服第一审未生效的判决、裁定，依照法定程序和期限，要求上一级人民法院对案件进行重新审判的诉讼行为。

根据《刑事诉讼法》第216条的规定，上诉人的范围包括：(1) 自诉人及其法定代理人。自诉人是刑事诉讼中的当事人,与案件处理结果有直接利害关系。如果不服一审法院的判决、裁定,自诉人及其法定代理人有权提出上诉。(2) 被告人及其法定代理人。被告人是被追究刑事责任的对象,是案件处理结果的承担者,因而对案件的处理结果十分关心。如果不服一审人民法院的判决、裁定,被告人及其法定代理人有权上诉。对被告人的上诉权,不得以任何借口加以剥夺。(3) 经被告人同意的辩护人和近亲属。他们没有独立的上诉权,必须事先征得被告人同意才能提起上诉。被告人的辩护人参加过一审诉讼活动,熟悉案情,与案件没有直接利害关系,能够对案件作出比较客观、全面的分析;被告人的近亲属对被告人各方面的情况比较了解,有的对案情都比较清楚,并且顾虑较少,因此,在被告人没有提起上诉的情况下,如果辩护人和近亲属认为应当提出上诉,可以在征得被告人同意后提出上诉。之所以要以征得被告人同意为条件,是因为判决、裁定所针对的对象是被告人,被告人对自己是否犯罪和案件具体情况最了解,案件处理结果与他有切身利害关系,是否上诉,应由他作最后决定。辩护人和近亲属不是案件的当事人,他们提出上诉,归根到底是为了维护被告人的合法权益,所以必须得到被告人同意。这样既有利于被告人充分行使上诉权,又可以防止在被告人已经认罪服判的情况下,辩护人或近亲属违背被告人的意愿而提起上诉,进行无理纠缠。(4) 附带民事诉讼的当事人和他们的法定代理人。附带民事诉讼的当事人和他们的法定代理人,只有权对一审判决、裁定中的附带民事诉讼部分提出上诉,因为只有这一部分与他们有直接利害关系,对判决、裁定的刑事部分,他们无权上诉。附带民事诉讼的当事人如果同时也是刑事诉讼当事人中的被告人、自诉人,则他们既可以对附带民事诉讼部分提起上诉,也可以对刑事诉讼部分提起上诉。如果对刑事部分没有人提出上诉,人民检察院也没有提出抗诉,附带民事诉讼当事人及其法定代理人的上诉,不影响判决、裁定中刑事部分的生效。

(二) 抗诉机关

《刑事诉讼法》第 217 条规定:"地方各级人民检察院认为本级人民法院第一审的判决、裁定确有错误的时候,应当向上一级人民法院提出抗诉。"因此,抗诉是人民检察院发现或者认为人民法院的判决、裁定确有错误时,提请审判机关依法重新审理并予以纠正的诉讼行为。

抗诉通常分为对一审未生效裁判的抗诉和对生效裁判的抗诉两种,前者也叫上诉审程序的抗诉,后者也叫再审程序的抗诉。《刑事诉讼法》第 217 条所指的是对一审未生效判决、裁定的抗诉。有权对一审未生效判决、裁定抗诉的机关,是一审人民法院的同级人民检察院。根据我国《宪法》规定,人民检察院是国家的法律监督机关,在刑事诉讼中,人民检察院有权对刑事诉讼活动进行法律监督。抗诉权是人民检察院法律监督职权的重要组成部分,依法对一审未生效的裁判提起抗诉,是地方各级人民检察院对同级人民法院的审判活动是否合法实行法律监督的重要表现形式。与被告方的上诉不一样的是,抗诉必须是检察机关认为第一审的判决、裁定确有错误;而上诉只需要有上诉权的人不服第一审的判决、裁定即可提起。

✦（三）被害人的申请抗诉权

根据《刑事诉讼法》第218条之规定,被害人及其法定代理人不服地方各级人民法院第一审的判决的,自收到判决书后5日以内,有权请求人民检察院提出抗诉;人民检察院自收到被害人及其法定代理人的请求后5日以内,应当作出是否抗诉的决定并且答复请求人。这是法律赋予被害人的诉讼权利。但是,被害人及其法定代理人的请求抗诉权,不等于上诉权,它不必然引起二审程序。

二、提起上诉、抗诉的期限与方式

✦（一）提起上诉、抗诉的期限

《刑事诉讼法》第219条规定:"不服判决的上诉和抗诉的期限为10日,不服裁定的上诉和抗诉的期限为5日,从接到判决书、裁定书的第二日起算。"该规定要求上诉人和检察机关在提起上诉、抗诉时,必须严格遵守上述时间限制;超出法定期限,如果没有耽误期限的法定理由,提出的上诉、抗诉便不具有法律效力,第一审判决、裁定即告生效。法律所确定的上诉、抗诉的时间不长不短,它一方面能保证有权上诉、抗诉的人和机关有必要的考虑和准备时间,另一方面又有利于及时纠正错误的判决、裁定,迅速执行正确的判决、裁定,避免诉讼拖延。

✦（二）提起上诉、抗诉的方式与途径

根据《刑事诉讼法》第216条的规定,上诉可以用书状或者口头两种形式提出。无论以哪种形式提出,人民法院均应受理。口头上诉的,人民法院应当制作笔录。上诉应当向上一级人民法院提出,但既可以通过原审人民法院提出向上一级人民法院提出,也可以直接向上一级人民法院提出。通过原审人民法院提出上诉的,原审人民法院应当在3日以内将上诉状连同案卷、证据移送上一级人民法院,同时将上诉状副本送交同级人民检察院和对方当事人。直接向第二审人民法院提出上诉的,第二审人民法院应当在3日以内将上诉状交原审人民法院送交同级人民检察院和对方当事人,原审人民法院应将原审全部案卷、证据材料移送第二审人民法院。

根据《刑事诉讼法》第221条的规定,地方各级人民检察院对同级人民法院第一审判决或裁定的抗诉,只能以抗诉书的形式提出,不能采用口头形式。同时,抗诉也只能向原审人民法院提出,不能直接向第二审人民法院抗诉。因此,地方各级人民检察院对同级人民法院第一审判决、裁定的抗诉,应当通过原审人

民法院提出抗诉书,并且将抗诉书抄送上一级人民检察院。原审人民法院应当将抗诉书连同案卷、证据移送上一级人民法院,并且将抗诉书副本送交当事人。上级人民检察院在接到下级人民检察院抄送的抗诉书后,应当在第二审人民法院审判以前对抗诉的案件进行认真审查。如果认为第一审的判决、裁定没有错误,或者下级人民检察院抗诉不当的,上级人民检察院应当向同级人民法院撤回抗诉,并且通知下级人民检察院。下级人民检察院对上级人民检察院撤回抗诉的决定,必须执行。

第二节 上诉、抗诉案件的审判

一、全面审查原则

《刑事诉讼法》第222条规定:"第二审人民法院应当就第一审判决认定的事实和适用法律进行全面审查,不受上诉或者抗诉范围的限制。共同犯罪的案件只有部分被告人上诉的,应当对全案进行审查,一并处理。"这就是第二审程序的全面审查原则。

全面审查原则要求是:首先,既要审查一审判决认定的事实是否正确,证据是否确实、充分,又要审查一审判决适用法律是否有错误,而不能仅就某一方面进行审查。其次,既要审查一审判决中已被提出上诉或者抗诉的部分,又要审查没有被提出上诉或者抗诉的部分,而不能只根据上诉或者抗诉的理由审查已被上诉、抗诉的部分。特别是对于共同犯罪案件,如果只有部分被告人上诉的,既要对已经提出上诉的那部分被告人的上诉理由进行审查,又要对没有提出上诉的那部分被告人的判决内容进行审查,一并处理。再次,既要从实体上审查一审判决的正确性,又要从程序上审查一审法庭审判活动的合法性,不能只审查实体问题是否获得正确处理,而对审判程序是否合法不管不问。

具体而言,对于上诉、抗诉案件,应当主要审查下列内容:(1) 第一审判决认定的事实是否清楚,证据是否确实、充分,证据之间有无矛盾;(2) 第一审判决适用法律是否正确,量刑是否适当;(3) 在侦查、起诉、第一审程序中,有无违反法律规定的诉讼程序的情形;(4) 上诉、抗诉是否提出了新的事实和证据;(5) 被告人供述、辩解的情况;(6) 辩护人的辩护意见以及采纳的情况;(7) 附带民事部分的判决、裁定是否适当;(8) 第一审法庭合议庭、审判委员会讨论的意见。审查后写出审查报告。

二、第二审审判方式

(一) 开庭审理

开庭审理,也叫直接审理。它要求第二审人民法院组成合议庭,参照第一审程序规定的开庭、法庭调查、法庭辩论、被告人最后陈述、评议和宣判的步骤对上诉或抗诉案件进行审理。开庭审理的方式,由于有当事人和其他诉讼参与人参加,当庭调查事实,核实证据,进行辩论,有利于彻底查清案件的真实情况,切实纠正一审判决、裁定中的错误,保护当事人的合法权益。根据《刑事诉讼法》第223条第1款的规定:第二审应当开庭审理的案件包括:(1)被告人、自诉人及其法定代理人对第一审认定的事实、证据提出异议,可能影响定罪量刑的上诉案件;(2)被告人被判处死刑的上诉案件;(3)人民检察院抗诉的案件;(4)其他应当开庭审理的案件。根据《最高法解释》第317条第2款、第3款的规定,被判处死刑立即执行的被告人没有上诉,同案的其他被告人上诉的案件,第二审人民法院应当开庭审理;被告人被判处死刑缓期执行的上诉案件,虽不属于《刑事诉讼法》第223条第1款第(1)项规定的情形,有条件的,也应当开庭审理。

根据《刑事诉讼法》第223条第3款的规定,开庭审理的地点,根据实际需要,可以在第二审人民法院所在地进行,也可以到案件发生或者原审人民法院所在地进行。《刑事诉讼法》第224条规定:"人民检察院提出抗诉的案件或者第二审人民法院开庭审理的公诉案件,同级人民检察院都应当派员出席法庭。第二审人民法院应当在决定开庭审理后及时通知人民检察院查阅案卷。人民检察院应当在1个月以内查阅完毕。人民检察院查阅案卷的时间不计入审理期限。"因此,除自诉案件以外,二审人民法院开庭审判前,都应通知同级人民检察院查阅案卷,了解案情,以便出席二审法庭,支持公诉,进行法律监督。因为公诉案件在二审中必然要涉及公诉的有关问题,需要检察人员在场,必要时还需进行辩论、质证。与此同时,二审人民法院决定开庭前,还应提审在押被告人,传唤其他当事人,通知当事人的法定代理人、证人、鉴定人等到庭;如果被告人委托了辩护人的,还应通知辩护人出庭辩护。被告人没有委托辩护人而又属于《刑事诉讼法》第34条规定情形的,应当依法为其指定辩护人。

第二审人民法院开庭审理上诉或者抗诉案件,除参照第一审程序的规定外,还应当依照下列规定进行:(1)法庭调查阶段,审判长或者审判员宣读第一审判决书、裁定书后,上诉案件由上诉人或辩护人先宣读上诉状或陈述上诉理由,抗诉案件由检察员先宣读抗诉书;如果是既有上诉又有抗诉的案件,先由检察人员宣读抗诉书,再由上诉人陈述上诉理由;法庭调查的重点要针对上诉或者抗诉的理由,全面查清事实,核实证据。(2)法庭调查阶段,如果检察人员或者辩护人申请出示、宣读、播放第一审审理期间已经移交给人民法院的证据的,法庭应当指令值庭法警出示、播放有关证据;需要宣读的证据,由法警交由申请人宣读。(3)法庭辩论阶段,上诉案件,应当先由上诉人、辩护人发言,再由检察人员发言;抗诉案件,应当先由检察人员发言,再由被告人、辩护人发言;既有上诉又有抗诉的案件,应当先由检察人员发言,再由上诉人、辩护人发言,并进行辩论。(4)共同犯罪案件,没有提出上诉的和没有对其判决提出抗诉的第一审被告人,应当参加法庭调查,并可以参加法庭辩论。

(二)不开庭审理

《刑事诉讼法》第223条第2款规定:"第二审人民法院决定不开庭审理的,应当讯问被告人,听取其他当事人、辩护人、诉讼代理人的意见。"不开庭审理,即以一审的全部案卷为基础,通过调查讯问方式进行的审理,是一种比较简便、节省时间的审判方式。对于符合条件的二审案件,人民法院可以采用这种方式,以简化诉讼,提高二审效率。但是,应当看到,这种方式毕竟不是开庭审理,对于保护诉讼参与人特别是被告人的诉讼权利和保证二审质量,仍具有一定的局限性。因此,二审法院不能只图简单、省事,用不开庭审理代替开庭审理。否则,将损害当事人的合法权益,使刑事案件难以得到公正处理。

三、第二审程序对案件的处理

根据《刑事诉讼法》第225条的规定,第二审人民法院对不服一审判决、裁定的上诉、抗诉案件,进行审理后,应当分别情况作出如下处理:

(一)驳回上诉或者抗诉,维持原判

原判决认定事实和适用法律正确、量刑适当的,应当裁定驳回上诉或者抗诉,维持原判。这种处理方式,是通过二审,对一审正确判决的支持。二审法院经过审理后,确认一审判决认定事实清楚,证据确实、充分,援引法律条款定罪准确、量刑适当,审判程序合法时,应当对一审判决的正确性予以肯定。

(二)直接改判和作其他处理

根据《刑事诉讼法》第225条的规定,第二审人民法院可以直接改判的案件有两种:(1)判决认定事实没有错误,但适用法律有错误或者量刑不当的。对于这种案件,第二审人民法院应当在改判的判决中维持原判决对案件事实的正确认定,同时纠正原判决在引用法律条款定罪量刑方面的错误或失当之处。(2)判决事实不清或者证据不足,可以在查清事实后改判。这类案件,不是必须直接改判,可以在查清事实后改判,也可以发回重审。

第二审人民法院审理刑事附带民事上诉、抗诉案件,如果发现刑事和附带民事部分均有错误需依法改判的,应当一并改判。对刑事部分提出上诉、抗诉,附带民事部分已经发生法律效力的案件,如果发现第一审判决或者裁定中的民事部分确有错误,应当对民事部分按照审判监督程序予以纠正。对附带民事诉讼部分提出上诉、抗诉,刑事部分已经发生法律效力的案件,如果发现第一审判决或者裁定中的刑事部分确有错误,应当对刑事部分按照审判监督程序进行再审,并将附带民事诉讼部分与刑事部分一并审理。在第二审案件附带民事部分审理

中,第一审民事原告人增加独立的诉讼请求或者第一审民事被告人提出反诉的,第二审人民法院可以根据当事人自愿的原则就新增加的诉讼请求或者反诉进行调解,调解不成的,告知当事人另行起诉。

对第二审自诉案件,必要时可以进行调解,当事人也可以自行和解。调解结案的,应当制作调解书,第一审判决、裁定视为自动撤销;当事人自行和解的,由人民法院裁定准许撤回自诉,并撤销第一审判决或者裁定。第二审人民法院对于调解结案或者当事人自行和解的自诉案件,被告人被采取强制措施的,应当立即予以解除。在第二审程序中,自诉案件的当事人提出反诉的,第二审人民法院应当告知其另行起诉。

✦ (三) 撤销原判、发回重审

第二审人民法院裁定撤销原判、发回原审人民法院重审的案件,有两种情况:一是根据《刑事诉讼法》第225条第1款第3项规定,原判决事实不清或者证据不足的案件;二是根据《刑事诉讼法》第227条规定,发现第一审人民法院的审理有下列违反法律规定的诉讼程序的情形之一的:(1)违反《刑事诉讼法》有关公开审判的规定的;(2)违反回避制度的;(3)剥夺或者限制了当事人的法定诉讼权利,可能影响公正审判的;(4)审判组织的组成不合法的;(5)其他违反法律规定的诉讼程序,可能影响公正审判的。

根据《刑事诉讼法》第225条第2款的规定,第二审人民法院对于因原判决事实不清或者证据不足而发回重审的案件,在原审人民法院再次作出判决后被告人又提出上诉或者人民检察院提出抗诉的,不得再发回原审人民法院重新审判,而是应当直接依法作出判决或者裁定。也就是说,对于原审判决事实不清证据不足的案件发回重审以一次为限。

根据《刑事诉讼法》第228条的规定,原审人民法院对于发回重新审判的案件,应当另行组成合议庭,依照第一审程序进行审判。重新审判后所作的判决,仍属于一审判决,当事人可以上诉,同级人民检察院可以抗诉。发回原审人民法院重新审判的案件,原审人民法院从收到发回的案件之日起,重新计算审理期限。

根据《刑事诉讼法》第232条的规定,第二审人民法院受理上诉、抗诉案件,一般应当在2个月以内审结;对于可能判处死刑的案件或者附带民事诉讼的案件,或者具有下列四种情形之一的案件,经省级人民法院批准或决定,可以延长2个月:(1)交通十分不便的边远地区的重大复杂案件;(2)重大的犯罪集团案件;(3)流窜作案的重大复杂案件;(4)犯罪涉及面广,取证困难的重大复杂案件;具有其他特殊情形还需要延长审判期限的,应当报请最高人民法院批准。

根据《刑事诉讼法》第229条的规定,第二审人民法院对不服第一审裁定的上诉或者抗诉案件,经过审查后,应当参照《刑事诉讼法》第 225 条、第 227 条和第 228 条的规定,分别情形用裁定驳回上诉、抗诉,或者撤销、变更原裁定。第二审的判决、裁定和最高人民法院的判决、裁定,都是终审的判决、裁定,一经宣布,立即发生法律效力。

四、扣押、冻结在案财物的处理

扣押的在案财物,是指公安机关、人民检察院在勘验、搜查过程中,人民法院在审查核实证据过程中所扣押的可以证明犯罪嫌疑人、被告人有罪或者无罪的各种财物。冻结的在案财物,是指公安机关、人民检察院在侦查过程中,人民法院在调查核实证据过程中所冻结的与案件有关的犯罪嫌疑人、被告人的存款、汇款。扣押、冻结的在案财物除被扣押、冻结的在案原物外,还包括原物所生孳息。公安机关、人民检察院、人民法院对扣押、冻结在案的财物,应根据不同情况,采取以下处理方式:

(一) 保管

公安机关、人民检察院、人民法院对于扣押、冻结在案的犯罪嫌疑人、被告人的财物及其孳息,应当妥善保管,以供核查。任何单位和个人不得挪用或者自行处理。依法扣押的货币、有价证券,应当登记,写明货币或者有价证券的名称、数额,货币应当存入银行专户,并登记银行存款凭证的名称、内容,入卷备查。依法扣押的物品,应当登记,写明物品的名称、型号、规格、数量、重量、质量、成色、纯度、颜色、新旧程度、缺损特征和来源等,入卷备查。依法扣押的文物、金银、珠宝、名贵字画等以及违禁品,应当及时鉴定。对扣押的物品应当及时依照有关规定作价。

(二) 返还

对于被害人的合法财产,被害人明确的,扣押、冻结机关应当及时返还。但须经拍照、鉴定、作价,并在案内注明返还的理由,将原物照片、清单和被害人的领取手续入卷备查。对于扣押、冻结的与本案无关的财物,应当返还所有人、持有人或者解冻,但法律另有规定的除外。

(三) 移送

对作为证据使用的实物,包括作为物证的货币、有价证券等,应当随案移送。对于大宗的、不便搬运的物品,由扣押机关开列清单,并附原物照片和封存手续,注明存放地点,入卷随案移送。对于易腐烂、霉变和不易保管的物品,扣押机关变卖处理后,随卷移送原物照片、清单、变价处理的凭证(复印件)。对于违禁品、枪支弹药、易燃易爆物品、剧毒物品及其他危险品,扣押机关依照国家有关规定处理后,随案移送原物照片和清单。

✦ （四）没收、上缴

根据《刑事诉讼法》第 234 条第 3 款、第 4 款的规定，人民法院在作出判决时，应当对查封、扣押、冻结的财物及其孳息作出处理。人民法院在作出生效判决以后，有关机关才能依据生效判决对查封、扣押、冻结的财物及其孳息进行处理。除依法返还被害人的以外，应当一律没收，上缴国库。

✦ （五）违法处理扣押、冻结在案财物的责任

根据《刑事诉讼法》第 234 条第 5 款的规定，司法工作人员贪污、挪用或者私自处理被扣押、冻结的在案财物及其孳息的，依法追究刑事责任；不构成犯罪的，给予纪律处分。

第三节 上诉不加刑原则

一、上诉不加刑的涵义

《刑事诉讼法》第 226 条第 1 款规定："第二审人民法院审理被告人或者他的法定代理人、辩护人、近亲属上诉的案件，不得加重被告人的刑罚。第二审人民法院发回原审人民法院重新审判的案件，除有新的犯罪事实，人民检察院补充起诉的以外，原审人民法院也不得加重被告人的刑罚。"第 2 款规定："人民检察院提出抗诉或者自诉人上诉的，不受前款规定的限制。"依据上述规定，我们可以把上诉不加刑原则的概念概括为：上诉不加刑是指第二审人民法院审判仅有被告人一方上诉的案件时，不得以任何理由改判重于原判决所判刑罚的审判原则。

理解这一概念应当注意以下三点：

✦ （一）上诉不加刑的原则仅适用于第二审程序

我国诉讼程序分为第一审程序、第二审程序、生效裁判再审程序以及死刑复核程序。每一个程序都有其特别适用的原则，上诉不加刑就是只适用于第二审程序的原则。它在死刑复核程序和生效裁判再审程序中就不适用。另外，在发回重审的案件中也不适用。例如，被告人喜来财因贪污公款 46500 元被第一审人民法院判处有期徒刑 4 年，被告人不服提出上诉，第二审人民法院认为事实不清、证据不足，发回第一审人民法院重新审判。第一审人民法院按照第一审程序重新审理时，发现被告人贪污公款数额不是 46500 元，而是 64500 元。公诉人遂建议将被告人的刑期由原来的 4 年改判为 6 年，被告人的辩护人对此表示反对，理由就是不得因被告人的上诉加重其刑罚。在这个案件中，辩护人的意见显然就是出于对上诉不加刑原则的误解。

✦ (二) 这一原则适用的条件是只有被告人一方上诉

在我国,第二审程序提起的主体包括公诉人,即人民检察院,被告人及其近亲属,以及自诉案件中的自诉人。在公诉案件中,如果公诉方提出了抗诉,那么,即使被告人上诉,第二审法院对于原判决所判刑罚也可以加重。在自诉案件中,如果自诉人不服第一审的判决,第二审法院在审理该上诉案件时,也可以加重被告人的刑罚。

有的论者将人民检察院抗诉和自诉案件中的自诉人上诉的案件,作为上诉不加刑原则的例外来对待,这其实是不确切的。因为,在这类案件中,对被告人可以加重其刑罚,这本来就是上诉不加刑的应有之义,不属于例外情况。在实践中,对于共同犯罪案件只有部分被告人上诉的,既不能加重已经上诉的被告人的刑罚,也不得加重没有上诉的被告人的刑罚。

✦ (三) 所谓不得以任何理由改判重于原判决所判刑罚,核心概念是指不得使被告人处于比原判决更为不利的地位

何谓更为不利的地位? 首先,不得将原判缓刑改为实刑,即不得撤销原判决的缓刑,例如,原判决判处被告人有期徒刑3年,缓期5年执行,则第二审法院不得以任何理由撤销缓刑,将被告人改判为有期徒刑3年;同时,也不得延长原判决所确定的缓刑考验期。其次,对被告人实行数罪并罚的,不得加重决定执行的刑罚,也不能在维持原判决决定执行刑罚不变的情况下,加重数罪中某罪的刑罚。例如,被告人在第一审程序中因盗窃罪被判处有期徒刑4年,因抢劫罪被判处有期徒刑10年,合并执行有期徒刑12年,那么,二审法院不得在不改变原判决对盗窃罪和抢劫罪刑期的情况下,将总刑期改为13年。另外,它也不能在不改变总刑期的情况下,将原判决改为盗窃罪5年或抢劫罪11年。再次,对事实清楚、证据充分,但判处的刑罚畸轻,或者应当适用附加刑而没有适用的案件,不得撤销第一审判决,直接加重被告人的刑罚或者适用附加刑,也不得以事实不清或者证据不足为由发回第一审人民法院重新审理。必须依法改判的,应当在第二审判决、裁定生效后,按照审判监督程序重新审判。

人民检察院提出抗诉或者自诉人提出上诉的案件,不受上诉不加刑的限制。但是,人民检察院抗诉的案件,经第二审人民法院审理后改判被告人死刑立即执行的,应当报请最高人民法院核准。共同犯罪案件中,人民检察院只对部分被告人的判决提出抗诉的,第二审人民法院对其他被告人也不得加重刑罚。

二、上诉不加刑原则的适用

上诉不加刑是第二审程序的重要原则。但是,根据《刑事诉讼法》第226条的规定,它只适用于只有被告人或者他的法定代理人、辩护人、近亲属提出上诉

的案件。如果是人民检察院提出抗诉或者自诉人提出上诉的案件,或者在被告人一方提出上诉的同时,人民检察院或者自诉人也提出抗诉、上诉的,则不受上诉不加刑原则的限制。

根据《最高法解释》第325条的规定,第二审人民法院审理被告人或者其法定代理人、辩护人、近亲属提出上诉的案件,不得加重被告人的刑罚,并应当遵守下列具体规定:(1)同案审理的案件,只有部分被告人提出上诉的,既不能加重提出上诉的被告人的刑罚,也不能加重其他同案被告人的刑罚;(2)对原判认定事实清楚、证据充分,只是认定的罪名不当的,在不加重原判刑罚的情况下,可以改变罪名;(3)对被告人实行数罪并罚的,不得加重决定执行的刑罚,也不能在维持原判决决定执行的刑罚不变的情况下,加重数罪中某罪的刑罚;(4)对被告人判处拘役或者有期徒刑宣告缓刑的,不得撤销原判决宣告的缓刑或或者延长缓刑考验期;(5)原判没有宣告禁止令的,不得增加宣告,原判宣告禁止令的,不得增加内容、延长期限;(6)原判对被告人判处死刑缓期执行没有限制减刑的,不得限制减刑;(7)原判事实清楚、证据充分,但判处的刑罚畸轻,或者应当适用附加刑而没有适用的案件,不得撤销第一审判决,直接加重被告人的刑罚或者适用附加刑,也不得以事实不清或者证据不足发回第一审人民法院重新审理;必须依法改判的,应当在第二审判决、裁定生效后,按照审判监督程序重新审判。

人民检察院提出抗诉或者自诉人提出上诉的案件,不受上诉不加刑原则的限制。但是人民检察院抗诉的案件,经第二审人民法院审理后,改判被告人死刑立即执行的,应当报请最高人民法核准。共同犯罪案件中,人民检察院只对部分被告人的判决提出抗诉的,第二审人民法院对其他第一审被告人不得加重刑罚。

上诉不加刑是指第二审人民法院直接改判时不得加重原判刑罚,不适用于发回重审的案件。对于第二审人民法院以事实不清或证据不足或者违反诉讼程序为由发回重审的案件,原审人民法院应严格按照第一审程序进行重新审理,查清事实,补充证据后,以事实为根据,以法律为准绳,该加刑的,可以判处比原判更重的刑罚;该减刑的,也可以判处比原判较轻的刑罚,甚至可以免予刑事处罚或宣告无罪。但是,二审法院必须严格遵守发回重审的理由。对于原判事实清楚,证据确实、充分,只是量刑偏轻的案件,二审法院不能发回重审。司法实践中,有些二审法院为了加刑而将不符合条件的案件发回重审,这是对上诉不加刑原则的明显违背。为了杜绝这种现象,2012年修改后的《刑事诉讼法》特别增加规定,第二审人民法院发回重审的案件,除有新的犯罪事实,且人民检察院补充起诉的以外,都不能加重被告人的刑罚。这一规定有利于鼓励被告人行使其上诉权,而不必担心因上诉而以发回重审的名义加重刑罚。

三、理论上值得探讨的问题

✦ (一) 能否改变管辖加重刑罚的问题

对于基层人民法院第一审判处有期徒刑的案件,仅有被告人一方提出了上诉,中级人民法院经审理后认为应当判处无期徒刑或者死刑的,能否撤销原判,改由中级人民法院做第一审。有人认为可以,理由是如果改变管辖,则第二审程序转变为第一审程序,在第一审程序中,不应当受上诉不加刑的限制。有人认为不可以,理由是改变管辖加重被告人刑罚仍然会引起被告人不敢或不愿意行使上诉权的后果,因为无论如何操作,它在被告人看来都是因为其上诉所以才导致其招致了不利的后果。

本书认为,在这种情况下不应当改变管辖加重被告人刑罚。但是理由不是因其违反了上诉不加刑原则,而是因其违反了不告不理原则。不告不理原则包括两层含义:第一,没有原告,就没有法官,也就是说,没有原告提出具体的诉讼请求,则法官不能主动受理案件;第二,法官不能主动增加当事人的诉讼请求,这一点在民事诉讼中体现为,原告要求赔偿3000元,法院就不能判决赔偿5000元;在刑事诉讼中则体现为,控诉方要求某种刑罚,法官则判决高于该请求的刑罚,这是不符合不告不理原则的精神的。所以,如果只有被告人一方上诉,检察官没有抗诉,第二审人民法院即使认为应当判处无期徒刑或者死刑的,也不能通过改变管辖的方式加重被告人刑罚。

✦ (二) 可否在不加重刑罚的情况下改变罪名的问题

本书认为,从理论上,没有必要、也不应该在不加重刑罚的情况下改变罪名。理由是,上诉不加刑原则的精神是鼓励上诉,鼓励的途径是保证上诉人不会仅仅由于其上诉行为而导致不利的后果。这种不利的后果并不仅仅体现为刑期的长短,而且也体现为社会对被告人的评价。如果将轻罪名改为重罪名,实际上意味着对被告人主观恶性的谴责更为严厉,对被告人品质的评价更为降低。比如,在古代,强奸罪和通奸罪是不同的罪名,但是这两种罪名实际上代表了两种不同的主观恶性,人们对强奸罪犯的痛恨远远大于对通奸罪犯的痛恨。在今天,人们对抢劫罪犯的痛恨也远远大于对抢夺罪犯的痛恨,因为前者使用了暴力而后者没有使用暴力。所以,罪名的变更实际上是社会对被告人主观恶性评价的变更,这种变更在效果上使被告人遭受了不利益,虽然并不十分明显,但是它显然有违上诉不加刑原则的精神。

第15章　死刑复核

【内容提要】　死刑复核程序是中国刑事诉讼中独有的程序。无论其程序设置的行政化程度如何,该程序都是基于对生命的尊重和对死刑的慎重。本章第一节对死刑与死刑复核程序作一概括阐述,第二节和第三节对死刑案件的报核程序和复核程序分别加以论述。

第一节　死刑与死刑复核程序

一、死刑正当性之反思

死刑是对被告人剥夺生命的刑罚,是所有刑种中最严厉的一种,也是一个历史十分悠久的刑种。在古代社会,死刑是作为同态复仇的一种方式,其运用十分广泛。进入阶级社会以后,死刑被广泛地应用于统治阶级镇压阶级敌人的工具,当然也作为维持社会治安的手段而存在。据统计,英国在18世纪60年代,规定死刑的成文法已经达到一百六十多部。在欧洲其他国家,死刑也是一种盛行的刑罚。

从18世纪初期开始,已有启蒙思想家对死刑的正当性提出反思。意大利的贝卡利亚是这一领域的先驱。贝卡利亚以古典的社会契约理论来论证死刑的非正义性。贝卡利亚认为,无论是君权还是法律,都是人民通过契约赋予当政者的权力,它们是"少量私人自由的总和,它们代表的是作为个人利益结合体的普遍意志"。既然法律是普遍意志,是私人让渡的一部分自由,它们当然不包括生命权在内。因为"每个人在对自己做出最小牺牲时,怎么会把冠于一切财富之首的生命也搭进去呢?如果说这已成为事实的话,它同人无权自杀的原则怎么协调呢?要是他可以把这种权利交给他人或者交给整个社会,他岂不本来就应该有这种权力吗？"①

 **异域法制**

全球范围内的死刑状况

贝卡里亚的名著《犯罪与刑罚》出版于1764年，迄今已经二百余年。关于废除死刑的思想，虽然尚未成为人人都能接受的公理，但却已成为国际社会的共识。于1976年3月23日生效的《公民权利和政治权利国际公约》第6条规定："(一) 人人皆有天赋之生存权，此种权利应受法律保障；并不得无理剥夺。(二) 凡未废除死刑之国家，非犯情节最为恶劣之罪，且依照犯罪时有效并与本公约规定及防止及惩治灭绝种族罪公约不抵触之法律，不得科处死刑。且非经有管辖权之法院终局判决，不得执行死刑。(三) 生命之剥夺构成灭绝种族罪时，本公约缔约国公认本条不得认为授权任何缔约国以任何方式克减它在防止及惩治灭绝种族罪公约的规定下所承担的任何义务。(四) 任何被判处死刑之人均应有权要求赦免或减刑。对一切判处死刑的案件均得给予大赦、特赦或减刑。(五) 对18岁以下之人所犯之罪，不得判处死刑；对孕妇不得执行死刑。(六) 本公约任何缔约国不得援引本条的任何部分来推迟或阻止死刑的废除。"废除死刑的思想不仅上升为国际法律文件，并且成为一种实际行动，且代表着刑罚发展的当代趋势。截至2012年，全世界完全从法律上废除死刑的国家已达97个；仅对普通犯罪废除死刑的国家有8个；在法律虽未废除死刑，但在司法实践中不执行死刑的国家有35个；因此，总体上看，废除死刑的国家已经达到140个；仍然保留死刑的国家则仅有58个，其中包括美国与中国。②

二、我国对待死刑的态度

我国目前的死刑政策与党的政策息息相关，并且长期以来作为阶级斗争的一种重要工具。早在1940年的时候，毛泽东就指出："应该坚决地镇压那些坚决的汉奸分子和坚决的反攻分子，非此不足以保卫抗日的革命势力。但是决不可多杀人，决不可牵涉到任何无辜的分子。"③可见，中国共产党一方面虽然将死刑作为对付敌人的工具，但另一方面也在很早的时候就开始强调保障无辜。1948年，毛泽东又指出："必须坚持少杀，严禁乱杀。主张多杀乱杀的意见是完全错

---

① 〔意〕贝卡里亚：《论犯罪与刑罚》，黄风译，中国大百科全书出版社1993年版，第45页。
② 资料来源：http://www.amnesty.org/en/death-penalty/abolitionist-and-retentionist-countries。最后访问时间：2013年1月17日。
③ 《毛泽东选集》第2卷，人民出版社1991年版，第767页。

误的,它只会使我党丧失同情,脱离群众,陷于孤立。"①新中国成立以后,他也曾反复强调过可杀可不杀的不杀这一政策,并说:"一颗脑袋落地,历史证明是接不起来的,也不像割韭菜那样,割了一次还可以长出来,割错了,想改也没有办法。"②

在立法上,我国1979年《刑法》和1997年《刑法》均规定了死刑,但是又对死刑的适用作了各种限制,其中包括适用范围的限制,如《刑法》第48条规定,死刑之适用于罪行极其严重的犯罪分子;犯罪主体的限制,如《刑法》第49条规定,犯罪的时候不满18周岁的人和审判的时候怀孕的妇女,不适用死刑;以及死刑核准程序的限制,等。因此,笔者将我国目前的死刑政策概括为三句话:一是不可不杀;二是坚持少杀;三是严禁错杀。

笔者以为,严禁错杀是刑事司法程序的最低限度要求;坚持少杀是刑事实体政策的现实选择;不可不杀则体现了对生命权之哲学意义的认识不足,也显示了对生命之应有尊重的缺乏,是功利主义哲学思想的后果之一。尽管大多数刑法学家均从各个角度对我国死刑政策持辩护立场,认为死刑是我国现阶段不得已的选择,笔者对此仍不敢苟同。尤其是对保留死刑的各种论调,笔者认为均难以成立。因此,笔者所赞成之死刑态度,实为"不如不杀"。此政策如能成为现实,则死刑复核程序亦可以废止矣。

三、死刑复核程序

正是为了体现不可多杀和防止错杀的政策,我国目前《刑事诉讼法》设置了死刑复核程序,也就是对被告人判处死刑的案件,由有权的人民法院进行复核,以决定是否核准死刑判决并执行死刑所应当遵循的程序。

死刑复核程序是我国刑事诉讼中的一项特别程序,其特别之处可归纳如下:(1)死刑复核程序仅适用于被判处死刑立即执行和死刑缓期二年执行的案件;(2)对此类案件不实行两审终审制,即使经过了第二审程序,其作出的裁判也不是生效裁判,而是必须经过死刑复核程序之后裁判才发生法律效力(最高人民法院作出的裁判除外);(3)死刑复核程序的启动完全是自动的,不需要当事人的推动,也不需要人民检察院的抗诉;(4)死刑复核权的主体是特定的,即最高人民法院和被授权的高级人民法院。

---

① 《毛泽东选集》第4卷,人民出版社1991年版,第1271页。
② 《毛泽东选集》第5卷,人民出版社1991年版,第282页。

第二节 死刑案件的报核

《刑事诉讼法》第236条规定:"中级人民法院判处死刑的第一审案件,被告人不上诉的,应当由高级人民法院复核后,报请最高人民法院核准。高级人民法院不同意判处死刑的,可以提审或者发回重新审判。高级人民法院判处死刑的第一审刑事案件被告人不上诉的,和判处死刑的第二审案件,都应当报请最高人民法院核准。"由于最高人民法院和高级人民法院分别有权对死刑立即执行判决、死刑缓期二年执行判决进行核准,死刑的报核实际上分为两种情况:一是向最高人民法院报核死刑立即执行案件,二是向高级人民法院报核死刑缓期二年执行的案件。以下首先对两种报核程序分别予以论述。

一、向最高人民法院报核死刑立即执行案件程序

根据《最高法解释》第344条之规定,报请最高人民法院核准的死刑案件,按照下列情形分别办理:

(1) 中级人民法院判处死刑的第一审案件,被告人不上诉、人民检察院不抗诉的,在上诉、抗诉期满后10日内报请高级人民法院复核。高级人民法院同意判处死刑的,应当依法作出裁定后10日内,报请最高人民法院核准;不同意判处死刑的,应当按照第二审程序提审或者发回重新审判。

图 15.1 中级人民法院死刑报核程序(无上诉与抗诉)

(2) 中级人民法院判处死刑的第一审案件,被告人提出上诉或者人民检察院提出抗诉,高级人民法院裁定维持死刑判决的,应当在作出裁定后10日内报请最高人民法院核准。

在被告人提出上诉或者人民检察院提出抗诉的情况下,高级人民法院若不同意判处死刑,是直接改判还是发回重审,司法解释未予明确规定。《刑事诉讼法》关于第二审程序发回重审各项情形是否适用于死刑复核程序,理论上不无疑义。因此,殊有探讨之必要。笔者以为,在目前体制下,若第一审人民法院判处死刑而高级人民法院认为不应当判处死刑,如果发回重审,则可能导致案件在

第一审法院与第二审法院之间往返流动,永无穷尽;因此应当直接改判。这样做,一方面可以节省审判资源,使案件得到迅速处理;另一方面,可以避免因发回重审而引起的一系列问题。

图 15.2　中级人民法院死刑报核程序(有上诉或抗诉)

值得一提的是,中级人民法院第一审作出的死刑立即执行判决,如果当事人没有上诉,检察机关没有抗诉,第二审人民法院认为不应当判处死刑而提审的,其程序为第一审程序;但在有上诉或抗诉的案件中,第二审人民法院认为不应当判处死刑的,由于其程序本身即属于第二审程序,因此完全可以在第二审程序中直接改判,不需要"提审"。其所作的裁判,属于终审裁判。改判后既然不判处死刑,当然不必再向最高人民法院报核。对改判之判决,被告人不得上诉,检察机关亦不得抗诉。此处区别,尤为重要。

(3) 高级人民法院判决死刑的第一审案件,被告人不上诉、人民检察院不抗诉的,在上诉、抗诉期满后 10 日内报请最高人民法院核准。

(4) 依法应当由最高人民法院核准死刑的案件,判处死刑缓期二年执行的罪犯,在死刑缓期执行期间,如果故意犯罪,查证属实,应当执行死刑的,由高级人民法院报请最高人民法院核准。

高级人民法院第一审判处死刑,被告人上诉或者人民检察院抗诉的案件,最高人民法院按照第二审程序维持原死刑判决的裁定是终审的裁定,不需要经过死刑复核程序。

二、向高级人民法院报核死缓案件程序

《刑事诉讼法》第 237 条规定:"中级人民法院判处死刑缓期二年执行的案件,由高级人民法院核准。"这一规定明确了死刑缓期二年执行案件的核准权由高级人民法院行使。必须注意的是,由于我国最高人民法院拥有第一审管辖权,如果最高人民法院第一审判决被告人死刑缓期二年执行,其判决为终审判决,不需要经过复核程序,更无须报请高级人民法院复核;另外,最高人民法院第二审判处被告人死刑缓期二年执行的,也无须报请高级人民法院核准。

根据《最高法解释》第 345 条的规定,中级人民法院判处死刑缓期二年执行

的第一审案件,被告人不上诉、人民检察院不抗诉的,应当报请高级人民法院核准。据此规定,对于中级人民法院判处死刑缓期执行的第一审案件,只有在被告人不上诉、人民检察院不抗诉的情况下才报请高级人民法院核准。另外,高级人民法院作为第一审判处被告人死刑缓期二年执行的案件,以及高级人民法院按照第二审程序审理后同意判处死刑缓期二年执行并裁定维持原判的案件,均不需再经过死刑复核程序。

三、死刑报核中的案卷移送

根据《最高法解释》的规定,报请复核死刑及死刑缓期二年执行案件,应当一案一报;报送的材料应当包括报请复核的报告、死刑或死刑缓期二年执行案件综合报告各5份,以及全部诉讼案卷和证据;同案审理的案件,应当报送全案的诉讼案卷和证据;报请复核的报告,应当载明案由、简要案情和审理过程及判决结果。

第三节 死刑案件的复核

一、死刑复核的内容与方式

(一) 死刑复核的内容

根据《最高法解释》第348条之规定,复核死刑立即执行及死刑缓期二年执行案件,应当审查以下内容:(1) 被告人的年龄,有无责任能力,是否正在怀孕的妇女;(2) 原审判决认定的主要事实是否清楚,证据是否确实、充分;(3) 犯罪情节、后果及其危害程度;(4) 原审判决适用法律是否正确,是否必须判处死刑,是否必须立即执行;(5) 有无法定、酌定从轻或者减轻处罚的情节;(6) 诉讼程序是否合法;(7) 其他应当审查的情况。

(二) 死刑复核的方式

从总体上看,死刑复核程序是一系列程序的组合,它既包括下级人民法院的报核,也包括高级人民法院和最高人民法院的复核活动。正是在这个意义上,前文指出,死刑复核程序不是一种独立的审判程序。但是这并不意味着死刑复核程序不包括或者不应当包括审判程序。从理论上说,一旦案件按照报核程序进入有复核权的人民法院,该人民法院就有可能对该死刑案件进行审判;当然,有复核权的人民法院也可以按照行政程序以行政的方式进行书面的复核。但明显的是,无论采用何种方式,其程序必然不同于第二审程序,也不同于第一审程序。

《刑事诉讼法》第238条规定，最高人民法院复核死刑案件，高级人民法院复核死刑缓期执行的案件，应当由审判员三人组成合议庭进行。对于死刑复核的方式，1996年《刑事诉讼法》并未明确规定。2012年《刑事诉讼法》第240条规定："最高人民法院复核死刑案件，应当讯问被告人，辩护人律师提出要求的，应当听取辩护律师的意见。""在复核死刑案件过程中，最高人民检察院可以向最高人民法院提出意见。最高人民法院应当将死刑复核结果通报最高人民检察院。"据此规定，最高人民法院复核死刑案件，并不必然采用开庭审理的方式，而是采取秘密讯问被告人的方式。从理论上看，为方便辩护律师提出要求，最高人民法院应当在收到死刑复核案卷后通知辩护律师，以便其决定是否向最高人民法院反映意见。根据《最高法解释》第356条，死刑复核期间辩护律师要求当面反映意见的，最高人民法院有关合议庭应当在办公场所听取其意见，并制作笔录；辩护律师提出书面意见的，应当附卷。

二、复核后的处理

(一) 死刑立即执行案件复核程序之处理

根据《刑事诉讼法》第239条的规定，最高人民法院复核死刑案件，应当作出核准或者不核准的裁定；对于不核准死刑的，最高人民法院可以发回重审或者予以改判。依《最高法解释》第350条之规定，对判处死刑的案件，复核后应当根据案件情形分别作出裁判：(1) 原审判决认定事实和适用法律正确、量刑适当、诉讼程序合法的，裁定予以核准；(2) 原判认定的某一具体事实或者引用的法律条款等存在瑕疵，但判处被告人死刑并无不当的，可以在纠正后作出核准的判决、裁定；(3) 原审判决认定事实不清、证据不足的，应当裁定不予核准，并撤销原判，发回重新审判；(4) 复核期间出现新的影响定罪量刑的事实、证据的，应当裁定不予核准，并撤销原判，发回重审；(5) 原判认定事实正确，但依法不应当判处死刑的，应当裁定不予核准，并撤销原判，发回重审；(6) 原审违反法定诉讼程序，可能影响公正审判的，应当裁定不予核准，并撤销原判，发回重审。

(二) 死刑缓期二年执行案件复核之处理

根据《最高法解释》第349条第1款之规定，高级人民法院对于报请核准的死刑缓期二年执行的案件，按照下列情形分别处理：(1) 原判认定事实和适用法律正确、量刑适当、诉讼程序合法的，应当裁定核准；(2) 原判认定的某一具体事实或者引用的法律条款等存在瑕疵，但判处被告人死刑缓期执行并无不当的，可以在纠正后作出核准的判决、裁定；(3) 原判认定事实正确，但适用法律有错误，或者量刑过重的，应当改判；(4) 原判事实不清、证据不足的，可以裁定不予核准，并撤销原判，发回重新审判，或者依法改判；(5) 复核期间出现新的影响定罪量刑的事实、证据的,可以裁定不予核准,并撤销原判,发回重新审判,或者依照本解释第220条规定审理后依法改判;(6)原审违反法定诉讼程序,可能影响公正审判的,应当裁定不予核准,并撤销原判,发回重新审判。

三、死刑复核程序应注意之事项

根据《最高法解释》第349条第2款的规定,高级人民法院符合死刑缓期执行的案件,不得加重被告人的刑罚。

根据《最高法解释》第351条的规定,对一人有两罪以上被判处死刑的数罪并罚案件,最高人民法院复核后,认为其中部分犯罪的死刑判决、裁定事实不清、证据不足的,应当对全案裁定不予核准,并撤销原判,发回重新审判;认为其中部分犯罪的死刑判决、裁定认定事实正确,但依法不应当判处死刑的,可以改判,并对其他应当判处死刑的犯罪作出核准死刑的判决。

根据《最高法解释》第352条的规定,对有两名以上被告人被判处死刑的案件,最高人民法院复核后,认为其中部分被告人的死刑判决、裁定事实不清、证据不足的,应当对全案裁定不予核准,并撤销原判,发回重新审判;认为其中部分被告人的死刑判决、裁定认定事实正确,但依法不应当判处死刑的,可以改判,并对其他应当判处死刑的被告人作出核准死刑的判决。

根据《最高法解释》第357条、第358条的规定,死刑复核期间,最高人民检察院提出意见的,最高人民法院应当审查,并将采纳情况及理由反馈最高人民检察院。最高人民法院应当根据有关规定向最高人民检察院通报死刑案件复核结果。

第16章 执 行

【本章要义】 刑事诉讼中的执行,是指人民法院、人民检察院、公安机关及监狱等机关将已经发生法律效力的判决、裁定所确定的内容交付实施,以实现国家刑罚权,以及解决交付实施过程中特定问题而进行的诉讼活动。执行的对象就是生效裁判,即生效的判决或裁定。根据《刑事诉讼法》第248条的规定,所谓生效裁判是指:(1) 已过法定期限没有上诉、抗诉的判决和裁定;(2) 终审的判决和裁定;(3) 最高人民法院核准死刑的判决和高级人民法院核准的死刑缓期二年执行的判决。执行既是一种诉讼活动,也是一个诉讼阶段。但是,并非与判决、裁定执行的整个过程相关的活动都属于刑事诉讼的范围,属于刑事诉讼范围的执行活动仅限于以下两个方面:(1) 人民法院自己实现生效裁判的活动、人民法院将生效裁判交付执行机关执行的活动以及执行机关对某些判决和裁定执行的活动。(2) 解决生效裁判在执行过程中发生的特定问题的活动,比如减刑、假释、监外执行等。

第一节 死刑立即执行裁判的执行

一、签发执行死刑命令与交付执行

根据《刑事诉讼法》第250条第1款之规定,最高人民法院判处和核准的死刑立即执行的判决,应当由最高人民法院院长签发执行死刑命令。根据《刑事诉讼法》第251条及《最高法解释》第417条之规定,最高人民法院的执行死刑命令,均由高级人民法院交付原审人民法院执行,原审人民法院接到执行死刑命令后,应当在7日以内执行。

二、指挥与监督执行

《刑事诉讼法》第252条第1款规定,人民法院在交付执行死刑前,应当通知同级人民检察院派员临场监督。第5款规定:"执行死刑应当公布,不应示众。"对此,《最高法解释》第426条第2款进一步规定:"执行死刑应当公布,禁止游街示众或者其他有辱被执行人人格的行为。"《刑事诉讼法》第252条第4款规定,指挥执行的审判人员,对罪犯应当验明正身,讯问有无遗言、信札,然后交付执行人员执行死刑。在执行前,如果发现可能有错误,应当暂停执行,报请最高人民法院裁定。

三、执行死刑的方法与场所

《刑事诉讼法》第252条第2款规定:"死刑采用枪决或者注射等方法执行。"因1979年《刑事诉讼法》所确定之死刑执行仅有枪决一种方法,1996年《刑事诉讼法》修改时增加了注射执行死刑的方法。但,如何理解"等"在理论界尚有争议。有学者认为,"枪决或者注射等方法",指的就是枪决和注射,除此以外不得采用别的方法执行死刑;另有学者认为,既然是"枪决和注射等方法",就是指除了枪决和注射之外,还可以采纳别的方法执行死刑。从理论上说,注射的方法乃是比枪决更为文明的执行死刑方式,《刑事诉讼法》将注射方法引入执行死刑机制,体现了人类文明之进步。因此,为体现更深入之进步,人民法院若采用其他方法执行死刑,必须以该方法比注射方法更人道为前提。最高人民法院对《刑事诉讼法》此一规定采纳的是后一种学说,即《刑事诉讼法》规定的"枪决、注射等方法"包括枪决和注射以外的其他方法。但因我国幅员辽阔,且审判人员素质参差不齐,若听任执行死刑之人民法院自行决定死刑执行之方法,极可能出现以不人道方式执行死刑之现象,因此,《最高法解释》第425条第3款规定:"采用枪决、注射以外的其他方法执行死刑的,应当事先层报最高人民法院批准。"

《刑事诉讼法》第252条第3款规定:"死刑可以在刑场或者指定的羁押场所内执行。"《最高法解释》第425条第2款规定:"采用注射方法执行死刑的,应当在指定的刑场或者羁押场所内执行。"

四、执行中若干问题的处理

(一)执行法院发现有特殊情形的处理程序

根据《刑事诉讼法》第251条及《最高法解释》第418条之规定,下级人民法院在接到执行死刑命令后,发现有下列情形之一的,应当停止执行,并立即报告核准死刑的人民法院,由核准死刑的人民法院作出裁定:(1)罪犯可能有其他犯罪的;(2)共同犯罪的其他犯罪嫌疑人到案,可能影响罪犯量刑的;(3)共同犯罪的其他罪犯被暂停或者停止执行死刑,可能影响罪犯量刑的;(4)罪犯揭发重大犯罪事实或者有其他重大立功表现,可能需要改判的;(5)罪犯怀孕的;(6)判决、裁定可能有影响定罪量刑的其他错误的。最高人民法院经审查,认为可能影响罪犯定罪量刑的,应当裁定停止执行死刑;认为不影响的,应当决定继续执行死刑。

(二)最高法院发现有特殊情形的处理

根据《最高法解释》第419-422条的规定,最高人民法院在执行死刑命令签发后、执行前,发现有前述规定情形的,应当立即裁定停止执行死刑,并将有关材料移交下级人民法院。下级人民法院接到最高人民法院停止执行死刑的裁定后,应当会同有关部门调查核实停止执行死刑的事由,并及时将调查结果和意见层报最高人民法院审核。对下级人民法院报送的停止执行死刑的调查结果和意见,由最高人民法院原作出核准死刑判决、裁定的合议庭负责审查,必要时,另行组成合议庭进行审查。

审查之后,应当按照下列情形分别处理:(1)确认罪犯怀孕的,应当改判;(2)确认罪犯有其他犯罪,依法应当追诉的,应当裁定不予核准死刑,撤销原判,发回重新审判;(3)确认原判决、裁定有错误或者罪犯有重大立功表现,需要改判的,应当裁定不予核准死刑,撤销原判,发回重新审判;(4)确认原判决、裁定没有错误,罪犯没有重大立功表现,或者重大立功表现不影响原判决、裁定执行的,应当裁定继续执行死刑,并由院长重新签发执行死刑的命令。

(三)有关执行前会见家属的规定

依照《最高法解释》第423条之规定,执行死刑前,罪犯提出会见其近亲属或者其近亲属提出会见罪犯申请的,人民法院应当准许并及时安排会见。

五、执行后的若干事项

执行死刑后,负责执行的人民法院应当办理以下事项:(1)对于死刑罪犯的遗书、遗言笔录,应当及时进行审查,涉及财产继承、债务清偿、家事嘱托等内容的,将遗书、遗言笔录交给家属,同时复制存卷备查;涉及案件线索等问题的,应当抄送有关机关;(2)通知罪犯家属在限期内领取罪犯尸体;有火化条件的,通知领取骨灰。过期不领的,由人民法院通过有关单位处理。对于死刑罪犯的尸体或者骨灰的处理情况,应当记录在卷;(3)对外国籍罪犯执行死刑后,通知外国驻华使、领馆的程序和时限,依照有关规定办理。

第二节　其他生效裁判的执行

一、死刑缓期二年执行、无期徒刑、有期徒刑、拘役的执行

根据《刑事诉讼法》第253条的规定,死刑缓期二年执行、无期徒刑、有期徒刑、拘役等裁判的执行应当遵照以下程序进行:(1)罪犯被交付执行刑罚的时候,应当由交付执行的人民法院在判决生效后10日以内将有关的法律文书送达公安机关、监狱或其他执行机关。(2)对于被判处死刑缓期二年执行、无期徒刑、有期徒刑的罪犯,由公安机关依法将该罪犯送交监狱执行刑罚。(3)对于被判处有期徒刑的罪犯,在被交付执行刑罚前,剩余刑期在3个月以下的,由看守所代为执行。1996年《刑事诉讼法》规定剩余刑期为1年以下的由看守所代为执行,2012年修改《刑事诉讼法》将其规定为剩余刑期3个月以下,是因为看守所主要是关押未决犯的场所,剩余刑期1年以下的人数过多,不利于未决犯人权的保护。(4)对于被判处拘役的罪犯,由公安机关执行。(5)对未成年犯应当在未成年犯管教所执行刑罚。(6)执行机关应当将罪犯及时收押,并且通知罪犯家属。(7)判处有期徒刑、拘役的罪犯,执行期满,应当由执行机关发给释放证明书。

二、管制、剥夺政治权利判决的执行

根据《刑事诉讼法》第258条之规定,对被判处管制、宣告缓刑、假释或者暂予监外执行的罪犯,依法实行社区矫正,由社区矫正机构负责执行。

三、有期徒刑和拘役缓刑裁判的执行

根据《刑事诉讼法》第259条的规定,对被判处剥夺政治权利的罪犯,由公安机关执行。执行期满,应当由执行机关书面通知本人及其所在单位、居住地基层组织。

四、宣告无罪或者免除刑罚判决的执行

《刑事诉讼法》第249条规定:"第一审人民法院判决被告人无罪、免除刑事处罚的,如果被告人在押,在宣判后应当立即释放。"学术界有论者将这一规定理解为,无罪宣判或免除刑罚的宣判比较特殊,因此一经宣判就应当予以执行。但根据《刑事诉讼法》第248条第1款之规定:"判决、裁定在发生法律效力后执行。"据此,由于第一审人民法院判决被告人无罪或者免除刑罚的判决不属于生效的判决,因此尚不发生执行的问题。也因此,《刑事诉讼法》第249条规定的

内容不应当属于执行的内容,而是属于强制措施的解除。从立法技术的角度而言,《刑事诉讼法》在执行这一章规定强制措施的解除本来并无特别的不妥,因为该法第248条已经明确界定了生效裁判的范围,第249条规定的内容唯一合理的解释就是,它是对强制措施之解除的规定,而不是执行内容的规定。人民法院判决宣告被告人无罪或者免除刑罚,自然包含着人民法院对被告人社会危险性的判断。而在诉讼中,从理论上看,人民法院的判断乃是最具权威性之判断,在人民法院已经认为被告人无罪或者不需要承担刑事责任的情形下,将其继续关押自然有违常理,因此作出解除强制措施的决定,亦属理所当然。

五、财产与财产刑的执行

根据《最高法解释》第438条、第439条、第442条,刑事诉讼中有关民事赔偿及财产刑的执行,遵照以下规定:(1)发生法律效力的刑事判决、裁定和调解书中涉及财产内容需要执行的,由原审人民法院执行。附带民事判决中财产的执行,依照《民事诉讼法》和最高人民法院的有关规定办理。(2)罚金在判决规定的期限内一次或者分期缴纳。期满无故不缴纳的,人民法院应当强制缴纳。经强制缴纳仍不能全部缴纳的,人民法院在任何时候,包括在判处的主刑执行完毕后,发现被执行人有可以执行的财产的,应当追缴。行政机关对被告人就同一事实已处以罚款的,人民法院判处罚金时应当予以折抵。(3)对判处财产刑的犯罪分子或者附带民事诉讼的判决、裁定有执行财产内容的被告人,在本地无财产可供执行的,原判人民法院可以委托其财产所在地人民法院代为执行。代为执行的人民法院执行后或者无法执行的,应当将有关情况及时通知委托的人民法院。代为执行的人民法院可以将执行财产刑的财产直接上缴国库;需要退赔的财产,应当由执行的人民法院移交委托人民法院依法退赔。

第三节 执行的变更与变通

一、执行的变更

◆(一)执行变更的概念

执行的变更是指刑罚在交付执行以及执行的过程中出现需要变更刑罚的特定情况而依法予以改变的活动。常见的刑罚执行的变更情况包括死缓变更为无期徒刑的案件及减刑案件。死刑在执行过程中也可能出现必须变更的情形,因上一节已经加以论述,此处不赘。

◆(二)死刑缓期二年执行的变更

根据《刑事诉讼法》第250条第2款之规定,被判处死刑缓期二年执行的罪犯,在死刑缓期执行期间,如果没有故意犯罪,死刑缓期执行期满,应当予以减刑,由执行机关提出书面意见,报请高级人民法院裁定;如果故意犯罪,查证属实,应当执行死刑,由高级人民法院报请最高人民法院核准。

✦ (三) 无期徒刑、有期徒刑、拘役、管制的减刑程序

根据《刑法》第78条之规定,减刑是指对被判处管制、拘役、有期徒刑、无期徒刑的犯罪分子,因其在刑罚执行期间确有悔改或者立功表现,因而适当减轻其原判刑罚的制度。从这一概念看,刑法中的减刑制度,并不包括死刑缓期二年执行的减刑。死刑缓期二年执行的减刑属于死刑制度的组成部分。

根据《最高法解释》第449条、第450条、第451条、第452条之规定以及相关司法实践,减刑案件应当分别不同情形予以处理:(1) 对于被判处无期徒刑的罪犯的减刑,由罪犯服刑地的高级人民法院根据省、自治区、直辖市监狱管理机关审核同意的监狱减刑建议书裁定。高级人民法院应当自收到减刑建议书之日起1个月内依法裁定;案情复杂或者情况特殊的,可以延长1个月;(2) 对于被判处有期徒刑(包括减为有期徒刑)的罪犯的减刑,由罪犯服刑地的中级人民法院根据当地执行机关提出的减刑建议书裁定。中级人民法院应当自收到减刑建议书之日起1个月内依法裁定;案情复杂或者情况特殊的,可以延长1个月;(3) 对于被判处拘役管制的罪犯的减刑,由罪犯服刑地的中级人民法院根据当地同级执行机关提出的减刑建议书裁定;(4) 被宣告缓刑的罪犯,在缓刑考验期限内确有重大立功表现,需要予以减刑,并相应缩短缓刑考验期限的,应当由负责考察的公安派出所会同罪犯的所在单位或者基层组织提出书面意见,由罪犯所在地的中级人民法院根据当地同级执行机关提出的减刑建议书裁定;(5) 对于公安机关看守所监管的罪犯的减刑,由罪犯所在的看守所提出意见,由当地中级人民法院根据当地同级执行机关提出的减刑建议书裁定。前述第3至5项规定的减刑案件,人民法院应当自收到减刑建议书之日起1个月内依法裁定。

人民法院受理减刑案件,应当审查执行机关移送的材料是否包括下列内容:(1) 减刑建议书;(2) 终审法院的判决、裁定书、历次减刑裁定书的复制件;(3) 罪犯确有悔改或者立功、重大立功表现的具体事实的书面证明材料;(4) 罪犯评审鉴定表、奖惩审批表等;(5) 罪犯假释后对所居住社区影响的调查评估报告;(6) 根据案件情况需要移送的其他材料。人民法院经审查,如果上述材料齐备的,应当收案;材料不齐备的,应当通知提请减刑执行机关补送。

人民法院审理减刑案件,应当依法组成合议庭。减刑裁定应当及时送达执行机关、同级人民检察院、负责监督假释罪犯的公安机关以及罪犯本人。人民检察院认为人民法院的减刑裁定不当,应当在收到裁定书副本后20日内,向人民法院提出书面纠正意见。人民法院收到书面纠正意见后,应当重新组成合议庭进行审理,并在1个月内作出最终裁定。

二、执行的变通

(一) 执行变通的概念

执行的变通是指在刑罚不变的情况下,将执行刑罚的方法加以变通的做法。与执行的变更不一样的是,执行的变更通常意味着刑罚的改变,而执行的变通则是在刑罚不变的情况下,将执行刑罚的方法加以变通。从理论上说,执行的变通包括监外执行和假释,因为监外执行和假释实际上均未改变刑罚,改变的仅仅是刑罚的执行方法。

(二) 假释及假释的决定程序

根据《刑法》第81条之规定,假释是指被判处有期徒刑、无期徒刑的犯罪分子,在执行一定刑期后,确有悔改表现,不致再危害社会,从而附条件提前释放的刑罚变更执行制度。由于《最高法解释》将减刑与假释并列,因此假释与减刑适用相同的程序。具体可参见上一节减刑程序之相关论述。

(三) 监外执行

《刑事诉讼法》第254条第1款规定:"对于被判处有期徒刑或者拘役的罪犯,有下列情形之一的,可以暂予监外执行:(1) 有严重疾病需要保外就医的;(2) 怀孕或者正在哺乳自己婴儿的妇女;(3) 生活不能自理,适用暂予监外执行不致危害社会的。"第2款规定:"对被判处无期徒刑的罪犯,有前款第二项规定情形的,可以暂予监外执行。"据此规定,监外执行是指对被判处无期徒刑、有期徒刑、拘役的罪犯,因出现法定情形不宜交由监狱执行生效裁判所确定刑罚,而暂时将其放在监狱外由公安机关执行的刑罚变通方式。

根据《刑事诉讼法》第254条第3款的规定,对于适用保外就医可能有社会危险性的罪犯,或者自伤自残的罪犯,不得保外就医。发现被保外就医的罪犯不符合保外就医条件的,或者严重违反有关保外就医的规定的,应当及时收监。根据《刑事诉讼法》第254条第4款的规定,对于罪犯确有严重疾病,必须保外就医的,由省级人民政府指定的医院诊断并开具证明文件。

根据《刑事诉讼法》第254条第5款的规定,监外执行的决定在罪犯交付执行前由交付执行的人民法院行使,在交付执行后,由负责执行的监狱或看守所提出书面意见,报省级以上监狱管理机关或者设区的市一级以上公安机关批准。

根据《刑事诉讼法》第255条、第256条规定,监狱、看守所提出暂予监外执行的书面意见后,应当将书面意见的副本抄送人民检察院。人民检察院可以向决定或批准机关提出书面意见。决定或批准监外执行的机关应当将暂予监外执行的决定抄送人民检察院。人民检察院认为暂予监外执行不当的,应当自接到通知之日起1个月内将书面意见送交决定或批准暂予监外执行的机关。决定或批准暂予监外执行的机关接到人民检察院的书面意见后应当立即对监外执行决定重新核查。

根据《刑事诉讼法》第257条第1款规定,对暂予监外执行的罪犯,有下列情形之一的,应当及时收监:(1)发现不符合暂予监外执行条件的;(2)严重违反有关暂予监外执行监督管理的规定的;(3)暂予监外执行的情形消失后,罪犯刑期未满的。第2款规定,对于人民法院决定暂予监外执行的罪犯应当予以收监的,由人民法院作出决定,将有关法律文书送达公安机关、监狱或其他执行机关。据此规定,对非由人民法院决定的监外执行的罪犯应当收监的,应当由决定或批准机关作出决定并送达执行机关。

《刑事诉讼法》第257条第3款规定:"不符合暂予监外执行条件的罪犯通过贿赂等非法手段被暂予监外执行的,在监外执行的期间不计入执行刑期。罪犯在暂予监外执行期间脱逃的,脱逃的期间不计入执行刑期。"本书认为,罪犯在监外执行期间脱逃的,应当收监,且其监外执行期间及脱逃期间均不应计入执行刑期。

罪犯在暂予监外执行期间死亡的,执行机关应当及时通知监狱或看守所。

第四节 对新罪、漏罪及申诉的处理

一、对新罪、漏罪的处理

《刑事诉讼法》第262条第1款规定:"罪犯在服刑期间又犯罪的,或者发现了判决的时候所没有发现的罪行,由执行机关移送人民检察院处理。"罪犯在服刑期间又犯罪,即为新罪;罪犯在服刑期间被发现判决时没有发现的、判决作出前犯下的罪行,称为漏罪。新罪和漏罪虽然概念不一,犯罪时间也不相同,其处理程序则完全一样。

具体应当分别不同情形按照如下程序处理:(1)罪犯在监狱、未成年犯管教所被发现犯有新罪或漏罪的,应当由监狱或未成年犯管教所进行侦查,侦查终结后移送人民检察院决定,向有管辖权的人民法院起诉;(2)在看守所服刑的罪犯被发现犯有新罪或漏罪的,由主管该看守所的县级公安机关侦查,侦查终结后移送人民检察院审查起诉,并由该人民检察院向有管辖权的人民法院起诉;(3)被判处管制、剥夺政治权利的罪犯,以及被宣告缓刑,或者被假释、暂予监外执行的罪犯,在服刑或考验期间被发现犯有新罪或漏罪的,应当由负责执行的公安机关侦查终结,移送起诉,并由负责审查起诉的人民检察院决定向有管辖权的人民法院提起公诉;(4)在服刑期间脱逃的罪犯,脱逃后又犯新罪的,如果其新罪系由监狱捕获后发现,则由监狱机关侦查终结并移送起诉;如果是由地方公安机关发现并捕获罪犯,则由地方公安机关侦查终结并移送审查起诉。

二、对判决有误及罪犯申诉的处理

《刑事诉讼法》第264条规定:"监狱和其他执行机关在刑罚执行中,如果认为判决有错误或者罪犯提出申诉,应当转请人民检察院或者原判人民法院处理。"据此规定,罪犯在监狱中提出申诉的,监狱机关应当将申诉材料转请人民检察院或者原判人民法院处理,不得将申诉材料扣押不报。监狱和其他执行机关在刑罚执行过程中自己认为判决有错误的,也可以转请人民检察院或者原判人民法院处理。但在原判人民法院作出处理以前,对原判刑罚应当继续执行。

第17章 再 审

【本章要义】 再审程序,理论上通称为"审判监督程序",《刑事诉讼法》辟专章予以规定,其名称亦为"审判监督程序";由此观之,理论上之称谓,实系沿袭并尊重法律上之规定。因该程序是指人民法院、人民检察院对已经发生法律效力的判决、裁定在特定情形下对案件进行重新审理的程序,因此它在理论上还有一个称谓,即"生效裁判再审程序"。本书为论述之方便,称其为"再审程序"。本章第一节论述再审的申诉及其审查;第二节论述再审案件的提起与审判。

第一节 再审的申诉及其审查

一、再审程序的材料来源

根据《刑事诉讼法》的规定及司法实践,再审程序的材料来源主要包括:(1)当事人等的申诉;(2)人民群众来信来访;这里说的人民群众的来信来访,是指一般人民群众对已经生效的裁判提出的意见;(3)司法机关复查案件发现的错误;(4)各级人民代表大会代表提出的纠正错案的议案;(5)机关、团体、企业事业单位和新闻媒体等对已生效裁判提出的意见。实践中,当事人及其法定代理人、近亲属的申诉,是开启再审程序最主要的材料来源。

二、申诉的概念与理由

《刑事诉讼法》第241条规定:"当事人及其法定代理人、近亲属,对已经发生法律效力的判决、裁定,可以向人民法院或者人民检察院提出申诉,但是不能停止判决、裁定的执行。"据此,刑事再审程序中的申诉,是指当事人及其法定代理人、近亲属对已经发生法律效力的判决、裁定不服而提出的对案件进行重新审查和处理的诉讼请求。根据前引法律规定,申诉并不当然地引起再审程序的启动,因此也不能停止对生效裁判的执行。但是,如果申诉符合法律规定的情形,即具备法律规定的理由,则人民法院必须重新审判。

根据《最高法解释》第372条第1款的规定,向人民法院申诉,应当提交以下材料:(1)申诉状。应当写明当事人的基本情况、联系方式以及申诉的事实与理由;(2)原一、二审判决书、裁定书等法律文书。经过人民法院复查或者再审的,应当附有驳回通知书、再审决定书、再审判决书、裁定书;(3)其他相关材料。以有新的证据证明原判决、裁定认定的事实确有错误为由申诉的,应当同时附有相关证据材料;申请人民法院调查取证的,应当附有相关线索或者材料。根据该条第2款的规定,申诉不符合前款规定的,人民法院应当告知申诉人补充材料;申诉人对必要材料拒绝补充且无正当理由的,不予审查。

三、申诉的受理和审查

(一)受理申诉的法院

根据《最高法解释》第373—374条的规定,申诉由终审人民法院审查处理。但是,第二审人民法院裁定准许撤回上诉的案件,申诉人对第一审判决提出申诉的,可以由第一审人民法院审查处理。上一级人民法院对未经终审人民法院审查处理的申诉,可以告知申诉人向终审人民法院提出申诉,或者直接交终审人民法院审查处理,并告知申诉人;案件疑难、复杂、重大的,也可以直接审查处理。对未经终审人民法院及其上一级人民法院审查处理,直接向上级人民法院申诉的,上级人民法院可以告知申诉人向下级人民法院提出。对死刑案件的申诉,可以由原核准的人民法院直接审查处理,也可以交由原审人民法院审查。原审人民法院应当写出审查报告,提出处理意见,层报原核准的人民法院审查处理。

(二)审查的期限及审查之后的处理

根据《最高法解释》第375条第1款的规定,人民法院对立案审查的申诉案件,应当在3个月内作出决定,至迟不得超过6个月。

根据《刑事诉讼法》第242条及之《最高法解释》第375条第2款的规定,当事人及其法定代理人、近亲属的申诉符合下列情形之一的,人民法院应当决定重新审判:(1)有新的证据证明原判决、裁定认定的事实确有错误、可能影响定罪量刑的;(2)据以定罪量刑的证据不确实、不充分、依法应当予以排除的;(3)证明案件事实的主要证据之间存在矛盾的;(4)主要事实依据被依法变更或撤销的;(5)认定罪名错误的;(6)量刑明显不当的;(7)违反法律关于溯及力规定的;(8)违反法律规定的诉讼程序,可能影响公正审判的;(9)审判人员在审理该案件的时候,有贪污受贿,徇私舞弊,枉法裁判行为的。

根据《最高法解释》第 376 条的规定,具有下列情形之一,可能改变原判决、裁定据以定罪量刑的事实的证据,应当认定为《刑事诉讼法》第 242 条第(1)项规定的"新的证据":(1) 原判决、裁定生效后新发现的证据;(2) 原判决、裁定生效前已经发现,但未予收集的证据;(3) 原判决、裁定生效前已经收集,但未经质证的证据;(4) 原判决、裁定所依据的鉴定意见、勘验、检查等笔录或者其他证据被改变或者否定的。

当事人及其法定代理人、近亲属的申诉只要符合上述任一情形,即可导致人民法院开启再审程序。对不符合上述规定情形的申诉,应当说服申诉人撤回申诉;对仍然坚持申诉的,应当书面通知驳回。

(三) 对驳回申诉的救济与处理

根据《最高法解释》第 377 条的规定,申诉人对驳回申诉不服的,可以向上一级人民法院申诉。上一级人民法院经审查认为申诉不符合《刑事诉讼法》第 242 条和《最高法解释》第 375 条第 2 款规定的,应当说服申诉人撤回申诉;对仍然坚持申诉的,应当驳回或者通知不予重新审判。

第二节 再审程序的提起与审判

一、提起再审程序的主体

根据《刑事诉讼法》第 243 条之规定,有权提起再审程序的主体包括各级人民法院院长及审判委员会、上级人民法院、最高人民法院、最高人民检察院以及上级人民检察院。具体如下:(1) 各级人民法院院长对本院已经发生法律效力的判决和裁定,如果发现在认定事实上或者在适用法律上确有错误,必须提交审判委员会处理。(2) 最高人民法院对各级人民法院已经发生法律效力的判决和裁定,如果发现确有错误,有权提审或者指令下级人民法院再审。(3) 上级人民法院对下级人民法院已经发生法律效力的判决和裁定,如果发现确有错误,有权提审或者指令下级人民法院再审。(4) 最高人民检察院对各级人民法院已经发生法律效力的判决和裁定,如果发现确有错误,有权按照再审程序向同级人民法院提出抗诉。(5) 上级人民检察院对下级人民法院已经发生法律效力的判决和裁定,如果发现确有错误,有权按照再审程序向同级人民法院提出抗诉。

二、对案件的审理

(一) 再审案件审理通则

根据《最高法解释》第 382—386 条的规定,人民法院审理再审案件应当遵守下列程序规定：

（1）对决定依照审判监督程序重新审判的案件，除人民检察院抗诉的以外，人民法院应当制作再审决定书。再审期间不停止原判决、裁定的执行，但被告人可能经再审改判无罪，或者可能经再审减轻原判刑罚而致刑期届满的，可以决定中止原判决、裁定的执行，必要时，可以对被告人采取取保候审、监视居住措施。

（2）依照审判监督程序重新审判的案件，人民法院应当重点针对申诉、抗诉和决定再审的理由进行审理。必要时，应当对原判决、裁定认定的事实、证据和适用法律进行全面审查。

（3）原审人民法院审理依照审判监督程序重新审判的案件，应当另行组成合议庭。原来是第一审案件，应当依照第一审程序进行审判，所作的判决、裁定可以上诉、抗诉；原来是第二审案件，或者是上级人民法院提审的案件，应当依照第二审程序进行审判，所作的判决、裁定是终审的判决、裁定。对原审被告人、原审自诉人已经死亡或者丧失行为能力的再审案件，可以不开庭审理。

（4）开庭审理的再审案件，再审决定书或者抗诉书只针对部分原审被告人，其他同案原审被告人不出庭不影响审理的，可以不出庭参加诉讼。

（5）开庭审理的再审案件，系人民法院决定再审的，由合议庭组成人员宣读再审决定书；系人民检察院抗诉的，由检察人员宣读抗诉书；系申诉人申诉的，由申诉人或者其辩护人、诉讼代理人陈述申诉理由。

（二）适用于抗诉案件的特殊规则

根据《最高法解释》第380条的规定，对人民检察院依照审判监督程序提出抗诉的案件，人民法院应当在收到抗诉书后1个月内立案。但是，有下列情形之一的，应当区别情况予以处理：（1）对不属于本院管辖的，应当将案件退回人民检察院；（2）按照抗诉书提供的住址无法向被抗诉的原审被告人送达抗诉书的，应当通知人民检察院在3日内重新提供原审被告人的住址；逾期未提供的，将案件退回人民检察院；（3）以有新的证据为由提出抗诉，但未附相关证据材料或者有关证据不是指向原起诉事实的，应当通知人民检察院在3日内补送相关材料；逾期未补送的，将案件退回人民检察院。

决定退回的抗诉案件，人民检察院经补充相关材料后再次抗诉，经审查符合受理条件的，人民法院应当受理。

根据《最高法解释》第381条的规定，对人民检察院依照审判监督程序提出抗诉的案件，接受抗诉的人民法院应当组成合议庭审理。对原判事实不清、证据不足，包括有新的证据证明原判可能有错误，需要指令下级人民法院再审的，应当在立案之日起1个月内作出决定，并将指令再审决定书送达抗诉的人民检察院。

三、再审后的处理

(一) 禁止人民法院主动提起不利于被告人的再审原则以及被告人申诉不加刑原则

《最高法解释》第 386 条规定:"除人民检察院抗诉的以外,再审一般不得加重原审被告人的刑罚。再审决定书或者抗诉书只针对部分原审被告人的,不得加重其他同案原审被告人的刑罚。"根据这一规定,除了人民检察院抗诉的以外,再审"一般"不得加重原审被告人的刑罚。也就是说,在人民法院主动发动的再审以及其他当事人申诉引发的再审案件中,作为原则,不得加重原审被告人的刑罚。《最高法解释》实际上排除了人民法院自己主动提起不利于被告人的再审的可能。也就是说,无论是人民法院主动提起的再审,还是被告人申诉引发的再审,都不能加重原审被告人的刑罚。不仅如此,因我国刑事诉讼中当事人包括被害人在内,因此被害人也可以进行申诉。如果被害人直接向人民法院申诉,按照上述规定,"一般"也无法发动对被告人不利的再审。可以说,最高人民法院的此处规定在一定程度上借鉴了西方的"禁止不利变更"原则。

(二) 程序问题的处理

根据《最高法解释》第 387 条的规定,人民法院审理人民检察院抗诉的再审案件,人民检察院在开庭审理前撤回抗诉的,应当裁定准许;人民检察院接到出庭通知后不派员出庭,且未说明原因的,可以裁定按撤回抗诉处理,并通知诉讼参与人。

人民法院审理申诉人申诉的再审案件,申诉人在再审期间撤回申诉的,应当裁定准许;申诉人经依法通知无正当理由拒不到庭,或者未经法庭许可中途退庭的,应当裁定按撤回申诉处理,但申诉人不是原审当事人的除外。

(三) 实体问题的处理

根据《最高法解释》第 389 条第 1 款的规定,再审案件经过重新审理后,应当按照下列情形分别处理:(1) 原判决、裁定认定事实和适用法律正确、量刑适当的,应当裁定驳回申诉或者抗诉,维持原判决、裁定;(2) 原判决、裁定定罪准确、量刑适当,但在认定事实、适用法律等方面有瑕疵的,应当裁定纠正并维持原判决、裁定;(3) 原判决、裁定认定事实没有错误,但适用法律错误,或者量刑不当的,应当撤销原判决、裁定,依法改判;(4) 依照第二审程序审理的案件,原判决、裁定事实不清或者证据不足的,可以在查清事实后改判,也可以裁定撤销原判,发回原审人民法院重新审判。根据该条第 2 款的规定,原判决、裁定事实不清或者证据不足,经审理事实已经查清的,应当根据查清的事实依法裁判;事实仍无法查清,证据不足,不能认定被告人有罪的,应当撤销原判决、裁定,判决宣告被告人无罪。

根据《最高法解释》第390条的规定,原判决、裁定认定被告人姓名等身份信息有误,但认定事实和适用法律正确、量刑适当的,作出生效判决、裁定的人民法院可以通过裁定对有关信息予以更正。根据第391条的规定,对再审改判宣告无罪并依法享有申请国家赔偿权利的当事人,人民法院宣判时,应当告知其在判决发生法律效力后可以依法申请国家赔偿。

第18章 特别程序

【本章要义】 2012年《刑事诉讼法》专门增加一编，设置未成年人刑事案件诉讼程序，简称"未成年人刑事司法程序"、当事人和解的公诉案件诉讼程序，简称"公诉案件刑事和解程序"、犯罪嫌疑人、被告人逃匿、死亡案件违法所得的没收程序，简称"违法所得没收程序"，以及依法不负刑事责任的精神病人的强制医疗程序，简称"强制医疗程序"等四种特别程序。本章分四节分别予以介绍。

第一节 未成年人刑事司法程序

一、一般原则

《刑事诉讼法》第266条第1款规定，对犯罪的未成年人实行教育、感化、挽救的方针，坚持教育为主、惩罚为辅的原则。《未成年人保护法》第54条对此作了大致相同的规定。最高人民法院《关于办理少年刑事案件的若干规定（试行）》第34条规定："宣告有罪判决时，应当对少年被告人进行认罪服法、接受改造、悔过自新的教育。"这一司法解释正是贯彻未成年人刑事司法原则的具体体现。

《刑事诉讼法》第266条第2款规定，人民法院、人民检察院和公安机关办理未成年人刑事案件，应当保障未成年人行使其诉讼权利，保障未成年人得到法律帮助，并由熟悉未成年人身心特点的审判人员、检察人员、侦查人员承办。该规定是对教育、感化、挽救方针的进一步细化。其中，保障未成年人行使其诉讼权利，原本是刑事诉讼法的通行原则；保障未成年人得到法律帮助，有赖于指定辩护制度的实施；由熟悉未成年人身心特点的人员办案，才真正是未成年人刑事司法程序的特殊要求。

二、指定辩护制度

《刑事诉讼法》第 267 条规定,未成年犯罪嫌疑人、被告人没有委托辩护人的,人民法院、人民检察院、公安机关应当通知法律援助机构指派律师为其提供辩护。

为未成年犯罪嫌疑人、被告人指定辩护是未成年人刑事司法程序的一个重要特征。对于未成年犯罪嫌疑人,不仅人民法院有义务为其指定辩护,人民检察院、公安机关均有义务为其指定辩护。也就是说,只要案件进入正式的刑事司法程序,侦查机关就有义务通知法律援助机构为没有委托辩护人的未成年犯罪嫌疑人指派律师为其辩护。

三、成长经历调查

《刑事诉讼法》第 268 条规定,公安机关、人民检察院、人民法院办理未成年人刑事案件,根据情况可以对未成年犯罪嫌疑人、被告人的成长经历、犯罪原因、监护教育等情况进行调查。成长经历调查的目的,一是确定未成年人犯罪的原因,二是使定罪量刑更加精确,三是进行有针对性的教育、感化和挽救,促使其早日回归社会。

四、限制羁押措施的适用与分管分押制度

《刑事诉讼法》第 269 条第 1 款规定,对未成年犯罪嫌疑人、被告人应当严格适用逮捕措施。人民检察院审查批准逮捕和人民法院决定逮捕,应当讯问未成年犯罪嫌疑人、被告人,听取辩护律师的意见。据此规定,对未成年人适用羁押措施原则上应当慎用。具体措施是批准逮捕和决定逮捕过程中,讯问犯罪嫌疑人、被告人和听取辩护律师意见都成为必经程序。其实践效果应当表现为:大多数未成年犯罪嫌疑人、被告人在审判前和审判中都应当处于非羁押状态。

《刑事诉讼法》第 269 条第 2 款规定,对被拘留、逮捕和执行刑罚的未成年人应当分别关押、分别管理、分别教育。这里的意思是说,未成年犯罪嫌疑人、被告人和成年犯罪嫌疑人应当分别关押、分别管理、分别教育。其意义在于:首先,对未成年人应当以适合其身心特点的方式来对待;其次,防止成年人对未成年人施加影响。

五、讯问、审判中的特别保护

根据《刑事诉讼法》第 270 条规定,对于未成年人刑事案件,在讯问和审判

的时候,应当通知未成年犯罪嫌疑人、被告人的法定代理人到场。无法通知、法定代理人不能到场或者法定代理人是共犯的,也可以通知未成年犯罪嫌疑人、被告人的其他成年亲属,所在学校、单位、居住地基层组织或者未成年人保护组织的代表人到场,并将有关情况记录在案。到场的法定代理人可以代为行使未成年犯罪嫌疑人、被告人的诉讼权利。到场的法定代理人或者其他人员认为办案人员在讯问、审判中侵犯未成年人合法权益的,可以提出意见。询问笔录、法庭笔录应当交给到场的法定代理人或者其他人员阅读或者向他宣读。讯问女性未成年犯罪嫌疑人,应当有女工作人员在场。审判未成年人刑事案件,未成年被告人最后陈述后,其法定代理人可以补充陈述。

六、附条件不起诉制度

《刑事诉讼法》第271条规定,对于未成年人涉嫌《刑法》分则第四章、第五章、第六章规定的犯罪,可能判处1年有期徒刑以下刑罚,符合起诉条件,但有悔罪表现的,人民检察院可以作出附条件不起诉的决定。人民检察院在作出附条件不起诉决定以前,应当听取公安机关、被害人的意见。对附条件不起诉的决定,公安机关要求复议、复核或者被害人申诉的,适用《刑事诉讼法》第175条、第176条的规定。未成年犯罪嫌疑人及其法定代理人对人民检察院决定附条件不起诉有异议的,人民检察院应当作出起诉决定。

附条件不起诉是对被指控犯《刑法》第四章、第五章、第六章犯罪的未成年人,因犯罪情节较轻,可能判处有期徒刑1年以下刑罚,且有悔罪表现,而由人民检察院对其暂不起诉,进行监督考查,以决定是否起诉的制度。其目的是促使未成年犯罪嫌疑人悔过自新,避免执行刑罚对其带来的不利影响,便于其接受教训,重返社会。适用的条件是涉嫌触犯的是《刑法》第四章、第五章、第六章规定的犯罪,可能面临的刑罚为1年有期徒刑以下刑罚,且有悔罪表现。

根据规定,人民检察院在决定附条件不起诉时,应当听取公安机关、被害人的意见。对附条件不起诉的决定,公安机关可以根据《刑事诉讼法》第175条的规定申请复议;对复议结果不能接受,还可以提请上一级人民检察院复核。被害人对附条件不起诉决定不能接受的,可以根据《刑事诉讼法》第176条的规定,在收到决定书后7日内向上一级人民检察院申诉。上一级人民检察院应当将申诉复查结果告知被害人。被害人不服申诉复查决定的,可以向人民法院起诉。被害人也可以不经申诉,直接向人民法院起诉。

被附条件不起诉的犯罪嫌疑人及其代理人对附条件不起诉决定有异议的,说明该犯罪嫌疑人或其法定代理人不认为自己的行为构成犯罪,或者属于犯罪情节轻微,依照《刑法》规定不需要判处刑罚或者可以免除处罚。在此情形下,或者是因为未成年犯罪嫌疑人不符合悔罪条件,或者是因为未成年犯罪嫌疑人的行为的确不构成犯罪或者应当免予处罚从而使附条件不起诉决定使其处于不利地位,人民检察院都应当作出起诉决定,给未成年犯罪嫌疑人一个公正审判的机会,由人民法院对其是否构成犯罪、是否处罚以及如何处罚进行审理、作出决定。

根据《刑事诉讼法》第272条规定,附条件不起诉的考验期为6个月以上1年以下。在附条件不起诉的考验期内,由人民检察院对附条件不起诉的未成年犯罪嫌疑人进行监督考察。未成年犯罪嫌疑人的监护人应当对未成年犯罪嫌疑人加强管教,配合人民检察院做好监督考察工作。被附条件不起诉的未成年犯罪嫌疑人在考验期内应当遵守以下规定:(1)遵守法律法规,服从监督;(2)按照考察机关的规定报告自己的活动;(3)离开所居住的市县或者迁居的,应当报考察机关批准;(4)按照考察机关的要求接受矫治和教育。

根据《刑事诉讼法》第273条的规定,被附条件不起诉的未成年犯罪嫌疑人,在考验期内有下列情形之一的,人民检察院应当撤销附条件不起诉决定,提起公诉:(1)实施新的犯罪,或者发现决定附条件不起诉之前还有其他犯罪需要追诉;(2)违反治安管理规定或者考察机关有关附条件不起诉的监督管理规定,情节严重。被附条件不起诉的未成年人犯罪嫌疑人在考验期内没有上述情形的,考验期满后,人民检察院应当作出不起诉决定。

七、不公开审理制度

《刑事诉讼法》第274条规定,审判的时候被告人不满18周岁的案件,不公开审理。但是,经未成年被告人及其法定代理人同意,未成年被告人所在学校和未成年保护组织可以派代表到场。

1996年《刑事诉讼法》规定,对已满14周岁未满16周岁的未成年人的案件,一律不公开审理;已满16周岁未满18周岁未成年人犯罪的案件,一般也不公开审理。2012年《刑事诉讼法》修改了这一规定,将审判时未满18周岁的未成年人案件,一律不公开审理。值得注意的是此处规定的是审判时未满18周岁,而不是犯罪时未满18周岁。如果犯罪时未满18周岁,审判时已满18周岁,应当公开审理。

审判时被告未满18周岁的案件一律不公开审理,这一原则没有例外。但是在不公开审理针对的对象范围方面,法律规定,经未成年被告人及其法定代理人同意,未成年被告人所在学校和未成年保护组织可以派代表到场。允许派代表在场的目的是方便学校和组织了解被告人的犯罪情况,便于他们有针对性地开展教育。但既然是为未成年被告人考虑,当然应当征得未成年被告人及其法定代理人的同意。

八、犯罪记录封存制度

《刑事诉讼法》第 275 条规定,犯罪的时候不满 18 周岁,被判处 5 年有期徒刑以下刑罚的,应当对相关犯罪记录予以封存。犯罪记录被封存的,不得向任何单位和个人提供,但司法机关为办案需要或者有关单位根据国家规定进行查询的除外。依法进行查询的单位,应当对被封存的犯罪记录的情况予以保密。

未成年人犯罪记录封存制度的目的,在于保护未成年人,使其在就业、参军等关键的人生道路上不受歧视,早日重返社会,避免进一步走向继续实施犯罪的深渊。其实施的条件,是犯罪的时候不满 18 周岁,且被判处的刑罚为 5 年有期徒刑以下刑罚。其实施的具体措施,是被封存的犯罪记录除司法机关为办案需要或其他有关单位根据国家规定进行查询以外,不得向任何单位和个人提供。尤其是在就业、参军等重大人生道路抉择方面,有关单位不得向犯罪记录封存机关查询。有关单位在接到查询申请时也应当予以拒绝,对被封存的犯罪记录情况保密。

第二节 公诉案件刑事和解程序

一、适用范围

《刑事诉讼法》第 277 条规定:"下列公诉案件,犯罪嫌疑人、被告人真诚悔过,通过向被害人赔偿损失、赔礼道歉等方式获得被害人谅解,被害人自愿和解的,双方当事人可以和解:(1) 因民间纠纷引起,涉嫌刑法分则第四章、第五章规定的犯罪案件,可能判处 3 年有期徒刑以下刑罚的;(2) 除渎职犯罪以外的可能判处 7 年有期徒刑以下刑罚的过失犯罪案件。"同时规定:"犯罪嫌疑人、被告人在 5 年以内曾经故意犯罪的,不适用本章规定的程序。"

法理研析

公诉案件刑事和解的目的与界限

刑事和解的目的是促使犯罪加害人通过真诚悔过、赔偿损失、赔礼道歉等方式获得被害人谅解,双方达成和解,从而使公权力对加害人的处罚更加轻缓、被告人更容易重返社会的一种制度。但是,由于刑事犯罪本身不仅是针对个人的侵害,也是针对社会的侵害,因此,并非所有的犯罪都可以在加害人和被害人之间进行和解。在有些犯罪案件中,由于加害人的行为不仅侵害了被害人的利益,而且明显侵害到社会公众的利益，因此被害人实际上无权进行和解；还有一些犯罪案件，例如，被害人死亡的案件，因为被害人已经无法表示自己的意愿，所谓谅解就成了被害人家属的谅解，其在法理上是否成立颇成疑问，因此实际上也无法和解。基于这些考虑，《刑事诉讼法》规定，刑事和解限定于两类案件：一是因民间纠纷引起，涉嫌《刑法》分则第四章、第五章的犯罪，且可能判处的刑罚为3年有期徒刑以下刑罚；二是除渎职犯罪以外的可能判处7年有期徒刑以下刑罚的过失犯罪案件。另外，如果犯罪嫌疑人、被告人在5年以内曾经故意犯罪的，则不适用刑事和解程序。

二、适用程序

《刑事诉讼法》第278条规定："双方当事人和解的，公安机关、人民检察院、人民法院应当听取当事人和其他有关人员的意见，对和解的自愿性、合法性进行审查，并主持制作和解协议书。"

根据上述规定，在刑事诉讼中的侦查阶段、审查起诉阶段和审判阶段，犯罪嫌疑人、被告人均可以与被害人达成和解。上述各阶段的侦查机关、检察机关和审判机关，对于当事人达成的和解协议都应当进行审查。审查时应当听取当事人和有关人员的意见。审查的内容主要包括和解的自愿性、合法性。审查后认为和解自愿、合法的，应当在上述机关的主持、主导下制作和解协议书。

三、轻缓刑罚

《刑事诉讼法》第279条规定，对于达成和解协议的公诉案件，公安机关可以向人民检察院提出从宽处理的建议。人民检察院可以向人民法院提出从宽处理的建议；对于犯罪情节轻微，不需要判处刑罚的，可以作出不起诉的决定。人民法院可以依法对被告人从宽处罚。

根据上述规定，公安机关、人民检察院、人民法院对于达成刑事和解的公诉案件，都可以对犯罪嫌疑人、被告人从宽处理。在侦查阶段达成和解的，公安机关在侦查终结后可以向人民检察院提出从宽处理的建议。人民检察院对于公安机关提出从宽处理建议的案件，以及在侦查阶段未能达成和解、但是在审查起诉阶段达成和解协议的案件，应当考虑向人民法院提出从宽处理的建议；对于犯罪情节轻微、不需要判处刑罚的，应当直接作出不起诉决定。在审判阶段，人民法院对于已经达成和解协议的案件，应当依法对被告人从宽处罚。

第三节 刑事被追诉人逃亡案件违法所得没收程序

一、适用范围

《刑事诉讼法》第 280 条第 1 款规定:"对于贪污贿赂犯罪、恐怖活动犯罪等重大犯罪案件,犯罪嫌疑人、被告人逃匿,在通缉 1 年后不能到案,或者犯罪嫌疑人、被告人死亡,依照刑法规定应当追缴其违法所得及其他涉案财产的,人民检察院可以向人民法院提出没收违法所得的申请。"据此规定,犯罪嫌疑人、被告人违法所得没收程序的适用,必须同时满足三个条件:一是涉嫌的犯罪为贪污贿赂犯罪、恐怖活动犯罪等重大犯罪案件;二是犯罪嫌疑人、被告人逃匿,通缉 1 年后仍不能到案,或者犯罪嫌疑人、被告人已经死亡;三是依照《刑法》规定应当追缴其违法所得。

二、适用程序

(一) 申请人

根据《刑事诉讼法》第 280 条的规定,公安机关认为应当适用逃亡犯罪嫌疑人、被告人违法所得没收程序的,应当写出没收违法所得意见书,移送人民检察院,由人民检察院向人民法院提出没收违法所得的申请。没收违法所得的申请应当提供与犯罪事实、违法所得相关的证据材料,并列明财产的种类、数量、所在地及查封、扣押、冻结的情况。人民法院在必要的时候,可以查封、扣押、冻结申请没收的财产。

(二) 管辖法院

根据《刑事诉讼法》第 281 条第 1 款的规定,没收违法所得的申请,由犯罪地或者犯罪嫌疑人、被告人居住地的中级人民法院组成合议庭进行审理。该规定确定了三项内容:一是地域管辖,二是级别管辖,三是审判组织。从地域管辖角度而言,法律规定没收违法所得申请应当由犯罪地或者被告人居住地人民法院管辖,这符合确定管辖的一般原则。从级别管辖的角度而言,法律之所以规定违法所得没收程序由中级人民法院管辖,主要是因为该程序实际上属于缺席审判程序,由中级人民法院管辖显得比较慎重。从审判组织角度而言,审理没收违法所得的申请,不能由审判员一人独任审判,而应当组成合议庭进行审理,以加强此类案件审理的正当性。

(三) 公告期

《刑事诉讼法》第 281 条第 2 款规定,人民法院受理没收违法所得的申请后,应当发出公告;公告期间为 6 个月;犯罪嫌疑人、被告人的近亲属和其他利害关系人有权申请参加诉讼,也可以委托诉讼代理人参加诉讼。据此规定,人民法院受理没收违法所得的申请后,应当以公告的形式,公布需要没收的犯罪嫌疑人、被告人违法犯罪情况、违法所得及其涉案财产情况。公告的期间为6个月。公告的目的是保证财产的利害关系人知悉有关诉讼情况,及时参与诉讼过程,维护自己的合法权益。犯罪嫌疑人、被告人的近亲属和其他利害关系人都有权申请参加诉讼,并可以委托诉讼代理人参加诉讼。

(四) 通知利害关系人参加诉讼

《刑事诉讼法》第281条第3款规定,人民法院在公告期满后对没收违法所得的申请进行审理;利害关系人参加诉讼的,应当开庭审理。据此规定,对违法所得没收的申请进行审理有两种方式:一种是没有利害关系人参加诉讼,不开庭审理,合议庭进行书面审理即可;另一种是有利害关系人参加诉讼,应当公开审理。公开审理参照公诉案件第一审程序进行,开庭前应当进行公告,应当通知诉讼参与人到庭参加诉讼,开庭时应当告知诉讼参与人相关的权利和应当遵守的规定,应当允许申请回避,人民检察院应当出示证据,应当允许利害关系人及其诉讼代理人出示证据、对证据进行质证,应当允许群众旁听等。

三、处理结果与程序的终止与回转

(一) 处理结果

根据《刑事诉讼法》第282条第1款的规定,人民法院经审理,对经查证属于违法所得及其他涉案财产,除依法应当返还被害人的以外,应当裁定予以没收;对不属于应当追缴的财产的,应当裁定驳回申请,解除查封、扣押、冻结措施。第2款规定,对于人民法院的上述裁定,犯罪嫌疑人、被告人的近亲属和其他利害关系人或者人民检察院可以提出上诉、抗诉。

(二) 程序的终止与回转

根据《刑事诉讼法》第283条第1款的规定,在审理过程中,在逃的犯罪嫌疑人、被告人自动投案或者被抓获的,人民法院应当终止审理。根据《刑事诉讼法》第283条第2款的规定,没收犯罪嫌疑人、被告人财产确有错误的,应当予以返还、赔偿。

第四节 精神病人强制医疗程序

一、制度渊源

《刑法》第18条规定,精神病人在不能辨认或者不能控制自己行为的时候造成危害结果，经法定程序鉴定确认的，不负刑事责任，但是应当责令他的家属或者监护人严加看管和医疗；在必要的时候，由政府强制医疗。据此规定，强制医疗实际上是刑法承认、确立的一种制度。但在 2012 年以前，这种制度在《刑事诉讼法》上并无相应规定。实践中，一般由公安机关决定，但是由于没有比较权威的、正式的程序规范，导致对精神病人的强制医疗非常混乱。

案例 18-1

农妇因上访被送精神病院

2012 年 10 月 12 日，有微博爆料称"镇安一农妇上访 11 次被送精神病院"，网上反响强烈。县委书记张盈安、县长璩泽涛得知情况后，第一时间对此事展开调查核实，确认"上访人李立芳被送精神病院"情况属实后，责成永乐镇党委、政府迅速将李立芳接回。当天，镇安县委专门就此事召开常委会议。会议认为，永乐镇王家坪社区未征得家属同意决定送李立芳到商洛市疗养院精神病区检查治疗一事的做法极其错误，在社会上造成不良影响，给上访人及家属造成心理伤害，必须诚恳纠正错误，严肃调查处理。王家坪社区党支部书记张汉春、村委会主任周华民负有直接责任，永乐镇党委政府未及时发现制止该事件，负有重要责任。经常委会议研究做出初步处理意见，待联合调查组调查结束后再做进一步处理。10 月 12 日上午，县委书记、县长当面向当事人道歉，并对相关责任人进行严肃处理。据了解，目前永乐镇政府就此事已与李立芳及其家属达成谅解。①

在西方，对精神病人的强制医疗通常由法院决定。例如，《德国刑法》第 63 条规定，犯罪时无刑事责任能力，法院认为该人还可能继续违法犯罪而危害公共安全的，可命令将其收容于精神病院。《俄罗斯联邦刑法典》第 97 条规定，法院对在无刑事责任能力状态下实施犯罪行为的精神病人，可以适用强制医疗手段。从这些规定来看，适用强制医疗措施的主体都是法院。由法院来适用强制医疗措施，可以大大降低强制医疗措施的恣意性，保障被强制医疗的精神病人的合法权利。

基于上述考虑，2012 年修改《刑事诉讼法》时增加了有关强制医疗的特别程序。

---

① 来源：佛山日报：http://www.fsonline.com.cn/articles_28748.html，最后访问时间 2012 年 10 月 14 日。

二、适用条件

《刑事诉讼法》第284条规定:"实施暴力行为,危害公共安全或者严重危害公民人身安全,经法定程序鉴定依法不负刑事责任的精神病人,有继续危害社会可能的,可以予以强制医疗。"据此规定,精神病人强制医疗程序的适用,必须同时满足三个条件:(1)必须是实施了危害公共安全或者严重危害公民人身安全的暴力行为;(2)必须是经法定程序鉴定为依法不负刑事责任的精神病人;(3)有可能继续危害社会。

三、适用程序

根据《刑事诉讼法》第285条的规定,对精神病人强制医疗的,由人民法院决定。公安机关发现精神病人符合强制医疗条件的,应当写出强制医疗意见书,移送人民检察院。对于公安机关移送的或者在审查起诉过程中发现的精神病人符合强制医疗条件的,人民检察院应当向人民法院提出强制医疗的申请。人民法院在审理案件过程中发现被告人符合强制医疗条件的,可以作出强制医疗的决定。

根据《刑事诉讼法》第285条第3款的规定,对实施暴力行为的精神病人,在人民法院决定强制医疗前,公安机关可以采取临时的保护性约束措施。

四、法庭审理与检察监督

根据《刑事诉讼法》第286条的规定,人民法院受理强制医疗的申请后,应当组成合议庭进行审理。人民法院审理强制医疗案件,应当通知被申请人或者被告人的法定代理人到场。被申请人或者被告人没有委托诉讼代理人的,人民法院应当通知法律援助机构指派律师为其提供法律帮助。

根据《刑事诉讼法》第287条的规定,人民法院经审理,对于被申请人或者被告人符合强制医疗条件的,应当在1个月以内作出强制医疗的决定。被决定强制医疗的人、被害人及其法定代理人、近亲属对强制医疗决定不服的,可以向上一级人民法院申请复议。

根据《刑事诉讼法》第288条的规定,强制医疗机构应当定期对被强制医疗的人进行诊断评估。对于已不具有人身危险性,不需要继续强制医疗的,应当及时提出解除强制医疗的意见,报请决定强制医疗的人民法院批准。被强制医疗的人及其近亲属有权申请解除强制医疗。

根据《刑事诉讼法》第289条的规定,人民检察院对强制医疗的决定和执行实行监督。